Política, ideología y poder

Aplicados a organizaciones

Diseño de tapa
ESTUDIO ARGIZ

JORGE RICARDO ETKIN

Política, ideología y poder

Aplicados a organizaciones

GRANICA

ARGENTINA - ESPAÑA - MÉXICO - CHILE - URUGUAY

Etkin, Jorge Ricardo
   Política, ideología y poder : aplicados a organizaciones / Jorge
Ricardo Etkin. - 1a. edición especial - Ciudad Autónoma de Buenos
Aires : Granica, 2020.
   356 p. ; 22 x 15 cm.

   ISBN 978-987-8358-28-4

   1. Ciencia Política. I. Título.
CDD 320.5

*A mi mujer Viviana Mabel, y a la fuerza vital
y creativa de nuestras hijas Julieta y Natalia.*

AGRADECIMIENTOS

Esta obra sobre política, ideología y poder en las organizaciones ha sido posible por el apoyo de sentidos amigos y reconocidos colegas profesionales, que han colaborado en su realización. Al editor Juan Granica por sus apreciados consejos y apoyo empresario en diversos proyectos literarios. A Salvador Gargiulo, mi reconocimiento por su aporte vital en la producción y revisión del texto. Al colega Antonio Mella, con quien construimos fuertes lazos de amistad en nuestra trayectoria en la UBA. Al apreciado Jorge Ader, con quien sustentamos los ideales democráticos en la educación pública. Al amigo Leonardo Schvarstein por las enseñanzas y afectos que me ha brindado. Años atrás, con motivo de nuestro texto sobre Identidad, y ahora en la mejora del presente libro. Agradezco al profesor Oscar Oszlak por los saberes compartidos en la cátedra de Políticas Públicas en la UBA. Al colega Alejandro Estevez, agradezco su valioso aporte en nuestra actividad en la gestión pública. Mi sincero reconocimiento para Gabriel Yelin y Norberto Marinelli, con quienes en el ámbito empresario construimos y aplicamos proyectos orientados hacia la responsabilidad social. Una mención para el profesor Bernardo Kliksberg, sentido amigo y colega en la docencia universitaria, con quien participamos en vitales proyectos para el desarrollo comunitario. Destaco la continuada ayuda del colega Darío Fainshod, en el contexto de la enseñanza. A Fernando Flores por darme la oportunidad de participar en los proyectos del Foro Ecuménico en Argentina. Un sentido reconocimiento al profesor Iván Quiroga, por su valioso y continuado apoyo en el aula. La mención final es para la vitalidad constructiva de los alumnos en los cursos de Dirección General. Durante décadas han sostenido y motivado mi carrera docente en la Facultad de Ciencias Económicas de la UBA. Una particular mención para la Lic. María Kodama, por su valioso prólogo a la presente obra.

JORGE ETKIN
Junio, 2020

ÍNDICE

TERCERA PARTE
POLÍTICA Y GOBERNABILIDAD

ÍNDICE DE CUADROS Y GRÁFICOS

Borges y senderos que se bifurcan

Me pidieron un prólogo para el nuevo libro del profesor Jorge Etkin, de tan destacada trayectoria en la Universidad de Buenos Aires, donde me gradué y recientemente tuve el honor de que me designaran Profesora Honoraria. En su valioso trabajo sobre *Política y poder aplicados en organizaciones*, el autor señala que ha sido motivador el cuento de Jorge Luis Borges "El jardín de senderos que se bifurcan". Se refiere a una realidad compleja, con múltiples escenarios, que —señala— es posible entender en el marco de esa obra.

En ese cuento la historia transcurre durante la segunda guerra mundial, narra cómo un espía chino al servicio de Alemania, Yu Tsun, se ingenia para hacer conocer desde Inglaterra, a los alemanes, la ciudad que deben bombardear. Para eso elige dar muerte a un famoso sinólogo que lleva, precisamente, el nombre de esa ciudad, el Dr. Stephen Albert. El espía Yu Tsun sabe que es perseguido por Richard Madden, agente inglés que, al final del cuento, lo hará prisionero para que sea condenado a la horca. Trazado el plan, el espía llega hasta la casa de Albert donde, a través del diálogo, descubre que el sinólogo se ha dedicado a develar el misterio sobre un libro escrito por un antepasado suyo llamado Ts'ui Pên.

Al inicio de su obra, Ts'ui Pên había dicho: "Me retiro a escribir un libro", y en otro momento: "Me retiro a construir un laberinto". Todos imaginaron dos obras; nadie pensó que libro y laberinto era un solo objeto. Lo que devela Albert es un laberinto de símbolos, un invisible laberinto de tiempo. Llega a este descubrimiento preguntándose de qué manera un libro puede ser infinito.

El único procedimiento para obtenerlo es el de un volumen cíclico, circular, cuya última página fuera idéntica a la primera o, como en "Las 1001 noches", cuando la reina Shahrazad, por una mágica distracción del copista, se pone a referir textualmente la historia de las 1001 noches, con riesgo de llegar otra vez a la noche en la que la refiere, y así hasta lo infinito. También había imaginado Albert una obra platónica, hereditaria, transmitida de padre a hijo, en la que cada individuo agregara un capítulo o corrigiera con piadoso cuidado, la página de los mayores.

Sin embargo la clave que le permite comprender los contradictorios capítulos del libro, es un manuscrito que Albert recibe de Oxford, donde Ts'ui Pên había escrito: "Dejo a los varios porvenires (no a todos), un jardín de senderos que se bifurcan". Entonces Albert le dice a su visitante, que así comprendió que el jardín de senderos que se bifurcan era la novela caótica: la frase "varios porvenires (no a todos)", le sugirió la bifurcación en el tiempo, no en el espacio. En las diversas ficciones, como en la vida misma, el hombre debe optar entre diversas alternativas. En la novela de Ts'ui Pên, el hombre opta simultáneamente por todas: "Crea así diversos porvenires, diversos tiempos que también proliferan y se bifurcan"[1].

---

1 Borges, Jorge Luis. "El jardín de senderos que se bifurcan". En *Ficciones*. Emecé Editores. Buenos Aires, 1956.

Esta es la causa de las aparentes contradicciones de la novela. Albert dice que "El jardín de senderos que se bifurcan" es una enorme adivinanza o una parábola cuyo tema es el tiempo. Es una imagen incompleta pero no falsa del universo como lo concebía Ts'ui Pên, quien creía en infinitas series de tiempo que se aproximan, se bifurcan, se cortan o se ignoran; esa trama abarca todas las posibilidades. Llegamos así, a través del laberinto, al problema central del tiempo. El problema central es la imposibilidad humana de abarcar todas las posibilidades, poder solo divino.

Las organizaciones a las cuales se refiere el presente texto tienen procesos recurrentes, que hacen a su existencia y continuidad. Pero su realidad compleja muestra que dichas organizaciones son atravesadas por senderos y tiempos, que se diversifican. Por ejemplo, avanzan debiendo atender objetivos múltiples, no siempre compatibles. No es un tema solo de fuerzas o prioridades, sino de componentes diversos (la ética y los negocios). En este marco, las acciones que se pretenden coordinadas y compatibles, en la realidad se bifurcan con resultados diversos.

Los espacios de la organización compleja son atravesados por tiempos diversos internos y externos. Que son actuales, sucesos no explicables en la organización desde la relación entre medios y fines. Realidad múltiple que no siempre limita o inhibe, también moviliza, implica nuevos senderos, con sus posibilidades. Ello deriva en la pregunta continuada sobre los criterios que permiten postergar las rupturas como también disponer de medidas transitorias para atender los momentos de crisis.

En cuanto al alcance e intensidad de los temas asociados con la realidad vista como laberinto, en su obra sobre senderos que se bifurcan, Borges ha escrito: "pensé que un hombre puede ser enemigo de otros hombres, de otros momentos de otros hombres, pero no de un país, no de luciérnagas, palabras, jardines, cursos de agua, ponientes"[2].

Cuando Borges recibió, poco antes de morir, la visita de Margarite Yourcenar, los temas que estaban presentes fueron, precisamente, el del

---

2   *Ibidem.*

laberinto y el de los libros, como formas del gran enigma que es el universo. Recuerdo cada una de sus preguntas que, impalpables, quedaban flotando en el aire, detenidas casi por la fuerza de la expectativa de ella, esperando las respuestas de Borges. Su última pregunta fue: "Borges, ¿cree usted que saldremos del laberinto?". Este laberinto, el tiempo, que es la materia de que está hecha la nada del hombre, la finitud del hombre, es también el libro, única forma de eternidad que le está permitida.

Libros hechos de palabras ordenadas en sutiles y precarias estructuras mentales que revelan la idiosincrasia y el alma de los pueblos que las hablan. Solo palabras en el origen de las literaturas y en el libro de los libros, palabra que crea el universo, palabra que destruye como en "El jardín de senderos que se bifurcan", donde encarnada en la muerte de Albert, permite dar a conocer, a través de los periódicos, el nombre de la ciudad enemiga que deben destruir los alemanes.

"Los libros son la memoria de la humanidad", dijo Borges en un ciclo de conferencias que dio en mayo de 1978. Y agregó a continuación: "Pero el libro es algo más también, la imaginación". Porque ¿qué es nuestro pasado sino una serie de sueños?, ¿qué diferencia puede haber entre recordar sueños y recordar pasado? Los libros son laberintos de palabras, laberintos de sueños, laberintos de la memoria.

Para Etkin, la lectura de Borges le ha dado un marco más amplio para referirse a la "gestión de la complejidad". Más concretamente en lo referido a las cuestiones de la política y las relaciones de poder para tratar con realidades múltiples. Lleva el concepto de bifurcación al análisis de organizaciones complejas, con diversos escenarios, y busca dar respuestas a quienes quieren salir de los laberintos del poder.

María Kodama[3]

---

3   María Kodama es licenciada en Letras en la Facultad de Filosofía y Letras de la Universidad de Buenos Aires; fue designada Profesora Honoraria de la UBA. Creó y preside la Fundación Internacional Jorge Luis Borges. Conferencista en numerosas universidades del mundo y autora de *Relatos* y de *Homenaje a Borges* (ambos editados por Sudamericana). Traductora, con Borges, de varias obras. Recibió diversos premios y distinciones.

1. Política y poder en organizaciones sustentables

La presente obra se refiere a la dinámica de organizaciones complejas, públicas y privadas, y al análisis de las tensiones entre proyectos y realidades desde la visión política. Una lectura y propuesta dirigida a la búsqueda de la unidad (integración) en la diversidad (diferenciación) en organizaciones complejas. Con esta visión se estudian las formas de gobierno, el peso de las ideologías y de las presiones del poder directivo, así como sus relaciones congruentes junto a las divergencias propias de un campo de fuerzas. No se trata solo de articular recursos en el sentido de proyectos oficiales, sino de profundizar en el desarrollo de capacidades de superación que desde la política aporten a la gobernabilidad de empresas e instituciones.

La visión política implica resolver la cuestión de las relaciones entre fuerzas múltiples en una realidad compleja donde coexisten procesos de poder y resistencias, libertades y condiciones, estrategias e innovaciones, estabilidad y espacios de transición. Estudiamos organizaciones donde las fuerzas del gobierno y dirección intentan articular los propósitos del sistema con los fines de los grupos que buscan ampliar sus espacios y márgenes de maniobra.

En este ámbito de proyectos con tensiones y dualidades, la propuesta es razonar sobre las relaciones y procesos de política y poder que hacen a una organización sustentable.

Como toda forma asociativa que requiere avanzar con propósitos de conjunto, la organización (fábrica, hospital, escuela, periódico) debe procesar la complejidad derivada de sus diversos objetivos, incluida la presión de los grupos de interés que tienden a focalizarse en sus propios fines y no siempre de forma congruente con los propósitos del conjunto. Explicamos la función de gobierno como el espacio donde se definen los proyectos y criterios compartidos necesarios para priorizar e integrar decisiones ejecutivas. Requiere de una capacidad adaptativa frente a nuevas demandas en un contexto cambiante, mientras que en lo interno la aptitud de superar con mirada integradora la diversidad de posiciones en el sistema complejo.

En su fase constructiva, los procesos políticos, las ideologías y relaciones de poder aportan capacidades para articular proyectos sobre la base de condiciones negociadas y aceptadas. Junto con el orden negociado, surgen tensiones propias de una realidad compleja e inestable. En la realidad, dentro de la organización operan fuerzas emergentes que deben articularse, aunque nunca uniformar o instalarse, lo que está relacionado con las decisiones y comunicaciones del gobierno. Ello no significa que exista un consenso natural sin una negociación sobre los temas críticos; de la interacción surgirán necesarias cohesiones con disonancias emergentes, pero siempre en un sentido constructivo.

En el texto se avanza sobre las cuestiones de orden político, su influencia en las posiciones de gobierno y en las funciones directivas; en el campo de las decisiones consideradas críticas para la continuidad, cohesión y desarrollo de la organización. Los temas en esta agenda de poder, política y gobierno, se refieren a la definición de los acuerdos constitutivos, las decisiones sobre los propósitos de la organización, las negociaciones con instituciones y centros de poder en el contexto, los criterios para la inversión y apropiación de recursos colectivos, las alianzas y convenios para integrar intereses en proyectos conjuntos, las negociaciones para superar conflictos de poder y la legitimación de fuerzas en un modelo de organización sustentable.

La intención de la obra no es sostener la visión de una organización excluyente, solo basada en la capacidad de ciertos grupos de interés dominantes. La política es una dimensión también enmarcada por las condiciones de sustentabilidad. Desde la perspectiva del poder y la política, en el marco de una organización sustentable, el texto se propone priorizar aportes conceptuales y experiencias relacionadas con modelos de cooperación, colaboración e integración, siempre considerando tanto las metas productivas como las condiciones de gobernabilidad y de responsabilidad en su contexto.

El concepto de poder político se refiere a las decisiones sobre la integración y continuidad de la organización. Es decir, los temas sobre: a) la estructura y los procesos de gobierno; b) las relaciones entre objetivos y políticas sectoriales; c) la base ideológica y los acuerdos sobre las líneas prioritarias de dirección; d) la tensión entre la estabilidad, los momentos de transición y de cambio; e) los criterios para la elección de proyectos compartidos; f) las formas de superar las diversas posiciones y conflictos de fines e intereses; g) las áreas destinadas a evaluar y controlar las decisiones de gestión; h) la negociación de criterios para la apropiación de recursos (presupuesto); i) la definición de códigos y reglas de juego cohesivas, y j) las bases de libertad, equidad y derechos humanos en el trabajo. Mientras que con respecto al entorno, trata sobre la responsabilidad social y sustentabilidad ambiental, la colaboración con fuerzas comunitarias y la definición de imagen (identidad) y posicionamiento.

Las formas y estrategias de poder son temas del análisis político. Se busca un modelo de organización sustentable y participativa, con unidad en la diversidad, diferenciada e integrada, con centralización y delegación. En el marco de dicha organización, los criterios de gobierno deben definirse y expresarse en forma de proyectos reconocidos y compartidos, incorporando aportes desde la diversidad de fines y capacidades propias de una organización compleja. No se trata de controlar, uniformar o disciplinar el pensamiento o imponer los criterios de los grupos de interés dominantes. Respecto de la comunicación directiva, la idea es superar los riesgos del poder en el manejo especulativo de símbolos, imágenes y significaciones con un sentido sectario. El texto reafirma la necesidad de considerar principios y valores sociales en la estructura de las relaciones y de las reglas de juego.

Esta realidad compleja de la organización y sus formas de gestión no implica descontrol o desorientación. Desde las funciones de gobierno se busca una lectura de conjunto respecto de las áreas críticas y de las prioridades, pensada en términos de la estabilidad y el desarrollo en el contexto pertinente de la organización. Se incluye en la agenda el marco reconocido para los espacios de poder legitimados y otros en una etapa de transición negociada, siempre en el mismo sistema. La transición no es un espacio negativo, sino que permite, con ciertas dualidades, avanzar en el proceso de cambio. Por ejemplo, como ocurre entre las demandas sociales y los condicionantes de la tecnología.

La realidad política muestra brechas o fisuras producto de la defensa de posiciones de grupos de interés y sus presiones sobre los recursos disponibles. En este sentido, el poder político favorece la gobernabilidad cuando se utiliza orientado hacia una organización participativa con criterios de equidad en las retribuciones. La política, como actividad que atraviesa la organización, incluye apoyos y también pone límites en el manejo de proyectos. En su versión constructiva aporta a la coordinación entre fines e intereses diversos, en el marco más amplio de la estabilidad y el desarrollo de la organización como sistema integrado. El ejercicio del poder político integrador implica una perspectiva amplia, y la toma de decisiones capaces de superar los intereses puntuales de sectores aislados con visiones cerradas de la realidad organizacional.

El ejercicio constructivo del poder político incluye: a) actualizar la agenda de proyectos y temas seleccionados como prioritarios, reunir a sus responsables, acordar rumbos, debatir y resolver en conjunto; b) elegir a referentes o delegados para que participen en la comunicación, negociación y activación de temas considerados críticos y que requieren un respaldo directivo; c) redefinir espacios en la estructura para asignar nuevos proyectos que impliquen a diversos sectores; d) asignar recursos y capacidades para reforzar procesos que se consideran vitales para la gestión; e) manejar los tiempos en cuanto a los momentos adecuados para concretar los cambios o dar visibilidad a los problemas críticos; f) formar equipos que aporten una lectura ampliada de escenarios, proyecciones y estrategias referidas a la dinámica del contexto.

Los acuerdos, divergencias y negociaciones, en un marco de relaciones de poder (buscadas y operando), constituyen parte de la realidad política de la organización. Es este un enfoque distinto del esquema de la relación lineal entre medios y fines. En política, las formas legitimadas de poder son recursos para procesar diferencias, reducir la conflictividad y ofrecer caminos aceptables por los diversos actores, quienes también necesitan de la organización. En su versión constructiva, la política cuenta con una capacidad reconocida para reducir las brechas e integrar las voluntades en la búsqueda de salidas para todo el conjunto. La complejidad reside en que la voluntad política también implica construir poder (desigual) para llegar y mantenerse en el gobierno, de modo tal que establece una posición dominante, con metas seleccionadas y conflictos con los mandos medios.

La versión constructiva del poder político se relaciona con el aporte a proyectos compartidos, si bien con diversidad de posiciones pero no excluyentes. Lo político requiere de unidad en la diversidad; un modelo de organización que respete el marco de los derechos humanos, los valores sociales y culturales que la hagan responsable en un sentido amplio;

es decir, involucrada en la atención de las demandas de la comunidad. La inteligencia política no se limita a formas efectivas de concentrar y aplicar recursos del poder, sino que supone la búsqueda de acuerdos y prioridades entre los grupos constitutivos para incluir la diversidad de capacidades.

El texto no propone estrategias solo basadas en cuestiones de eficacia o de optimización en resultados financieros. La propuesta es configurar las relaciones de influencia, autoridad y poder en el marco de proyectos compatibles dentro de una organización sustentable. Ello implica disponer de las estrategias y capacidades para negociar tensiones y dualidades (transiciones) en una realidad compleja, en el sentido de que deben atenderse varios frentes a la vez. La estrategia compleja no es solo considerar la competencia sino también las prioridades y decisiones responsables en el ámbito comunitario.

2. Grupos de interés y proyectos de conjunto

La obra se propone analizar y explicar la estructura y la dinámica de las relaciones de poder y la política, sus formas de expresión y de aplicación en las decisiones de gobierno en el campo de las organizaciones e instituciones sociales. Se trata de una realidad compleja donde la organización construye y avanza con proyectos de conjunto, integradores, pero en su camino también debe enfrentar y procesar tensiones y dualidades derivadas de la competencia por los recursos limitados y de la presión ante la diversidad de intereses en juego. La búsqueda de consensos y de acuerdos conjuntos forma parte de los procesos de negociación necesarios y limitados por las diferencias de intereses, posturas ideológicas y diversidad de conocimientos requeridos.

La complejidad del concepto de organización, tanto en su composición y funcionamiento interno como en sus relaciones con el contexto, está dada por la presencia de variables, condiciones y decisiones no siempre congruentes o cohesionadas. No significa incapacidad, sino que es producto de la diversidad de intereses y fines en juego en un entorno cambiante. En la realidad operan exigencias contrapuestas. Por ejemplo, la necesidad de estabilidad e innovación, de lo planeado y construido, del poder movilizador y las resistencias derivadas, de esquemas fijos y sus adaptaciones. En la realidad compleja, el hecho de "ser parte" de la organización no brinda seguridad en cuanto a que los individuos y grupos hayan sido ubicados y operen en un esquema integrado y congruente.

La complejidad no supone fallas de programación o proyectos incompletos. El desorden, lo imprevisto y la sinrazón tienen que ver con la complejidad emergente de avanzar en varios frentes, en un campo de fuerzas desiguales y en un entorno incierto. Están presentes también la ambigüedad de los objetivos múltiples y demandas específicas, los actores con sus intereses particulares y la diversidad de capacidades implicadas en los procesos productivos. En el marco de lo político opera la influencia de los diversos grupos de interés con respecto a los proyectos de conjunto, así como los procesos continuos de negociación de nuevos acuerdos y alianzas internas donde los grupos tratan de mejorar sus posiciones en la estructura de poder.

La política debe tratar con la presión cotidiana de los participantes, sus demandas y visiones sobre los cambios necesarios en la organización. Es lo que sucede en un periódico con las presiones desde diferentes áreas sobre la línea editorial o la relación con el gobierno. O en un hospital para influir en la elección de laboratorios o sistemas de salud, o en la fábrica cuando se intenta participar en las negociaciones laborales. Las decisiones de política se refieren a una lógica necesaria e integradora de visiones diversas. Constituye un espacio de intercambio para tratar las divergencias, ponderar nuevas alternativas y prioridades frente a presiones de los grupos afectados o con ideas renovadoras. No se trata de la política como capacidad excluyente y concentrada en la cúspide, sino de un espacio construido y representativo donde se negocian y logran acuerdos sobre temas que involucran la estabilidad y desarrollo de la organización.

Respecto de las decisiones de política y poder y de las formas de comunicación desde el gobierno, el texto profundiza en la vigencia de ciertos pares dialógicos (criterios duales), que son propios de la complejidad organizacional. Las razones y limitaciones que requieren procesarse desde las decisiones de política, propias de las funciones de gobierno, implica pensar en términos de ambivalencias, tensiones y dilemas como parte del análisis político. Es decir, una mirada de conjunto que articule procesos de diferenciación e integración en los proyectos compartidos, como consecuencia de la diversidad de fuerzas que operan en la organización compleja y que explican la necesidad de la función de gobierno, no solo de conducción y control.

Los pares dialógicos en el análisis organizacional surgen de las condiciones y variables que deben considerarse en los procesos directivos de la organización. Ejemplos de pares relevantes son: la autonomía-dependencia, el pluralismo-sectarismo, el liderazgo-jerarquía, los acuerdos-divergencias, la apertura-límites, las razones-intereses, lo legitimado-impuesto, lo sectario-convocante, la competencia-colaboración, lo participativo-excluyente, lo discursivo-pragmático o la lectura interna puesta en contexto. Entonces, deben analizarse los factores complementarios y críticos para explicar las fuentes de la complejidad, y la necesaria consideración y respeto por la diversidad de necesidades y fines en las propuestas de cambios del sistema.

La racionalidad en la política y en el poder en las organizaciones no se reduce a definir la relación coherente entre medios y objetivos comunes. La visión política incluye el problema de superar las dualidades y tensiones asociadas con los criterios de gobierno. Participan cuestiones relacionadas con los niveles de centralización y delegación, la autonomía-dependencia, los fines compartidos e intereses particulares, o la participación o postergación en proyectos de la organización. La lectura desde la complejidad también considera la trama, el tejido de acuerdos con sustento ideológico. Incluye la legitimidad de las pautas de convivencia, de reglas de juego y de valores aceptados en la organización, con prioridades y criterios que deben articularse para lograr una organización viable en lo interno y sustentable en su contexto.

En las decisiones de la función de gobierno y la alta dirección se considera la diversidad de condiciones requeridas por quienes integran la organización. La decisión de política opera con proyectos, pero también en un campo de fuerzas, con apoyos y resistencias. Y allí interviene el factor poder no solo como un medio, sino también con una lógica propia. El poder que se basa tanto en la búsqueda de consolidar posiciones como en avanzar en los espacios de la estructura, movimientos que condicionan la gobernabilidad del sistema.

El texto se propone indagar y destacar la complejidad de las relaciones de poder, considerando los objetivos, las políticas y proyectos que movilizan el sistema como conjunto. Analiza estas relaciones en el marco del espacio político que establece líneas de acción prioritarias. Espacio en el cual también se negocian y reconocen las condiciones mínimas de las decisiones directivas según el peso de las múltiples capacidades y fuerzas de los diversos actores que impulsan sus convicciones.

Lo político, en el texto, se refiere al análisis y decisiones en las siguientes áreas temáticas: a) la construcción de proyectos de conjunto y su marco ideológico; b) el debate sobre las formas participativas de gobierno; c) el estudio comparativo de las posiciones de diferentes referentes y grupos de interés en los proyectos integradores y compartidos; d) el desarrollo de formas de legitimación que sostienen las decisiones de gobierno; e) la negociación para avanzar con cambios y superar las brechas respecto de las políticas controvertidas en la organización; f) la definición de espacios y canales abiertos de comunicación con referentes de grupos de interés para conocer sus posiciones; g) la búsqueda de construir acuerdos sobre criterios para mejorar la asignación y apropiación de recursos generados por la organización; h) el tratamiento explícito de los conflictos laborales y otras brechas origen de tensiones de carácter estructural, e i) activar la definición de la imagen de la organización en cuanto a su relación responsable con la sociedad.

En un ambiente complejo, con procesos de integración y diferenciación, importan las formas en que los directivos toman compromisos, hacen acuerdos y alianzas en una realidad que plantea demandas cambiantes. La política y el poder involucran negociar y lograr acuerdos en el marco de coincidencias, pero también procesan (bajo un esquema de prioridades) las tensiones y demandas pendientes. Nuestro análisis destaca las dualidades y tensiones derivadas del poder establecido o legitimado en interacción con las fuerzas emergentes; con efectos activadores pero también restrictivos.

En el texto se analizan los siguientes criterios o prioridades relacionadas con la realidad del poder y la política en la gestión de gobierno de organizaciones complejas:

a) Analizar las diversas formas de relación asociadas con el poder político y los participantes en la organización, así como las negociaciones e inconsistencias que llevan al conflicto entre grupos.

b) Identificar las diferentes fuentes o recursos de poder que intervienen en las decisiones de poder y las formas de resistencia derivadas de los dispositivos usados por la conducción.

c) Describir cuáles son los factores que operan e influyen desde diversas estrategias y políticas de poder. Respecto de los equilibrios de fuerzas: las relaciones con las minorías, la influencia de grupos de interés diferenciados, las alianzas con factores de poder externos.

d) Comprender cómo los diversos contextos de la organización pueden afectar a las estrategias de poder y a las políticas internas por parte de los directivos y gobernantes. Por ejemplo, debido a cambiantes demandas relacionadas con la delegación y centralización, programación y situaciones de crisis, de racionalización y disposición de espacios para la creatividad.

e) Entender las decisiones y dispositivos de poder movilizados desde los niveles de dirección y gobierno a efectos de enfrentar las situaciones de conflicto, por razones de orden estructural.

La configuración de estos elementos, en el modelo político vigente en la organización analizada, implica evaluar factores críticos para la estabilidad y desarrollo de la organización en cuanto a sus objetivos y relaciones de poder. Se trata de factores que permiten gobernar la unidad en la diversidad con adecuados grados de autonomía e integración en su contexto. Otros, relacionados con la representación y participación de los actores y grupos de interés en las decisiones de gobierno, los criterios de apropiación de recursos, los esquemas ideológicos dominantes, las relaciones institucionales, las reglas de juego y los modos legitimados de superar temas en conflicto.

3. Objetivos y condiciones de gobernabilidad

En sus conceptos básicos, el análisis del poder y la política considera las tensiones y equilibrios de fuerzas entre las capacidades y demandas de los actores que intervienen en decisiones críticas que afectan a la organización en su conjunto. Debates y decisiones sobre prioridades, alianzas, proyectos, presupuestos, estrategias y estructuras. Con un enfoque constructivo, el texto orienta sus propuestas a la gestión de un sistema viable en cuanto a la aceptación, cohesión y factibilidad de sus estructuras y procesos socioproductivos. En el plano de lo externo, busca una organización sustentable en cuanto a la legitimidad de sus propósitos y la interacción responsable y compatible con las demandas y aportes de su medio social.

El texto analiza la política como el sistema de acuerdos constitutivos de diversos grupos que forman la organización, destinado a sumar capacidades, decidir y sostener los objetivos y proyectos prioritarios de conjunto. En su dinámica, la política se refiere a la integración de intereses y de actores diversos en un campo de voluntades y fuerzas que articulan sus diferencias para darle continuidad y desarrollo a la organización. A partir de los acuerdos básicos y los proyectos políticos, su aplicación requiere definir la función y composición del nivel de gobierno. Función que incluye la planificación, la estructuración con los espacios de poder legitimados, las decisiones de centralización y delegación, la definición del presupuesto y las competencias de los directivos.

La función de gobierno incluye la capacidad de lograr acuerdos en un ámbito de diversidad. Se trata de la búsqueda de equilibrios inestables, debido a las brechas de los diferentes intereses en juego en las áreas críticas de la organización. Esta realidad compleja tiene que ver con las presiones cambiantes, propias de la dinámica de los diferentes grupos de interés que actúan en la organización y que deben controlarse desde el gobierno. En este sentido, la negociación en política incluye criterios para definir la agenda, condiciones y temas prioritarios con márgenes de maniobra para no quedar atados a esquemas rígidos que afecten a la función de gobierno.

En el marco de la estructura organizacional, la función de gobierno es un espacio de carácter político, con lecturas diferentes con respecto a los esquemas decisorios que prevalecen en las funciones de conducción y operación. Desde el gobierno corresponde fijar prioridades para el conjunto, orientar, enmarcar y equilibrar las fuerzas de grupos diversos en la estructura. Un orden donde los actores aportan y también tienen posiciones críticas en cuanto a los múltiples objetivos y proyectos del sistema. Una realidad compleja por situaciones de ambigüedad sobre los cursos de acción requeridos, así como por ciertas incoherencias propias de la diversidad de objetivos relacionados con la producción, desarrollo humano, finanzas y mercados.

En el texto se hace referencia a la estrategia directiva y al discurso del poder político en las organizaciones. Se explica la diversidad de fuerzas y sentidos que operan en la realidad organizacional compleja, interna y puesta en contexto. En dicha realidad coexisten, en el marco de una interacción cambiante: a) la intención constructiva de obtener el compromiso y participación de los actores en el marco de un proyecto de conjunto no reconocido; b) la necesidad de controlar o delimitar las relaciones de dominación emergentes asociadas con el orden instituido o establecido, y c) la voluntad del poder en sí mismo, sus fuerzas de concentración y expansión. Esta diversidad es parte de la complejidad que le es constitutiva, no algo impensado. Se trata de una realidad compleja debido a los diferentes fines e intereses en juego, como también por las tensiones entre las posiciones personales y grupales.

Desde la perspectiva política, la función de gobierno implica una lectura sistémica de la organización. Es la capacidad de aplicar los acuerdos constitutivos de la sociedad en un ámbito de complejidad. Constituye el planeamiento, articulado con los procesos de control y adecuación al contexto, en un sistema complejo por causa de presiones y equilibrios inestables, como ocurre entre la cultura interna y las demandas del contexto. En cuanto a las relaciones de poder, la función de gobierno atiende las brechas que emergen debido a los diferentes intereses en juego en áreas críticas de la organización. La negociación en la dimensión de lo político incluye criterios para definir prioridades de agenda, las áreas involucradas y los alcances del cambio requerido en los proyectos de la organización.

En este modelo de organización sustentable, la política se analiza como concepto y actividad relacionada con la definición de los acuerdos constitutivos, objetivos y proyectos compartidos por los diversos actores que sostienen a la organización. En su dinámica, la política trata sobre la capacidad de integrar intereses y capacidades requeridos. Implica definir el proyecto como también la articulación de las diferencias pensando en la continuidad y el desarrollo del sistema. La aplicación de los acuerdos básicos y la dirección de la organización requieren disponer de una función de gobierno, función que incluye temas prioritarios, tales como la definición de políticas globales, la planificación estratégica, la estructura de poder legitimado y procesos asociados con el control de los impactos de las decisiones directivas.

Cuando en el texto se hace referencia a la estrategia y el discurso del poder político en las organizaciones complejas, la idea es explicar la diversidad de fuerzas y sentidos que operan en esta relación. Ellas son: a) la intención constructiva de obtener el compromiso respecto de un proyecto explicitado; b) el objetivo no declarado de instalar formas de dominación en el marco de un orden instituido, y c) la voluntad del poder en sí mismo, sus fuerzas de concentración, expansión y concentración.

Esta diversidad es parte de la complejidad que se intenta procesar y superar a través del diálogo y la transparencia en la comunicación, buscando una actitud de colaboración en los proyectos. Se trata de una realidad compleja debido a los diferentes fines e intereses en juego, así como por las tensiones entre las posiciones personales y grupales. La idea de gobernabilidad implica trabajar sobre estas tramas y variables, asociadas con el poder político.

4. Gráfico 0. Organización sustentable. Interacciones

El *Gráfico O* muestra tres enfoques o prioridades aplicados en el análisis y las propuestas sobre la construcción y el desarrollo de organizaciones complejas, tales como hospitales, periódicos, escuelas, fábricas, burocracias públicas y privadas. El análisis reconoce tanto las conexiones ambientales como los procesos internos de diferenciación e integración. Los enfoques prioritarios son: a) la visión de gobierno que destaca la fuerza de los procesos de planificación, decisión y control, que orientan a la organización desde el poder, definiendo los objetivos, estructuras y reglas de juego, b) el enfoque de los procesos de autonomía y construcción de fuerzas internas cohesionadoras, a través de la comunicación, la motivación y el liderazgo en grupos sociales, que se superponen a la estructura formal de la organización, c) el análisis institucional que destaca la influencia de las presiones y regulaciones del contexto socio-político. Con las tramas de poder e intereses que buscan prevalecer en la organización, fijando las condiciones de su funcionamiento, las divergencias y movimientos de cambio. Los enfoques mencionados, enfrentados con una realidad compleja, son aportes parciales que llevan hacia la visión ampliada de la organización sustentable. Como sistema dinámico, que integra conocimientos y realidades asociadas con factores de orden socio-cultural, económico y político. El análisis de la complejidad implica reconocer la particular configuración de estos factores en la organización analizada, en un contexto determinado. El Gráfico O muestra tres áreas o espacios diferenciables, en los cuales opera la organización sustentable, con sus capacidades e interacciones. El área I refiere al orden instituido desde la función de Gobierno, incluyendo estatutos, políticas, proyectos y estructura centralizada. También las negociaciones de poder con fuerzas e intereses del contexto. El área II refiere a la actividad instituyente o constructiva incluyendo la cultura interna, las capacidades y procesos productivos de la organización, considerando su particular contexto socio-económico. El área III refiere al orden de lo público, las leyes, los mercados y actores externos. Fuerzas que operan desde un marco cambiante de posibilidades y condiciones a cumplir. Espacio donde la organización realiza sus transacciones y atiende las demandas de responsabilidad social.

5. La organización planeada, requerida y factible

La propuesta es explicar un enfoque de política y poder directivo en el marco conceptual de la organización sustentable para entender y mejorar las decisiones de gobierno en un contexto de cambio. Implica una visión ampliada de la organización, que destaca no solo sus objetivos declarados sino también los impactos de una realidad compleja, derivada de la diversidad de fines, demandas e intereses en juego. Destacamos los propósitos múltiples, las formas de dirección participadas, las estructuras centralizadas en cuanto a políticas pero también relacionadas con proyectos concretos. Sin dejar de lado la vigencia de los procesos sociales y culturales emergentes, que llevan a la diferenciación e integración de capacidades. En este sentido, se trata de destacar las bases conceptuales y las conexiones entre la organización planeada, requerida y factible.

Desde esta perspectiva se destacan ciertos temas críticos para la dirección en la organización compleja. Entre dichos temas se pueden señalar: las decisiones de políticas, formas de gobierno, proyectos, ideología, estrategias, poder, intereses y discurso directivo. La explicación busca destacar la vigencia de un ambiente de complejidad, la coexistencia del orden y del desorden. No se trata de incertidumbre, porque existen límites y restricciones que hacen al marco y la continuidad de la organización. Un ambiente donde los proyectos y esfuerzos colaborativos coexisten con los límites de las demandas sectoriales.

El concepto de organización sustentable implica poner atención sobre la dualidad de criterios en relaciones complejas, las posiciones ambiguas, la diversidad de razones o lógicas requeridas y las divergencias. Son factores críticos que limitan pero que también movilizan, que llevan al debate, la negociación y los procesos de superación. No como desviaciones o imprevistos sino como factores de una realidad dinámica que incluye posiciones racionales y también la subjetividad presente en el orden de preferencias. De modo que lo sustentable no se limita a la eficacia, a la relación de costos y beneficios, la productividad o relación entre medios y fines, sino que incluye la definición de estrategias y negociaciones para mantener, desde el gobierno, las condiciones que hacen sustentable a la organización en su contexto.

Es una visión amplia de la organización, aplicable a empresas y asociaciones, instituciones de orden público y privado, rescatando sus diferencias. Toma en consideración condiciones de orden económico y rasgos socioculturales, y destaca los procesos de poder y política que hacen a la dinámica de las organizaciones. Visto desde la posición de gobierno, una de las cuestiones complejas es cómo superar las brechas y tensiones lógicas entre dichas condiciones diversas; las formas de considerar la diversidad e integridad en la organización. Es lo que sucede ante tensiones entre las demandas de eficacia y cohesión frente a propósitos múltiples en un sistema complejo, con relaciones que se negocian pero también con controversias en los procesos de transición. Allí es función de la política y el gobierno el desarrollo de proyectos que permitan acercar y superar las internas del poder, y los intereses que separan a los grupos.

La obra estudia la organización en sus rasgos de orden político. Un modelo integrado desde un acuerdo de posiciones diversas que convergen en objetivos compartidos, pero también limitados. No es una comunidad natural, espontánea, sino construida; modelo en el cual opera una estructura de poder representativa y participativa. Se trata de lograr la gobernabilidad desde acuerdos sobre planes y proyectos convenidos, pero también sobre los ajustes requeridos. Ello no significa armonía, porque también hay diferencias en los procesos de transición. La organización política incluye en su agenda los aportes y condiciones de la relación con los accionistas, directivos, empleados, proveedores, clientes, asociaciones profesionales y otras instituciones sociales del contexto. En la operación (realidad) aparecen discrepancias entre lo deseable, lo requerido y lo factible; tensiones entre los diversos actores y grupos de interés con respecto a su ubicación en el mapa de poder y las posiciones de gobierno.

La organización requiere de acuerdos, previsibilidad y continuidad. En ella operan demandas que, siendo necesarias, no son congruentes o complementarias, y por lo tanto necesitan criterios superadores. Es lo que sucede con las fuerzas que operan basadas en demandas o criterios duales, como las necesidades de innovación y conservación, de creatividad y programación, de centralización y delegación. En el campo de la decisión directiva, este marco de complejidad afecta a la racionalidad dominante de la organización. La realidad muestra la coexistencia de estrategias oficiales junto con posiciones que son cruciales para el poder desigual vigente. Se trata entonces de una realidad con orden y desorden, reglas y formas que operan en paralelo.

A lo largo de la obra se diferencian en la organización compleja tres contenidos relevantes de las decisiones de operación, dirección y gobierno. Ellas corresponden a las áreas diferenciadas de: a) producción de bienes y servicios para el contexto bajo criterios de calidad y eficacia; b) estructuración, que busca el sinergismo entre las funciones, la relación laboral y reglas de juego del sistema, y c) decisiones de gobierno y directivas que se refieren y controlan los temas de orden político, por ejemplo la definición de objetivos, presupuestos, estrategias y los espacios de poder legitimado para las decisiones de los funcionarios.

La idea es destacar los factores de articulación, así como las controversias en la trilogía que incluye la eficacia productiva, la estructuración y la gobernabilidad. Cuando se logra la integración entre dichos criterios también es posible la sustentabilidad del sistema en su contexto. Ayuda a la aceptación de la organización y la continuidad de las transacciones. En el texto se analizan las formas de unidad en la diversidad, porque la realidad compleja lleva a brechas y fisuras en la organización que deben atenderse desde la función de gobierno. El tema crítico es cómo superar las propias internas de la política y el poder cuando pesa la voluntad de los grupos dominantes por crecer como fuerza y no solo por conducir la organización.

En el plano conceptual, la presente obra se ubica en el análisis de la organización compleja con un enfoque que prioriza los factores de política, la coexistencia de intereses con proyectos compartidos, las funciones de gobierno, las relaciones de poder y sus efectos. En forma resumida: el enfoque incluye la descripción y propuesta sobre los acuerdos constitutivos de la organización, definición de proyectos y objetivos, la construcción conjunta de un marco ideológico, los procesos de negociación entre áreas diversas, los debates por la estructura, el arbitraje e intervención en conflictos que afectan al sistema, los diagramas formales y las fuerzas emergentes, los sentidos asociados con la comunicación y el discurso directivo, y los convenios y alianzas con instituciones oficiales y otras fuerzas externas.

Desde la función de gobierno, se toman decisiones para compatibilizar la diversidad de demandas en el marco de objetivos múltiples del sistema. Se trata de fuerzas y capacidades que deben conjugarse en un proyecto donde operan las demandas de distintos grupos de interés, con aspectos no siempre compatibles. Por ejemplo, las necesidades de creatividad en un entorno inestable junto a la necesidad de definir las reglas que pongan límites a las elecciones personales. Son procesos en los cuales operan razones e intereses reconocidos y concretos, junto con la necesaria subjetividad y motivos de orden emocional (convicciones); motivaciones que también tienen que ver con la ideología como construcción cultural.

En el marco de la política, el logro de acuerdos, las medidas de gobierno y las decisiones directivas son condiciones y estrategias que buscan definir líneas de acción compartidas. Criterios que atraviesan el razonamiento directivo. Significa fijar la posición reconocida de manera formal frente a situaciones ambiguas. Requieren ponderar y equilibrar la diversidad de fuerzas que operan en los proyectos de la organización compleja. Y negociar, superar divergencias y conflictos. No se reduce a razonar en términos de proyectos, productos y servicios bajo criterios de eficacia y productividad. Los criterios políticos incluyen fijar prioridades en decisiones de conjunto. Desde la gobernabilidad, debe pensarse en la unidad en la diversidad, en lo centralizado y delegado con un diagrama de poder reconocido, no excluyente.

En el análisis político de las organizaciones corresponde diferenciar entre buscar consenso para avanzar con proyectos compartidos y la actividad de ubicar los grupos dominantes que aplican su poder para definir objetivos de conjunto. Se trata de marcar la diferencia entre: a) la discusión de los miembros para llegar a conclusiones compartidas sobre la integración del gobierno y los propósitos del sistema, y b) las negociaciones y manejos del poder de grupos que confrontan entre sí para imponer sus respectivos proyectos, postergando los restantes. En el caso de una organización hospitalaria, el análisis de política y poder la cuestión es distinguir entre: a) procurar la mejor manera de brindar atención médica en las condiciones que decidan los profesionales en el ámbito de la dirección y b) hacer un movimiento de fuerza para apropiarse del poder y orientar el hospital hacia los fines de un grupo de interés determinado.

La continuidad y el desarrollo de la organización como sistema político busca compensar las tensiones y brechas disruptivas derivadas de las crisis en situaciones reales no previstas en los acuerdos constitutivos. Desde la visión política, de gobierno y poder directivo, avanzar con un sistema sustentable no implica excluir posiciones críticas. La política en la organización incluye la voluntad de realizar el análisis de las diferencias para considerar sus posibles aportes al desarrollo conjunto. No se reduce a decidir desde el gobierno quién se impone y quién queda afuera. El poder admite versiones. El texto lo expone como una capacidad requerida pero además legitimada, no impuesta. La idea es la integración de la organización sobre la base de proyectos reconocidos, procesos de influencia, comunicación y motivación. Con respecto al mapa de poder, proponemos una relación con capacidades diferentes, pero no injusta o autoritaria.

La función política incluye el estudio de los caminos alternativos, la posibilidad de integrar proyectos diferentes y formas de razonamiento (no la fuerza) para superar las situaciones de crisis o conflicto. La negociación y búsqueda de acuerdos, en un sistema gobernable con autoridad reconocida también requiere de ciertos sistemas de ideas compartidas sobre lo deseable para el conjunto; sistemas de ideas de la organización social (no limitada al gobierno) asociados con las razones y propuestas que sustentan las políticas de empresa. Un ambiente predecible, en cuanto al sentido final de las decisiones, lo cual implica la definición de reglas de juego aceptables, razonables. En este marco, la gobernabilidad se refiere a un ambiente de proyectos y acuerdos negociados, no de fuerzas excluyentes.

En el texto se desarrolla un análisis macro desde la política, y también lecturas micro o sectoriales. Lo macro trata temas sobre la continuidad de la organización en su conjunto, la definición de propósitos, ideologías, formas de gobierno, estrategias para la apropiación de beneficios, negociación con otras instituciones (bancos, sindicatos, oficinas de gobierno). Mientras que la visión micro de la política analiza la interna del poder y los intereses sectoriales. Por ejemplo, los movimientos de grupos postergados para defender su posición en la estructura jerárquica, los reclamos para mejorar las remuneraciones o las condiciones de trabajo.

La idea de la organización sustentable es distinta de la fuerza de un gobierno que se impone; consiste en articular cultura (construcción interna) y contexto (entorno social). Significa considerar las demandas y necesidades internas con los legítimos intereses en juego. Como sistema abierto, la condición es satisfacer las normas de orden social y cultural que la mantienen conectada con el contexto. En lo interno, las demandas del personal de estar comunicado y desarrollarse en el trabajo. La idea de organización sustentable consiste en considerar los aportes desde la diversidad de capacidades, para nada relacionado con el "pensamiento unificado" del poder. Debe evitarse la idea de organización como un sistema basado en el orden instituido y la burocracia productiva, y cuestionar la eficacia impersonal de los esquemas hegemónicos sostenidos desde la función de gobierno. Se trata de apoyar el aporte de la diversidad, del pensamiento creativo y superador.

6. Política y cultura. Factores ideológicos y discursivos

La ideología, como construcción cultural, tiene que ver con las creencias y valores que se priorizan en los comportamientos y proyectos de conjunto en la organización. Es uno de los marcos y soportes de las líneas de política en el proyecto, con visiones que hacen a la vida interna y a las relaciones con el contexto. Es el compromiso cultural de sostener principios de orden cooperativo o competitivo, la convicción orientada hacia el trabajo en equipo o el énfasis puesto en los aportes y capacidades de orden personal. La construcción de proyectos con otras instituciones o tener como prioridad el logro del desarrollo autónomo de la organización.

Hay una posición ideológica en la decisión de avanzar únicamente con proyectos compartidos y basados en la responsabilidad social de la organización, distintos del propósito de aplicar el poder y el conocimiento para destruir el medio ambiente. Un proyecto político o de gobierno sustentable es más que la fuerza que lo sostiene. En un marco de desarrollo social, las bases y condiciones del proyecto se rigen por criterios de equidad, libertad y justicia, e incluyen formas participativas y de integración con el contexto (responsabilidad). La ideología aporta a los participantes una motivación que tiene en cuenta la integración de diversos fines. Ideas que deben evaluarse por sus implicancias. Existen connotaciones positivas pero también destructivas; por ejemplo, cuando se trata de utilizar formas de poder excluyentes o discriminatorias.

Como rasgo diferenciable en la cultura organizacional, la ideología es una construcción conceptual, con crítica y propuesta. Un saber fundado y a partir de él adoptar una posición compartida. No se trata de una cuestión de intereses en juego sino de parte de un proyecto de conjunto; una toma de posición con respecto al orden comunitario, organizacional, institucional. Es "una" en cuanto a su comunicación y reconocimiento, pero no es excluyente. Expresa una posición sobre valores que definen un marco de referencia o esquema de ideas compartido. En el texto, las menciones a la base ideológica aluden a organizaciones abiertas, no a las de orden partidario o sectarias.

En el caso de un periódico, las condiciones del contrato laboral deben ser compatibles con la libertad de expresión, el debate esclarecedor y el respeto a la diversidad de creencias. Ello no impide que el propio periódico haga explícitas sus posiciones en los editoriales ni la existencia de códigos de conducta formales. Otro ejemplo puede verse en un hospital, con respecto a las ideas sobre el alcance y transparencia de las relaciones estimadas correctas y deseables. Por ejemplo en cuanto a la comunicación del diagnóstico en la relación médico-paciente. También en una fábrica, las posiciones de conjunto sobre los principios a respetar en temas como la contaminación ambiental, las condiciones de seguridad y el desarrollo personal en el trabajo.

Visto desde la organización gubernamental, aludimos a la ideología en su versión constructiva, no como estrategia discursiva ni como apariencia o dualidad en el discurso. Nos referimos a pautas culturales positivas, formas de pensar deseables para el desarrollo del grupo social, ideas y creencias que contribuyan a la reflexión conjunta y a la ampliación de las comunicaciones, a su transparencia. Son propuestas para mejorar las relaciones humanas, ideas para mantener un sistema más equitativo. No se refiere solo a las transacciones, a las tecnologías de producción o a los criterios que apoyan los objetivos de eficacia, sino también a las convicciones y motivaciones de orden sociocultural en las organizaciones sustentables.

La ideología como factor social es un esquema de pensamientos sobre objetivos deseables, valores y creencias compartidas, no individuales o sectarias. Brinda modelos de comportamiento en la organización establecidos como deseables, pensando en el desarrollo y bienestar del sistema basado en ideas de equidad y justicia en las relaciones. Pero también operan formas del discurso directivo autoritario que toman a la capacidad humana como un recurso obediente dentro de un proceso productivo. En el marco de una organización sustentable no es coherente sostener que el sistema opere por sobre la voluntad de los actores. La ideología no debe entenderse como un contenido discursivo de las políticas que presentan la eficiencia y eficacia como criterios excluyentes para el desarrollo de la organización.

En la obra se analiza el peso de la ideología, aunque también la compleja relación entre el desarrollo personal y la integración en equipos, y los lazos entre motivación y productividad. En este punto, la idea de organización sustentable no supone una fórmula óptima que asegure la cohesión buscada. Alude a una dinámica de las relaciones basada en una agenda de prioridades en el trabajo; una posición que reconoce límites y negocia un espacio entre los puntos extremos. En la organización compleja, ello implica un estado de tensión y crisis que desde la función de gobierno se considera estableciendo prioridades de orden político. Este esquema, que hace a la estabilidad y convivencia deseables, es compatible con las condiciones de gobernabilidad.

En cuanto al sistema deseable, la ideología contribuye al debate con creencias y razones sobre las prioridades para el desarrollo humano en el trabajo. En este marco se plantean y se critican las diferencias entre los modelos autoritario y democrático, cooperativo y competitivo, responsable y pragmático, conservador y renovador con formas abiertas o restrictivas de comunicación. Como fuerza (simbólica), la ideología supone una estrategia discursiva, ya que la comunicación no es de carácter informativo sino que colabora con la producción de sentido (excluyente) de los mensajes de gobierno. Cuando la organización es vista como una contienda de fuerzas, la comunicación directiva adquiere una tendencia al doble discurso. Con sentido crítico, señalamos los riesgos de la ideología como propuesta sesgada por los intereses del poder instituido.

En la obra se trata el tema de la gobernabilidad y de las decisiones de política en el plano de lo visible y lo simbólico, lo declarado y lo postergado en los mensajes directivos. Consideramos la cuestión de la credibilidad en las comunicaciones en el marco de las relaciones de poder; el rol de las comunicaciones en la aceptación de los proyectos de la organización, y el compromiso con ellos, considerando el peso de las críticas y resistencias por parte de los destinatarios. En este marco surge el doble discurso directivo, el tema de la transparencia y la intención de condicionar las voluntades críticas. El doble discurso intenta ocultar el peso de los intereses sectoriales y personales cuando se habla de la política de empresa. Los actores tienden a realizar una segunda lectura ante lo evidente y lo que se dice. El discurso como máscara obliga a dedicar energías a la tarea de descifrar los mensajes teniendo en cuenta los intereses en juego.

En este marco, el texto resalta tanto la importancia como el riesgo del discurso directivo en cuanto a la decisión de establecer prioridades, pero también a la de ocultar o no explicitar las alternativas postergadas. Se destaca la relación entre poder, los intereses no declarados y la ideología en la construcción del discurso directivo. Una forma de hipocresía derivada de las presiones internas y externas, en parte construida desde el poder pero también relacionada con las presiones externas contradictorias. En el orden de lo simbólico, las dualidades operan en las estrategias de imagen y de manejo de las comunicaciones. En la comunicación, también se busca apartar a los interlocutores del análisis crítico de la realidad desigual.

En la presente obra explicamos la visión de la sustentabilidad como criterio superador de las tensiones propias del poder como fuerza asociada con una ideología sesgada, interesada. En su versión constructiva, el sistema de ideas contribuye con los valores del trabajo en equipo, la responsabilidad social del sistema y la educación continuada para el desarrollo humano en la relación laboral. La propuesta es considerar la función política, la gobernabilidad y la dinámica del poder en sus aspectos constructivos. En el marco de lo sustentable, la función de gobierno no es imponer un orden sino considerar ciertos objetivos y proyectos responsables, comunicaciones confiables, y formas de participación y de poder equilibradas. Factores todos que contribuyen a la cohesión interna y el desarrollo de la organización compleja en su contexto.

La dimensión política de la realidad organizacional refleja la búsqueda de acuerdos, aunque también la intención de los participantes que procuran avanzar con sus propios proyectos. En esta compleja realidad de orden político participan las figuras de adherentes y adversarios, con sus apoyos y resistencias respecto de los proyectos de la organización. Los actores declaran su voluntad de negociar con otras fuerzas en una realidad difícil donde también operan intereses no declarados. Ciertas creencias que se dicen sociales o culturales pueden formar parte de estrategias destinadas a sostener posiciones dominantes desde el gobierno. También operan los proyectos de la oposición, que desde una postura crítica moviliza criterios destinados a resistir las medidas del gobierno.

La gestión política de la organización implica una lectura amplia, considerando la trama de propósitos y fuerzas que intervienen en el sistema, para revelar la existencia de tensiones activas, presiones de actores diversos como diferencias y divergencias que deben compatibilizarse en una realidad compleja con diversidad de presiones internas y de contexto. Para ello, se requieren procesos de negociación y superación, en busca de la definición de un proyecto compartido. En este marco se procesa un posible acuerdo de voluntades y también se reconocen las asignaturas pendientes. Como sistema organizacional, la función de gobierno interviene en la definición del rumbo dentro de estas complejidades, que son parte del orden político.

7. Gráfico 1. Gobierno, Dirección y Gerencia en organizaciones

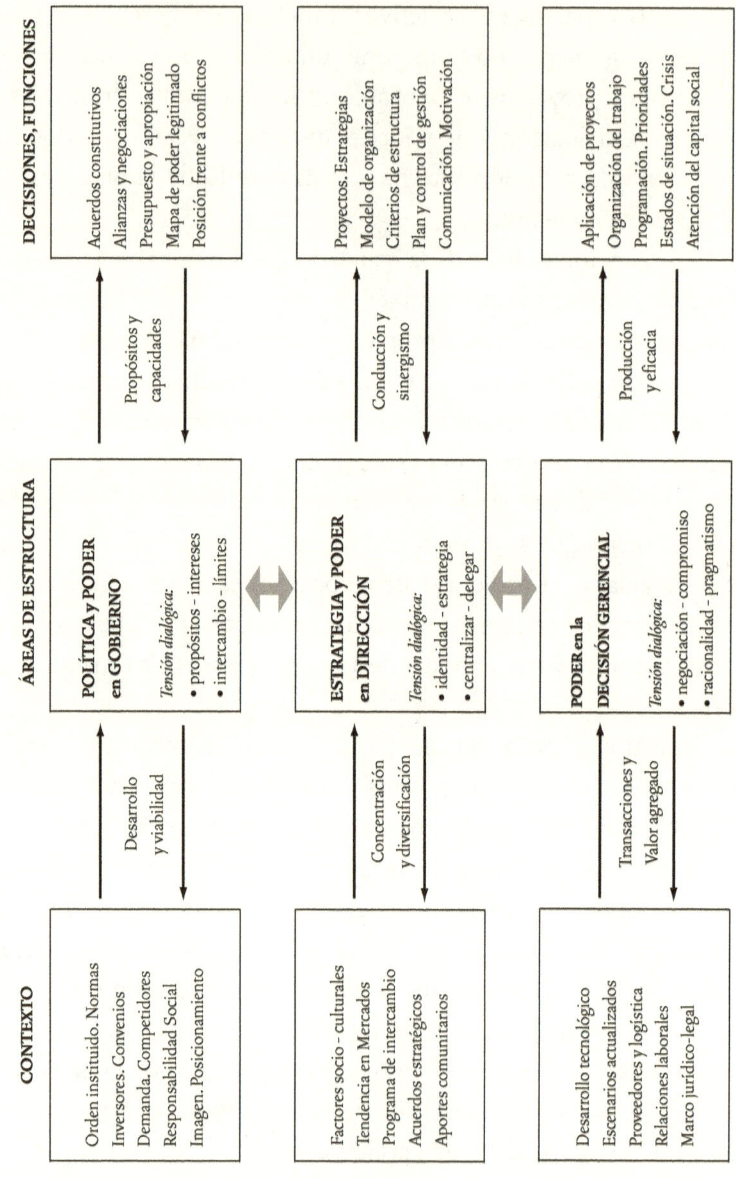

El *Gráfico 1* presenta una visión de la organización compleja, en la cual se destacan las diferencias y relaciones entre las áreas de Gobierno, Dirección y Gerencia. El gráfico no es un modelo de jerarquías sino una visión de la interacción del sistema complejo: a) en su contexto diversificado, b) entre las áreas y funciones que lo componen. Un sistema con funciones articuladas que hacen a la estabilidad y continuidad del conjunto. El sistema tiene componentes de inestabilidad, dado que debe procesar las tensiones y dualidades derivadas de la variedad de demandas, intereses en juego y las resistencias al poder. El gráfico destaca que en la realidad operan condiciones diversas, factores que estabilizan y orientan las fuerzas no solo en el sentido de la eficacia de conjunto. Grupos de poder que movilizan al conjunto pero también avanzan en el sentido de proyectos propios. Una diversidad que aporta y fija condiciones, que es parte de la realidad política donde operan grupos con posiciones diferenciadas. A ello refiere en el gráfico la mención a la tensión dialógica en las decisiones. Destaca la vigencia de posiciones duales, de distintas razones y motivos, que no son coherentes, pero que confluyen en el sistema. Esto implica que el tema de lo sustentable, en cuanto a la necesaria viabilidad y el desarrollo, no se relaciona solo con optimizar el objetivo de hacer negocios. El gráfico muestra que las relaciones y procesos de política y poder en la organización compleja deben aportar creatividad para procesar los aportes y también las resistencias al Gobierno, a la Dirección y a la Gerencia. Reconocer la existencia de disonancias entre fines propios y de conjunto, la concentración y delegación, las finanzas y la responsabilidad social. En el gráfico esta posición es también aplicable en cuanto a las relaciones en el Contexto. Allí la idea es destacar no solo el peso externo del orden instituido y el desarrollo tecnológico. Una realidad compleja donde operan diversidad de actores enfocados en sus intereses. Realidad que no siempre es compatible con las condiciones y proyectos relacionados con el desarrollo y la calidad de vida en la organización. La idea de la organización sustentable es constructiva, y a través de la gobernabilidad aplica una visión que permite procesar, no solo limitar, la diversidad y tensiones propias de la realidad sociopolítica del sistema.

PRIMERA PARTE

Análisis del poder en las organizaciones

CAPÍTULO 1

Poder: capacidad
y relación condicionada

1. Bases y alcances del poder

Para comenzar, explicaremos los rasgos comunes del poder en las relaciones humanas en las organizaciones, con una perspectiva amplia que reconoce sus dimensiones políticas, económicas y socioculturales. A medida que avancemos, el análisis estará focalizado en el poder político y su presencia en las funciones de gobierno y alta dirección en organizaciones complejas. No se trata de una visión del poder en cuanto a nuevas formas de aumentar su efectividad, sino del análisis de su presencia y sus efectos en una realidad organizacional donde operan dilemas, tensiones y temas conflictivos. Un análisis del poder en los problemas de relación, comunicación y decisión en las organizaciones, destacando también su contribución a las soluciones.

El poder implica una pauta o modo de relación donde prevalece la voluntad del emisor. En su versión más amplia o integradora, llamada influencia, ejerce sobre el receptor la persuasión en busca de su aceptación voluntaria. Mientras que en su versión más restrictiva, el poder opera como una fuerza física sobre la persona del receptor; es una relación de dominación. Entonces, la relación de poder incluye una actitud de aceptación de los mandatos aunque no carente de cierta resistencia (divergencia, discrepancia). Consiste en una interacción desigual que provoca tensiones y rechazos, lo cual lleva a revisar las condiciones iniciales. Ello es inherente a la dinámica del poder, que implica interacción y reglas de juego, sin convertirse en una fuerza unilateral; no es sometimiento.

Desde el inicio debe advertirse que el concepto de poder se expresa mediante distintas fuerzas que operan con diferente intensidad; es decir, con cierto margen de libertad en la relación. En un proceso recurrente, la relación de poder tiene aspectos que se debilitan y otros que se consolidan a lo largo del tiempo. En función de ello es posible distinguir entre la influencia (persuasión), la autoridad (basada en el derecho) y la dominación (control de la persona a través de los recursos). Se trata de una relación desigual donde prevalece una voluntad, pero son diferentes los incentivos y las fuentes, la amplitud de la pretensión y el tipo de aceptación logrado.

El poder afecta a las relaciones entre individuos o grupos estructurados con diferentes funciones y facultades, lo que implica un ordenamiento en distintos niveles de acuerdo con la capacidad de los actores para tomar decisiones o controlar los recursos que otros necesitan. La relación de poder distingue entre quienes toman las decisiones (emisores) y quienes tienen la función de llevarlas a la práctica (receptores). No se trata de una relación inalterable, sino de una pauta instalada y reconocida, por distintas razones de orden jurídico o contractual, en el marco del proyecto compartido con directivos y ejecutores. Esta descripción opera en el plano de lo formal planeado y de lo informal emergente, dado que el poder es una práctica que reconoce múltiples fuentes, sean o no oficiales.

Valga como ejemplo las acciones impulsadas por los líderes en una fábrica para enfrentar a las nuevas tecnologías que traen desempleo o los movimientos en un periódico donde distintos candidatos discuten y compiten por el cargo de jefe de redacción. Piénsese también en la decisión de un banco de no ampliar los créditos a los clientes mientras no cumplan con sus deudas, las acciones de la gerencia de personal para limitar la influencia del gremio en la empresa, la estrategia para desplazar a un competidor en el mercado (lucha competitiva), la posición del profesor en su relación con los alumnos respecto de exámenes y calificaciones, la relación entre el juez y los imputados en un proceso judicial, los manejos de grupos de interés en el directorio para tratar una política de empresa, la comunicación a los internados sobre las reglas de ingreso y salida de la residencia, etcétera.

Se trata de entender estas relaciones desiguales en un contexto determinado y también de reconocer la amplitud y limitación de las perspectivas del análisis. En el caso de una residencia de ancianos, el foco puede ampliarse incluyendo las expectativas y demandas de los familiares, los intereses del seguro de salud, las regulaciones del Estado sobre la calidad de los servicios, la relación con los profesionales médicos y con los laboratorios proveedores de medicamentos. Como vemos, un espacio donde operan diversas fuerzas y lazos emocionales que confluyen en un equilibrio inestable, dado que el poder tiene resistencias y se construye en forma continuada.

La resistencia o defensa desde la posición del receptor mantiene el poder en tensión, o sea, con su potencial limitado, con espacios donde no avanza, salvo desarmando la relación. Desde la psicología, James Hillman dice: "Creer que el sistema funciona mejor cuando lo hace sin obstáculos es una visión simplista. El poder necesita problemas; como juego de fuerzas el poder disfruta de las complejidades renuentes, que no se someten. Estos componentes de cualquier sistema alimentan al poder y lo mantienen en un estado de alta tensión". Si bien esa tensión consume energías, también moviliza y actualiza al poder, lo mantiene alerta; adquiere capacidad para procesar y limitar la adversidad.

En su estudio sobre la realidad del poder, Michel Foucault diferencia la represión de la aplicación de la ley, esas situaciones extremas de la relación. "No es el poder como conjunto de instituciones y aparatos públicos lo que garantiza la sujeción de los ciudadanos en un Estado determinado. Tampoco un modo de sujeción basado en reglas, opuesto a la violencia. El poder en las organizaciones no tiene la forma de una pirámide ni es una relación fija previsible. El poder opera en un contexto de múltiples relaciones de fuerzas que se apoyan (alianzas) y se enfrentan entre sí (oposiciones)." En la organización, además de una relación entre niveles dependientes de un punto central, operan fuerzas locales que interactúan y aportan proyectos. Se trata de un juego de relaciones móviles y no igualitarias. A eso se refiere lo que denomina "microfísica del poder", diferente del poder centralizado en la cúspide.

Según Richard Hall: "El poder es la capacidad (potencial o actual) de imponer a los demás la propia voluntad, es la capacidad de una persona para influir de la manera que desea en la conducta de otro". El concepto se extiende tanto a nivel de la organización como a nivel individual y grupal. Esta capacidad puede basarse en diferentes factores tales como el conocimiento, la jerarquía, la información, la personalidad o el control de recursos; es una realidad que no depende del diseño o del reconocimiento formal de la organización. Es un espacio creado en el marco de las relaciones humanas, no del planeamiento organizativo.

Las capacidades, relaciones y procesos de poder no son dispositivos mecánicos, y tampoco la mera fuerza. Su generación tiene que ver con propósitos y capacidades de las partes. Como manifestación de las relaciones humanas expresa la potencialidad y capacidad distintiva de los actores. No es una relación pasiva o meramente comunicativa. En el marco laboral, las diferencias o la voluntad de prevalecer activan decisiones, aunque también reciben condiciones, producen tensión y divergencias. El poder tiene un sentido y su fuerza se concreta en los efectos, no es solo discurso o amenaza. En las relaciones existe capacidad, intención y también efectividad. Los resultados de un proyecto organizacional indican el carácter movilizador o inhibidor del poder aplicado.

El poder tiene aspectos que impulsan a la acción de cambio (son movilizadores), y otros que ponen límites o la reprimen ("vigilar y castigar"). En la función de gobierno, interesa el poder por sus aspectos modeladores y productivos, no como forma de sujeción o enfrentamiento. Es importante el poder por lo que significa como capacidad para movilizar y orientar acciones, pero este carácter movilizador debe ser analizado en forma crítica considerando los valores que afecta, porque puede estar actuando en beneficio de una minoría. Y, llegado el caso, para instrumentar las correcciones en el rumbo en un entorno incierto y cambiante. No esperar para responder (conducta reactiva), sino anticipar o provocar cambios en las decisiones (conducta proactiva).

2. El poder de las ideas como recurso

Las relaciones de poder incluyen un amplio espectro de alternativas, desde la imposición (amenazas, sanciones) hasta formas más sociales como la persuasión o la seducción (liderazgo). Según Gilles Deleuze, el poder es una relación de fuerzas, no sobre objetos o recursos sino sobre ideas y decisiones en la organización. "Se puede concebir una lista necesariamente abierta de variables que expresan una relación de fuerzas o de poder que constituyen acciones sobre acciones: incitar, inducir, desviar, facilitar o dificultar, ampliar o limitar, hacer más o menos probable." Esas son las categorías del poder. Que pueden ser más o menos visibles o disimuladas, pero que están presentes como formas del comportamiento.

Para explicar estas desigualdades y su relación con la búsqueda de superación en las personas, Friedrich Nietzsche menciona el concepto de la "voluntad de poder". Expresa la subjetividad movilizadora, la expresión de una fuerza interior, y no solamente la intención de aplicar una desigualdad para dominar a otros. Para este autor, "la superación de sí mismo" es una de las razones por las cuales la realidad social es cambiante. Es la actitud humana de enfrentar el tiempo y construir el futuro, no mirar como las cosas ocurren. Según él "la voluntad no puede querer hacia atrás", es poder "configurador" del ambiente y de las relaciones.

En el mismo sentido, Michel Foucault ha escrito que "el poder está en todas partes, no porque lo englobe todo, sino porque viene de todas partes". Consiste en una matriz de relaciones; no existe una fuente u origen ubicado en la cúspide de la organización. Decir que no abarca todo significa que el poder no es la única explicación de las relaciones desiguales. En tareas de conjunto no es el factor determinante o excluyente. Lo social incluye múltiples variantes en el plano formal e informal, emocional o racional. No se trata de una flecha unilateral sino de una relación entre personas y grupos, donde juega la resistencia al poder (los límites). Esta resistencia, mucha o poca, pasiva o activa, también está difundida. El poder en la organización se refiere a tramas o redes de influencias mutuas, un diagrama de fuerzas y sus resistencias.

En la organización pueden destacarse múltiples formas de relación y no solo de poder e influencia. Por ejemplo, en la relación de trabajo o producción donde hay razones de tecnología junto con la disposición y saberes personales. Lo mismo ocurre en el campo de la comunicación, donde participan la transmisión, el proceso y el significado de la información relacionados con la voluntad y necesidad del aprendizaje y entendimiento mutuo. También en las relaciones de orden socioafectivo, referidas al proceso de construir y compartir motivos y sentimientos personales, presentes en el liderazgo y en los grupos de trabajo.

La conceptualización del poder busca ampliar las definiciones en el sentido de explicar las diferentes fuentes, las bases de legitimación, las funciones y su aplicación en el dominio de las relaciones humanas en la organización. Cuáles son las posibles resistencias, la disfuncionalidad, los costos ocultos, los efectos buscados y cuestionados en la relación. El poder como estrategia a través del cual los actores intentan avanzar y posicionarse, donde también los receptores están tratando de disminuir las desigualdades. Además de plantear y resolver conflictos, el poder es una fuente de relaciones complejas y se convierte en algo deseable en sí mismo, una forma de mejorar la situación de los actores, en sentido político.

Una relación de fuerzas tiene sus características y sus espacios, y debe diferenciarse de las relaciones que solamente tienen que ver con la producción, las comunicaciones o afinidades emocionales en las relaciones humanas. Según Amitai Etzioni: "La relación de poder implica que las preferencias personales quedan pendientes, mientras que en el liderazgo hay influencia personal, la intención de lograr un cambio voluntario de preferencias". Si en el poder hay una suspensión de la voluntad propia es porque como fondo de la relación aparece la sanción o una pérdida potencial en caso de no seguir las directivas del emisor o incumplirlas.

El poder se manifiesta en distintas instancias o momentos del comportamiento de los integrantes de la organización, sin limitarse a controlar la aplicación de recursos o a presionar en el momento de la acción. Está presente en las formas de pensar instituidas, en las verdades establecidas, en la definición de aquello que debe tomarse como obvio, en las ideologías dominantes, en el discurso o los argumentos utilizados en la organización. Detrás de las ideologías y de los discursos están las relaciones de poder que las sustentan, al igual que en los proyectos de la organización, en las relaciones que se pretendan construir o modificar y que son resistidas por grupos afectados o contrarios a la medida.

Al hablar del aspecto "productivo", activador o positivo del poder, el concepto no se limita a las prestaciones o servicios finales de la institución, como la enseñanza en la escuela, la salud en el hospital o el producto en la fábrica; también produce efectos deseables e indeseables en términos de la ética, el saber y la cohesión interna. El poder interviene en la construcción del conocimiento disponible en la organización, en las razones y argumentos admitidos como legítimos o aceptables. El poder produce sentidos e interviene en la visión de la verdad que predomina en la organización (en su ideología oficial).

En un contexto competitivo o individualista, se sostiene que si el poder es eficaz también es correcto o justo, y que solo importa aquello que funciona. Desde esa visión esquemática del poder se instala la idea del trabajo como relación precaria o transitoria, sujeta a los vaivenes del mercado. Pero en otros modelos de asociación y producción colaborativos y solidarios (como el cooperativismo) las relaciones de poder se orientan hacia valores, como el salario justo y la estabilidad en el empleo. El compromiso, el conocimiento y las creencias vigentes, no solo el poder, actúan como variables relevantes en una organización sustentable, no solo productiva.

Hemos mencionado que el poder tiene diferentes consecuencias sobre las relaciones humanas. Diferencias que resultan de los criterios aplicados para evaluar los resultados y las formas del poder. Algunas valoraciones del poder llevan a distinguir entre: movilizador-represivo, visible-oculto, estructurado-informal, constructivo-destructivo, con razón-sin razón. Se trata de pares polarizados aplicados a las relaciones, y que ponen en evidencia las tensiones y dualidades que resultan del poder. Las estrategias de poder tienen que ver tanto con las crisis como con la estabilidad del sistema, lo que se manifiesta en la dinámica de las relaciones, con condiciones y también con controversias. Frente a las estrategias encontramos resistencias, cuestionamientos, mecanismos de defensa de los participantes afectados o con propuestas diferentes, con distinta forma de expresión y visibilidad en las relaciones.

En el poder hay intencionalidad y efectividad en las decisiones, aunque también tensiones entre las partes, críticas al orden establecido o poder instituido que se reflejan en la estructura. Las relaciones de poder establecen entonces un estado de ambivalencias y tensiones que es parte de la realidad política y de la agenda de las funciones de gobierno en la organización. Una realidad que si bien es crítica también forma parte de la dinámica de un proceso de cambio, derivado de la diversidad de intereses y compromisos en juego.

El poder político en las organizaciones se refiere a decisiones y relaciones sobre la base de normas y disposiciones de contenido jurídico dentro del marco normativo, del orden instituido en la organización. De allí proviene la autoridad del directivo para aplicar las decisiones sostenidas por estatutos, contratos, resoluciones del directorio, actas constitutivas, etc. De modo que el poder político de quienes dirigen cuenta con un componente de exigibilidad obligatorio. Es el llamado poder coactivo, "la fuerza de la ley", que supone la aplicación de sanciones. Carlos Vilas, en su obra *El poder y la política* dice que "todo orden de convivencia, es un orden de poder". Implica formas coactivas de asegurar los derechos y las obligaciones sobre los cuales se sustenta la acción de conjunto. Advierte que "un orden político debe asentarse en acuerdos propios de un orden de convivencia colectiva". Se trata del peso de las convicciones y acuerdos de base ideológica; es decir, el sustento del poder persuasivo que remite a las ideas y valores compartidos.

3. Abordajes en los estudios de poder

En el plano de lo descriptivo, los abordajes del poder llevan a la definición de sus tipologías o formas básicas; no en el sentido de hacer un orden de méritos o establecer lo correcto e incorrecto. Un enfoque sería, por ejemplo, el análisis de la estructura desde el poder político, económico o sociocultural, con la intención de distinguir la relación en cuanto a recursos y propósitos implicados. El análisis en particular se refiere a la situación, la puesta en un marco concreto, considerando la relación de fuerzas y demandas que están operando (conflicto laboral, lucha interna de posiciones, selección de proyectos). Dada la realidad compleja de la organización, con diversidad de factores que actúan en un entorno cambiante, el poder es visible como apoyo y también como imposición o límite. En su aplicación práctica, el formato del poder se explica también por las demandas de la situación, las presiones.

El abordaje del poder implica recurrir a varias ideas rectoras; por ejemplo, la racionalidad dominante o ciertas premisas de valor que orientan las relaciones. Cada idea rectora está vinculada con una disciplina o rama del conocimiento. Veamos algunos ejemplos al solo efecto ilustrativo: la física estudia el poder como energía y fuerza, mientras que la lógica lo relaciona con las causas eficientes de las acciones. Para la psicología el poder se refiere a un vínculo y al sentimiento de "estar por encima", y la filosofía lo asocia con la voluntad humana. La economía lo estudia en el marco de la relación entre medios (recursos) y fines, y la política con el armado y conducción de un proyecto superador. La sociología, por su parte, lo estudia como relación desigual o liderazgo en grupos.

En la organización es posible distinguir tres niveles de análisis en la relación de poder, como se explica a continuación. Un primer nivel trata sobre las relaciones entre individuos o referentes de grupos formales o informales. Analiza la capacidad del sujeto emisor para hacer prevalecer su voluntad sobre los destinatarios y las capacidades humanas que están operando en la conducción de equipos, fija líneas de acción y define proyectos de conjunto. Es una de las lecturas posibles de los procesos de conducción. Incluye a la contraparte, el destinatario de una relación desigual, considerando las necesidades que lo lleven a aceptar órdenes o mandatos, así como las resistencias al poder en el marco de las relaciones de trabajo en la organización.

En cuanto al enfoque de las relaciones personales, James Hillman afirma que "el poder no siempre se muestra como tal, sino que se presenta en forma cambiante como autoridad, control, liderazgo, prestigio, influencia, ambición, carisma, etc. Para captar íntegramente su naturaleza y entender la manera especial en que se aparece diariamente en nuestros pensamientos y acciones, es preciso analizar sus múltiples estilos y formas de expresión (los lenguaje del poder)". El poder se expresa bajo ciertas formas y contenidos, pero se ejercita en el marco de las comunicaciones y las relaciones humanas, realidades que imponen sus condiciones. No se trata de una fuerza que se aplique de manera unilateral, ni se reduce al control de las ideas y movimientos, también los promueve en un sentido constructivo.

Un segundo nivel se refiere a los roles y espacios de poder para tomar decisiones de política que afectan a toda la organización; es una lectura del poder asociado a las posiciones directivas y de gobierno. Esta perspectiva se focaliza en la estructura, los centros de poder, la centralización de las decisiones. Estudia lo establecido por el marco normativo (metas, reglas, funciones, procesos) con respecto al ejercicio del poder, y los dispositivos de control que limitan sus conductas. Analiza el diseño de las comunicaciones desde el gobierno para establecer imágenes e ideologías oficiales, planificadas. Incluye el estudio de la cultura del poder según los estilos dominantes, reconocidos y enseñados en la organización, y las señales de aprobación o crítica de los modelos de poder consultivos frente a los autoritarios.

El tercer nivel de análisis de los espacios de poder indaga sobre la presión de las instituciones del contexto. Se focaliza en los modelos de organización (fábricas, escuelas, hospitales, bancos) que prevalecen en el dominio de lo público. También el marco jurídico, los códigos sociales, las pautas culturales dominantes y las regulaciones estatales. Este contenido de contexto se identifica como el orden instituido, orden que representa las fuerzas del poder público que operan desde el Estado y la sociedad civil sobre las actividades y las personas de las organizaciones. No solo se trata de la capacidad racional-legal del aparato burocrático y de sus funcionarios, sino también de las fuerzas que permiten el reconocimiento y legitimación de las políticas públicas.

Al respecto, René Lourau en su estudio sobre el análisis institucional, sostiene que el citado atravesamiento es una demostración de la primacía (resistida) de lo institucional por sobre los acuerdos contractuales internos y los intereses particulares de la organización. Se genera una interiorización de los códigos, imágenes y símbolos comunicados desde el contexto. No consiste en un proceso unilateral, sino en una dinámica con tensiones que se explica por el hecho de que "las instituciones implican ciertos aspectos represivos pero también requieren de algún consenso" por parte de la organización. Se produce entonces la relación dialéctica entre "lo instituido y lo instituyente", entre la política del sistema y las posiciones e ideas que se defienden y promueven localmente.

El análisis institucional es un enfoque que pone de manifiesto la presión del aparato burocrático en cuanto a la imposición de cierto orden que asegure la continuidad de las formas de gobierno mediante la autoridad y un sistema de reglas que determinan las decisiones de los actores sociales y de los grupos de interés organizados e influyen en ellos. En esta comunicación pública continua también están presentes procesos de socialización mediante saberes, códigos, mitos, leyendas y otros contenidos simbólicos para su "interiorización" en las organizaciones y sus integrantes. En su estudio sobre el comportamiento en las organizaciones, William Whyte señala que un impacto de las fuerzas del orden instituido es la "formación del hombre organización, caracterizado por su fuerte adaptación y conformidad a la estructura y las reglas de juego establecidas". El análisis institucional, desde el poder, considera la dinámica de las relaciones y no solo la primacía de la estructura. Ofrece una visión amplia y diversa de la organización como una totalidad basada en planes, aunque también cuestionada, siempre en movimiento.

En su importante estudio de la organización burocrática, Michel Crozier afirma que no se puede comprender el funcionamiento de una organización sin tener en cuenta los problemas de gobierno. Y muestra cómo la realidad compleja incluye fuerzas que cuestionan las formas burocráticas, generando malestar y desviaciones en las estructuras formales. Destaca el cuestionamiento proveniente del poder informal o paralelo, presente en los conflictos de intereses, el enfrentamiento entre grupos y el desplazamiento de los fines oficiales. "En un sistema de organización burocrática, donde la jerarquía es clara y las tareas precisas, los poderes paralelos alcanzarán su mayor importancia", sostiene Crozier.

Otros estudios de carácter normativo se basan en comparar los resultados del poder como proceso destinado a cumplir órdenes (eficacia del poder) con los obtenidos mediante decisiones que además incluyan un marco de valores sociales (poder correcto). Se marca la diferencia entre lo descriptivo y lo valorativo, una distinción entre praxis e ideología. Además del criterio de la pertinencia de los mandatos, instala el debate sobre la legitimidad. La diferencia entre el poder como modo de lograr resultados en lo manifiesto, y el poder como una relación que requiere aceptación y respeto en un sistema de valores, ciertos códigos o acuerdos previos.

Siguiendo con este abordaje de lo normativo (requerido, deseable), las formas de poder son analizadas con ciertos esquemas de valor, no de metas, como modelos que muestran el camino correcto, que legitiman o justifican las decisiones en el ejercicio del poder directivo. El citado James Hillman dice que "dichos esquemas separan la influencia (buena) de la coacción (mala), la persuasión (buena) de la violencia (mala), lo legitimado (bueno) de lo usurpado (malo), lo impuesto por símbolos (bueno) de lo impuesto por las armas (malo), lo compartido (bueno) de lo despótico (malo). En el nivel de individuos, grupos o sociedades".

Pero entender las formas de poder en la realidad organizacional compleja, requiere considerar ambos polos de los pares conceptuales, con sus dualidades y tensiones. Según la situación y contexto, las mismas formas de poder llevan a efectos diversos. Las relaciones de fuerzas, fines e intereses en la organización también tienen requerimientos duales. Por ejemplo, delegar-centralizar, diversificar-unificar, distribuir-concentrar, consensuar-priorizar, pensar en valores o en resultados, competir-colaborar, consultar-ordenar, etcétera.

Lo correcto es que desde el poder las decisiones cumplan la condición esencial de ser definidas en forma responsable y ponderando sus consecuencias. Teniendo en cuenta tanto la diferenciación (autonomía en grupos) como la integración (cohesividad) y la inclusión social. No se trata de optimizar una modalidad de poder sino de configurar y articular formas que sean compatibles con las capacidades y los proyectos compartidos. La configuración es un tema de criterio político, de compatibilizar, no de la eficacia de los resultados para alguna de las partes.

En este sentido, George Lapassade, en su obra sobre la dinámica de las organizaciones, destaca que los procesos de cambio implican decisiones de distinto orden. "La organización solo se puede comprender como un sitio donde los cambios y conflictos suponen un cruce de las cuestiones de orden económico, político e ideológico." Se cruzan voluntades con distintas lógicas, intereses y recursos, y en cierta medida todas son necesarias. Lo esencial es no ignorar las condiciones mínimas (derechos humanos, dignidad del trabajo, equidad en las relaciones).

Desde el punto de vista racional, la dirección decide considerando un orden de preferencias conocido, con sus prioridades y postergaciones. La dirección debe traducirse en un abordaje superador de diferencias. Visto desde el poder, consiste en aplicar una racionalidad dominante, con límites pero no excluyente. Aunque la tensión permanezca, no inhibe el proceso de cambio. En síntesis, el análisis del poder implica distintos enfoques de acuerdo con los propósitos del estudio, la problemática que se busca dilucidar. Este enfoque se orienta a:

a) Los individuos, con motivos, razones y capacidades expresadas en acciones intencionales. Acciones que permiten imponer la voluntad del actor en situaciones concretas. Las capacidades del llamado sujeto de poder, tanto para imponer y controlar como para movilizar y construir.

b) La red o trama de relaciones que incluye (en singular y plural) al emisor, al receptor directo y a terceros afectados. Un enfoque que lleve a indagar sobre el diseño de estructuras que legitimen la autoridad de los directivos, tanto con respecto a su aceptación como a su resistencia. Y también la construcción del poder informal (paralelo) y el liderazgo en grupos sociales.

c) Los espacios, centros o lugares de referencia donde el poder está operando, ya sea desde grupos, en la organización como sistema y desde su contexto más cercano. Se trata de indagar la praxis del poder a partir de sus políticas, estrategias y formas de gobierno. El poder concentrado en las posiciones directivas y la oposición que genera. También el estudio de las fuerzas que actúan para lograr representación, inclusión y participación en las funciones de gobierno.

Es posible darles nombres a los abordajes aquí mencionados relacionándolos con obras importantes que sostienen diferentes enfoques. Una propuesta consiste en asociar la visión de la desigualdad en las relaciones humanas con *La voluntad del poder* (Friedrich Nietzsche). La visión de las relaciones de fuerza con la idea de *La anatomía del poder* (John K. Galbraith,). La visión de distintos espacios desde donde opera el poder puede ilustrarse con las ideas del libro *El actor y el sistema. Las restricciones de la acción colectiva* (Michel Crozier y Erhard Friedberg). Las descripciones no son literales, tomadas de situaciones concretas, sino marcos de referencia, imágenes o metáforas que resaltan los rasgos del poder en la realidad compleja.

4. Estructura formal y poder emergente

En los distintos espacios de la organización siempre está presente una mutua, pero también diferente, necesidad de establecer y mantener las relaciones humanas, entendida en el marco de una estructura, aunque con diversos grados de libertad o márgenes de maniobra. Tal como señalamos en *Identidad de las Organizaciones* (Jorge R. Etkin y Leonardo Schvarstein) "en el dominio de las relaciones, el poder no es una expectativa sino un modo de acción. Como tal, se ejerce en la cotidianidad de las prácticas en el trabajo. Las relaciones de fuerza a las cuales nos referimos se entablan a cada instante en los lugares de trabajo".

En cuanto a la capacidad y atribución para definir objetivos y políticas, el poder tiende a concentrarse en la función de gobierno. Como ha escrito Michel Foucault: "El poder es más una cuestión de gobierno que una confrontación entre dos adversarios o de vinculación entre uno y otro. No solo importan las formas jurídicas o instituidas de sujeción, sino también los modos de acción sobre otros. Gobernar, en este sentido, es estructurar el posible campo de acción de los otros". Desde el gobierno se construyen las estrategias como conjunto de medios establecidos para hacer funcionar o para mantener dispositivos (prácticas) o relaciones de poder en la organización y respecto de otros actores en el medio social.

Existen múltiples espacios o lugares de poder y referidos a temas especializados que requieren capacidades y recursos específicos. Pero ello no lleva al desorden porque la función directiva y de gobierno decide sobre los contenidos de las políticas y criterios centralizados, aportando a la llamada racionalidad dominante en la organización. El funcionamiento de la organización requiere orientación, coordinación y complementación en estos espacios. Pero la diversidad de intereses en juego lleva a construir una trama de poder que actúa como extensión de las formas contempladas en la estructura, y es fuente de tensiones y dualidades. Esta realidad es uno de los componentes de la gestión de la complejidad que busca articular espacios y relaciones de poder a través de criterios, políticas, estrategias y medidas de gobierno.

El poder está presente, con distinta eficacia, en varios momentos de la relación y de la acción de individuos y grupos. Ello incluye: a) la capacidad profesional diferenciada y requerida para lograr ciertos propósitos, tanto del grupo como del conjunto; b) la voluntad entendida como la decisión de aplicar las fuerzas necesarias para que los proyectos y cambios en las relaciones y procesos programados se conviertan en acciones concretas, y c) las formas de comunicación pertinentes a la relación y situación en que se aplica el poder. No se trata solamente de disponer de los recursos que hagan factible el mandato sino que es una relación que está operando, es efectiva, no solo planeada, en el nivel de las formas y también de las realidades emergentes durante los procesos de transición. En este sentido opera un poder normalizado o continuo y otras versiones que corresponden a la transición frente a la contingencia.

Aun cuando exista una diversidad de fines sociales, económicos y legales en juego, el poder como método y estrategia tiene fuertes relaciones con el saber y la práctica política. Y es así porque la política posee conocimientos y prácticas que se proponen coordinar esfuerzos en realidades donde existen diversidad de criterios o intereses, lo que también complica llegar a los acuerdos necesarios. Esto es válido cuando existen cambios de orden social, económico y de gobierno. El poder atraviesa esos dominios de la organización compleja. El poder político moviliza y condiciona de múltiples maneras, por estar presente en procesos de negociación, de debate, acuerdo de intereses, apropiación de recursos escasos y difusión de ideologías.

5. Fases de análisis, diseño y gestión

En el estudio de las capacidades y relaciones de poder, los conceptos se refieren a los rasgos constitutivos (definiciones), los modelos de funcionamiento (esquemas) y las formas de aplicación. Los conceptos de influencia, poder, comunicaciones, liderazgo o persuasión (entre otros) permiten identificar ciertos comportamientos de la realidad organizacional con sus rasgos diferenciables. La identificación y conceptualización son parte de la descripción de la realidad (evidencias) y de los modelos (estructuras). Por ejemplo, reconocer la asimetría, la desigualdad, la presencia de una relación de fuerzas incluidas en el concepto de poder. Hay una referencia a la lógica interna que lo distingue, el concepto en sí mismo, los rasgos particulares, sus límites y condiciones.

Un estudio más amplio consiste en hacer comparaciones y mostrar diferencias del poder en relación con el contexto, los recursos y los actores involucrados. Por ejemplo, las diferencias propuestas entre autoridad, poder, influencia y dominación. No solo los tipos o clases de poder sino también sus ámbitos, por ejemplo el aplicado en organizaciones familiares o en corporaciones, en individuos o en grupos. La comparación también hace referencia a niveles de análisis de la realidad: lo manifiesto y subyacente, lo formalizado y emergente, lo literal y lo simbólico... En este nivel de distinciones, se aclaran las diferentes lecturas del poder según se refieran a lo existente, lo requerido (necesario), lo factible o lo normativo.

La conexión entre las variables, recursos y fines del poder, permite ofrecer distintos modelos, esquemas y formas de operación. Es el concepto y las versiones en forma de liderazgo, influencia, autoridad, persuasión o dominación. Como relación necesaria, aceptada, o como relación de fuerza. Por ejemplo, el poder como parte de un clima democrático o autoritario, participativo o excluyente, rígido o adaptativo. Y no solo como atributo o capacidad en sí misma (una relación, desigualdad o imposición); también puede verse como parte de un proceso o proyecto más amplio, considerando sus consecuencias. En el plano de la evaluación y la ponderación, es posible calificar al poder (capacidad, relación, proceso) como destructivo o constructivo, competitivo o colaborativo, responsable o inmoral, legitimado o cuestionado, formal o informal, conservador o innovador.

En el estudio de la gestión directiva el poder se encuentra asociado a otros factores de la dirección para la construcción de estrategias en un entorno de competencia o colaboración. La gestión implica una visión del poder aplicado, de sus aportes a la estabilidad, a la continuidad, al desarrollo de la organización. Como elemento de la gestión, aparecen consideraciones relacionadas con la delegación, la participación, la representación, la concentración del poder y sus relaciones con la función de dirección y gobierno. Se trata del poder en su dimensión política, aplicado a la negociación para su definición y la puesta en marcha de proyectos compartidos.

Tratamos de subrayar las diferentes dimensiones del conocimiento del poder, en cuanto al análisis, el diseño y la gestión. En la realidad organizacional son lecturas que se cruzan, se conectan porque siempre está presente el interés o fines del analista así como el sistema más amplio. Como las relaciones y procesos de poder se realizan en múltiples niveles no solo en la dirección, y nunca como una línea sino como un entramado entre sectores que formulan alianzas o constituyen grupos de interés compartido (fuera de la línea). El entendimiento, la explicación y la aplicación del poder se refiere a distintos momentos o visiones del concepto. Son diferentes finalidades o razones las que llevan a la pregunta o a la elección de las formas de poder, pero en el proceso decisorio el directivo requiere comprender no solo la relación burocrática y formal sino también la lógica del poder y sus consecuencias, considerando el contexto de aplicación (espacios).

6. Cuadro A. Enfoques de organización, tipología y diferencias

ENFOQUES TEMAS	DETERMINISMO	SISTEMA SOCIO-TÉCNICO	RACIONALISMO	ESTRUCTURALISMO	COMPLEJIDAD SUSTENTABLE
La organización	Empresa. Fábrica	Macro grupo social	Sistema integrado	Campo de fuerzas	Recursividad. Adaptable
Los propósitos	Productos finales	Bienestar. Desarrollo	Objetivos múltiples	Interés dominante	Acuerdos de gobierno
La estructura	Jerarquía. Funciones	Equipos de trabajo	Medios a fines	Poder. Burocracia	Matriz. Proyectos
Los procesos	Planeación. Control	Conversar. Comunicar	Razones. Decisión	Reglas. Dominación	Transacción. Tensiones
Comportamiento	Ordenado. Límites	Motivación. Influencia	Táctica. Estrategias	Pautas. Negociación	Significación compartida
Cultura	Métodos. Técnicas	Valores y creencias	Saber programado	Orden instituido	Identidad. Aprendizaje

El *Cuadro A* es un análisis comparativo de enfoques aplicados al estudio y la dirección de organizaciones. El concepto de enfoque refiere a conceptos prioritarios, que el analista destaca para explicar y marcar diferencias entre organizaciones. Propone cinco enfoques básicos de Administración: el determinismo, el sistema sociotécnico, el racionalismo, el estructuralismo y el complejo-sustentable. La explicación y diferencia de cada enfoque o columna refiere a ciertos temas críticos: el tipo de organización, los propósitos, la estructura, los procesos básicos, el comportamiento y los rasgos de la cultura. En el análisis de una organización concreta, las filas y columnas también deben enmarcarse en los rasgos del entorno o contexto pertinente. La organización es un sistema abierto, que interactúa con las fuerzas del entorno, pero también se diferencia en su contexto. Al respecto, la columna del enfoque de la complejidad sustentable destaca esta necesaria interacción. Refiere a factores de orden político, como los acuerdos de gobierno, las tensiones y transacciones en un entorno cambiante. La idea de complejidad destaca que en el sistema operan diversidad de fuerzas, internas y de contexto. Con mirada amplia, el enfoque de sustentabilidad considera una realidad compleja, que intenta superar las limitaciones de enfoques aislados. En la complejidad, los directivos deben atender proyectos y objetivos múltiples, con sus coherencias y diferencias. Como también considerar las demandas de diferentes grupos de interés y sus posiciones de poder, no siempre compatibles. En síntesis, el Cuadro señala los conceptos básicos de enfoques parciales, pertinentes a organizaciones concretas. En la columna de complejidad sustentable, refiere a la necesidad de superar límites y diferencias lógicas que conviven en el sistema organización, en su relación de contexto. Como los dilemas y tensiones entre rasgos de identidad y decisiones estratégicas, en un contexto incierto y cambiante.

Caracterización del poder

1. Los rasgos distintivos

La consideración del carácter y los rasgos del poder aportan tanto a la identificación como a la definición de los factores que lo diferencian de otras relaciones y formas de comportamiento, todo ello en el marco más amplio de la influencia en las relaciones humanas. A partir de esta consideración será posible disponer de categorías o dimensiones que permitan una propuesta sobre la tipología de organizaciones, desde la diversidad e intensidad de los rasgos aquí descritos.

La idea no se limita a destacar los aspectos que diferencian el poder en sus distintos grados de influencia, persuasión, autoridad, el control personal o el manejo de los recursos requeridos para el trabajo en conjunto en la organización. También trata de destacar el carácter recurrente de los factores que operan en la relación, con referencia a situaciones de desigualdad reconocida y el peso de la asimetría en la relación en el momento de tomar decisiones.

En la organización el poder es un factor de activación, articulación y control de los comportamientos, habida cuenta de la diversidad de fines, capacidades y recursos que manejan sus integrantes. El poder está pensado desde la dirección para cubrir los espacios de ambigüedad, de imprevisión y de conflicto que surgen en la organización a pesar de la conducción y la planificación de tareas y funciones. Aunque es cierto que el poder plantea sus propios problemas, como la tendencia a concentrar recursos, provocar sumisión e instalar hegemonías, en su versión activadora, creativa y superadora es indispensable para el desarrollo de la organización.

a) Las relaciones desiguales

En la relación de poder las partes no se encuentran en igualdad de condiciones o fuerzas. Cumplir con las decisiones de los directivos no siempre depende de la buena disposición y el entendimiento recíproco; existen capacidades diversas y reglas de juego que regulan la relación. Hay diversidad de opiniones, pero no todas tienen el mismo peso. En el poder opera una asimetría o desigualdad que hace prevalecer el criterio de ciertos actores, y ello cuenta con bases de legitimación (razones, recursos, contratos).

La desigualdad significa que no todos los participantes tendrán las mismas posibilidades de hacer prevalecer su voluntad sobre la diversidad de opiniones e intereses, aunque el ejercicio del poder no consista en uniformar, disciplinar o esquematizar actividades. La existencia de posiciones de poder no anula la diversidad, sino que la procesa en el marco de una estructura que la estabiliza y orienta.

Una relación puede derivar en lucha (contra la dominación) cuando es similar el peso relativo de las oposiciones, las tramas de fuerzas y los intereses en juego. La confrontación no necesariamente es lo buscado desde el poder porque no es lo requerido por una organización sustentable. Existen situaciones de ambigüedad, de transición o de crisis que generan inestabilidad y afectan a los lazos laborales. La estabilidad y continuidad de la organización compleja supone que haya expectativas compartidas, busca la cohesión, no reforzar brechas o imponerse por la fuerza. El poder incluye diversas formas efectivas, de acuerdo con los fines y las múltiples necesidades del sistema.

El poder es uno de los caminos posibles en las relaciones humanas en el trabajo. En la lógica de este concepto (para construir una organización viable), el poder no significa contar con una visión negativa de la relación, ni con una actitud destructiva por parte del emisor, como tampoco un rechazo absoluto, una necesaria negación desde la contraparte. En la inteligencia de los esquemas de poder se acepta como rasgo el desnivel (de posiciones) o desigualdad (en cierta capacidad), y junto con ello una cierta resistencia (no pasividad). Todo ello en el marco de reglas de juego y pautas compartidas, con límites que establecen el espacio y los alcances de la relación. El concepto de poder, en su versión razonable en el marco de la organización viable, no está pensado para explicar la actitud represiva, la exclusión o el sometimiento, ni está asociado con la violencia. Si bien es posible una desviación emocional o no racional, en la realidad las desviaciones y abusos están asociados con la estrategia y la tendencia hacia la acumulación de poder para conseguir la apropiación de recursos y la imposición de fines grupales. La visión política del poder es un intento de buscar el equilibrio ponderado de estas tendencias.

En su vertiente constructiva y necesaria, se habla del poder reconocido y aplicado para arbitrar y negociar los conflictos en el trabajo, superar la presión de los intereses de sectores particulares o impulsar el conocimiento por sobre los prejuicios y modelos mentales vigentes. En los procesos de cambio, la resistencia que actúa en los vínculos de poder también es la base de la actividad instituyente o transformadora de pautas sociales. El carácter de esta resistencia se asocia a la voluntad de poner límites a la relación, a mecanismos críticos y defensivos, así como a una posible actitud cuestionadora y generadora de nuevos criterios y formas de relación.

b) Condiciones y resistencias

Cuando se estudia el poder de directivos y referentes en acción no lo vemos en un solo sentido, sino en el marco más amplio de la relación (desigual) entre quienes quieren hacer prevalecer su voluntad y quienes lo aceptan (bajo condiciones). No se trata de una desviación sino parte de la diversidad de posibilidades en la relación humana en el interior de la organización y también con respecto a las interacciones con otras instituciones. En un extremo, el poder deriva en situaciones de sometimiento o dominación, pero no son formas compatibles con la idea de una organización sustentable. Incluso la gobernabilidad de la organización se refiere a relaciones en el marco de un orden establecido sobre bases de diversidad, pero también de legitimación.

La relatividad del poder remite a la existencia de límites reconocidos, en el sentido de que la contraparte también cuente con capacidades que el emisor necesita para que la relación funcione, ya sea bajo la forma de persuasión, de autoridad o del ejercicio de fuerzas reconocidas pero no de sumisión. Porque la organización requiere de los participantes (bajo criterios de razonabilidad), de su voluntad asociativa, colaborativa, capaz de contribuir ante situaciones no programadas. El poder opera en un espacio definido, dentro de ciertos límites y con reglas que son reconocidos por ambas partes. Donde opera el poder, de manera formal o informal, programado o emergente, también se encuentra una resistencia que interviene en la determinación de los límites de la relación.

La resistencia en la relación de poder reconocida se comparte como una capacidad crítica, incluso renovadora. No como una fuerza activa y siempre opuesta del receptor, sino como una relación que incluye la negociación de límites o razones alternativas, bajo reglas de juego conocidas. Solo en situaciones extremas se manifiesta como conflicto abierto (huelgas) porque existen otras formas de revisar la relación, aún dentro de una estructura formalizada. La idea de organización viable supone un marco de derechos y libertades que permite el análisis crítico de las decisiones. El exceso de centralización y alineamiento de las relaciones es una estrategia de poder que deriva en oposiciones y crisis que desestabilizan la organización.

Tal como sostenemos en *Identidad de las organizaciones* (Jorge R. Etkin y Leonardo Schvarstein, 2011), "La resistencia se expresa en formas similares al poder, esto es, la amenaza de castigos (oposición física), el ofrecimiento de recompensas (oposición remunerativa) y el recurso de la persuasión (oposición ideológica)". No son formas excluyentes y por lo general se aplican como una combinación, dentro de límites aceptables también por la dirección. En la realidad política de la organización es posible detectar la existencia de formas dominantes o estrategias de resistencia u oposición. No se trata de una negación como enfrentamiento o ruptura, sino de críticas o reservas a las formas de poder utilizadas. Esta dinámica del poder con debate abierto es parte de una relación dialéctica (oposiciones) enmarcada en procesos de superación.

Este análisis ubica el poder en el marco más amplio de una organización viable; es decir, con posibilidad de desarrollarse a partir de sus propias voluntades y capacidades sin dispositivos autoritarios. En ese marco se acepta que en la relación entre poder y resistencia hay una realidad complementaria. El poder en la relación humana constructiva requiere reconocer y respetar los derechos y capacidades de individuos y grupos en la organización. Esto también implica que la dirección basada en el sometimiento y el resguardo de la impunidad no es compatible con el ejercicio responsable del poder que tiene en cuenta los efectos sociales de la relación.

Desde la gestión directiva, este enfoque relacional razonable no es una expresión de voluntarismo, sino que tiene que ver con la idea de organización requerida, de ser indispensable para lograr la autonomía y el desarrollo. Objetivo nada fácil de alcanzar en un ambiente de diversidad de fines y confrontación de intereses. También es una advertencia sobre la incapacidad directiva de programarlo todo (no factible ni deseable) y por lo tanto un reconocimiento de la idea de "la racionalidad limitada" en las decisiones. Lo mismo es aplicable a la construcción de poder directivo, construcción que necesita de la motivación y transparencia de los procesos de comunicación.

c) Estabilidad y dinámica

Lo relativo del poder se refiere a sus efectos reales, no abstractos ni generalizables; es el análisis en un escenario o relación recurrente, donde el poder se ejerce y se entiende. Hablar del poder en términos genéricos, por ejemplo el de los accionistas, los directivos o el sindicato, permite identificar a los actores y nos informa sobre su posición relativa como actores influyentes en ciertas decisiones en el marco de la organización. Pero no refleja las formas, las estrategias, los temas concretos que operan en el poder. Saber que un sector detenta cierto poder es un marco de referencia y un llamado de atención, no explica su alcance. No refleja las fuerzas concretas que están construyendo o inhibiendo acciones.

Las condiciones de recursos, tiempo y lugar aportan al análisis sincrónico, análisis que se focaliza en el ejercicio concreto, no como algo potencial o posible sino operando en situación. Y existe en un marco también definido, bajo la presión de la estructura y de los grupos de interés dominantes. Pero la explicación del diagrama de fuerzas requiere también un enfoque diacrónico de los procesos de poder. Una tendencia visible y que refleje el peso de las estrategias de poder en la organización, su dirección deseada en el tiempo, la mirada de futuro y sus relaciones con los proyectos de la organización. En todo caso, el concepto de "tener o disponer de poder", como descripción o movimiento, no se refiere a lo pensado o imaginado. Es el poder efectivo que actúa en situación o moviéndose en el marco de una estrategia.

Respecto a lo relativo del poder y las condiciones en que se ejerce (por ejemplo la forma e intensidad), no son definiciones válidas para siempre. Si bien se habla del poder del sindicato o de los directivos, en el análisis de su efectividad (ejercicio) importan las variables que operan en la situación. La dinámica en la relación (su tendencia) tiene un componente estratégico más amplio en el tiempo y el espacio. El poder considerado como fuerza o condición opera sobre situaciones concretas. En un entorno incierto y cambiante, y visto a lo largo del tiempo, la dinámica incluye procesos que actualizan la relación, como la aparición de nuevas oposiciones o resistencias que ponen en crisis el vínculo de poder, lo desestabilizan.

Sostener que el poder es focalizado o explicado en situaciones concretas incluye (no ignora) que existe cierta variación en su ejercicio. Se trata de un vínculo basado en las acciones recurrentes de las partes, como la emisión y aceptación de órdenes, sugerencias o instrucciones. Esa desigualdad es un rasgo distintivo y constante. En una escuela es previsible o estructurada la relación del director con los maestros, incluida cierta diferencia y asimetría legitimada. El ejercicio del poder en lo cotidiano supone situaciones cambiantes que llevan a una respuesta adaptativa. La relación es continua, se explica en un marco organizado, pero se manifiesta en formas diversas (factibles, operantes), el poder definido y el emergente (factible).

La relación de poder tiene sus elementos objetivos, formalizados y establecidos en el momento del diseño, pero también se constituye y opera en situación, en el marco de las redes de interacción en grupo, que tienen sus condiciones pero también su dinámica. Es lo que ocurre cuando existen ajustes en los planes o cambios en el contexto. En la escuela existe una trama de poder e intereses que sustenta las distintas situaciones y relaciones de fuerzas. Una trama compuesta por la voluntad y pretensiones de supervisores pedagógicos, maestros, alumnos, funcionarios públicos del área educacional, más el sistema de reglas y códigos propios de la organización. Todo eso convive con la presencia de líderes informales que, sobre ciertos temas, son reconocidos y tomados como referencia por los docentes; el poder que opera en la complejidad.

d) Lo manifiesto y lo simbólico

En el campo de las aplicaciones, el poder presenta recursos o fuentes que son visibles o literales y otros connotados. En la práctica es la orden o mandato, pero también el manejo de factores que pesan por su fuerza y connotación representativa. Signos, señales e imágenes que aluden a la legitimidad del poder. La orden, el mandato y sus connotaciones, los ritos y ceremonias que refuerzan y explican los contenidos del poder. Destacan el tipo de relación, el grado de exposición o de ocultamiento de las intenciones. También aclaran las fuentes del mandato y generan expectativas sobre los efectos de enfrentarse a la voluntad del emisor.

El poder se ejercita acompañado por expresiones que lo distinguen como una relación de fuerzas, y en esa comunicación se incorporan elementos literales y otros relacionados con el orden de lo simbólico, del imaginario organizacional. La comunicación se refiere a una relación de fuerzas (presión, obligación) y también a las recompensas y castigos asociados. Señales que son diferentes, códigos distintos de otras formas de relación social. Se trata de un vínculo que implica la aceptación o reconocimiento, y que también supone la presencia de resistencias a vencer. El lenguaje del poder evoca imágenes de desigualdad y marca las diferencias entre las partes emisoras y receptoras. Por ejemplo, el mensaje que convoca a una huelga o la comunicación de las políticas de empresa sobre las condiciones que regulan el cambio en las remuneraciones.

Las imágenes del poder operan como marco en el cual se interpretan órdenes, consejos o instrucciones. El poder requiere o refiere una puesta en escena, donde se destacan temas relacionados con el prestigio, la capacidad de liderazgo, imagen pública, espacios de influencia, grupos de referencia, etc. Factores de orden subjetivo o motivacional para asociar el poder a capacidades apreciadas, pero no a la fuerza impuesta. De acuerdo con el contenido de la imagen y su influencia sobre las partes de la organización el poder activa las relaciones (o las inhibe), no solamente por fuerzas manifiestas sino desde la construcción de mensajes persuasivos o motivadores.

En lo personal y en el plano de la subjetividad de las relaciones, las imágenes y símbolos contribuyen a la aceptación, reconocimiento y credibilidad del emisor, y con eso ampliará las bases de legitimación del poder. El poder adopta ciertos modos e imágenes para inducir la voluntad de los receptores, y utiliza formas para instalar una imagen aceptable, no de fuerza física. También induce a formas de pensar (ideologías) para enmarcar las razones de los receptores aunque no de manera lineal, porque en la relación opera la actitud de aceptación o rechazo. El poder simbólico, revestido, motivador, también es relativo.

En el poder opera una evaluación o consideración continua de la relación de fuerzas, de sus equilibrios y sucesos que lo desestabilizan. En el plano de lo imaginario, incluye la lucha por la posesión de los símbolos del poder, que permiten reforzarlo o cuestionarlo, factores en el ámbito de las relaciones y comunicaciones que buscan acceder a los símbolos y, por lo tanto, diferencias del poder reconocido. Diferencias en cuanto a disponer de ventajas laborales, información reservada o participar en redes o reuniones estratégicas, que tienen efectos por su visibilidad pero también por su valor significativo para ponderar posiciones y atribuciones. Son factores reconocidos y apreciados por la cultura de grupos.

El tema de los escenarios, códigos y símbolos se entiende como hechos sociales y culturales. Vistos desde el poder y la política, se instala el modelo de la organización como un sistema sostenido por capacidades adicionales al manejo de los recursos productivos. Los diagramas de fuerzas e influencias junto con la estructura jerárquica. Desde el macro poder también se generan políticas y estrategias de comunicación cuya finalidad es sostener y promover las posiciones de conducción en la estructura, así como impulsar significados o explicaciones que actualicen los propósitos planeados. La realidad compleja muestra las tensiones y brechas entre el discurso oficial y la actividad instituyente o emergente de los grupos sociales que operan en la comunicación y la construcción de significados.

2. Razones, capacidades y presiones

El poder en la organización no significa el simple ejercicio de la fuerza manifiesta, no es análogo a la exigencia física, la coacción o la violencia. El concepto de fuerza sugiere una diferencia o capacidad mayor en cuanto a los individuos y a una desigualdad reconocida en una relación laboral. Es lo que se pone de manifiesto cuando el gerente de personal propone nuevos contratos o sanciones, o cuando los dirigentes gremiales se movilizan con los empleados para solicitar mejoras laborales. Se dinamiza la relación con los actores en situaciones donde el empleo es una variable o necesidad significativa. En tanto que incluye resistencias y rechazos, el poder es relativo. En el marco del análisis dialéctico de los procesos, la relación se explica como fuerzas opuestas y contradictorias.

Así planteado, el poder y la influencia no son objetos externos, no se trata de "algo" que se entienda fuera de la relación. Las desigualdades o la asimetría en las relaciones sociales se sostienen por diversidad de medios, que incluyen el control sobre recursos que otros necesiten, el saber profesional, la influencia personal, la persuasión, sugestión y seducción. No intentamos destacar las mejores o peores formas en abstracto, sino de advertir sobre las diferencias existentes en las relaciones. El análisis de la relación en el contexto nos muestra el poder en sus aspectos positivos y negativos, movilizadores e inhibidores.

El poder es una relación de fuerzas entre emisores y receptores con recursos (materiales, simbólicos) y ciertos fines e intereses diferentes.

En esa relación hay una capacidad y voluntad de los emisores que prevalece, a pesar y junto con la resistencia que existe en los destinatarios. En este sentido, Max Weber definió el poder como la probabilidad de un actor de estar en posición de realizar su propia voluntad, a pesar de la resistencia que deba enfrentar. Dicho autor destaca que la probabilidad es un rasgo independiente de las bases que lo sustentan.

Existe en el poder un componente de aceptación, en el marco de una relación, al que se llega como parte de una transacción o intercambio, no necesariamente de un consenso. Como en la situación entre quien dispone de información y otro que la necesita. De disponer de libertad de elección (sin presiones), se supone que la contraparte establecería la relación en otros términos. El empleado no desea permanecer en esa empresa, pero en un contexto de desocupación no tiene alternativa, incluso aceptar órdenes que no comparte del todo. La relación con el supervisor no es completa, se da dentro de ciertos límites, de acuerdo con condiciones que ambas partes cumplen.

En su vertiente amoral del fin que justifica los medios, el poder posterga la consideración de la dignidad y los valores humanos.

Esto ocurre cuando el poder está asociado con el sometimiento de unos y la impunidad de otros, y a pesar de que la ley guarde silencio al respecto, porque los problemas del poder nada tienen que ver con la ilegalidad de la fuerza sino con la compulsión, no da alternativas. Sirve de ejemplo el caso de quienes padecen el encierro en los asilos psiquiátricos, los adherentes a sectas de fanáticos sometidos a "lavado de cerebro", los empleados que han ignorado órdenes por reservas de conciencia o los niños que son tratados como prisioneros en escuelas donde reciben "castigos ejemplares". En esta vertiente del poder, las organizaciones en apariencia voluntarias son en realidad lugares de cautiverio.

El poder no solo se manifiesta como algo represivo sino que es también un proceso de carácter activo o movilizador que impulsa el cambio y vence resistencias irracionales. Puede hablarse de la característica positiva del poder y de su capacidad constructiva cuando no es oculto y permite conocer los fines que orientan al emisor. Su fuerza no consiste solo en el control sobre los recursos económicos, porque la comunicación puede basarse en buenas ideas, razones, saberes o el lenguaje. Pero la relación continúa siendo asimétrica ya que las partes no están en un pie de igualdad. Una asimetría que está asociada a alguna forma de legitimidad que sustenta las indicaciones de un juez, médico, profesor o gerente en la medida en que haya un reconocimiento y los intereses personales (ocultos) no sean opuestos a la posición del destinatario.

El carácter perverso del poder es visible cuando actúa separado de los contenidos temáticos que impone, cuando se ejercita gracias a la sensación de importancia que proporciona a los actores el sentimiento de estar por encima de otros. Según John K. Galbraith: "El poder es perseguido no solo por el servicio que presta a intereses personales, a valores o creencias, sino también por sí mismo, por las recompensas emocionales y materiales inherentes a su posesión y ejercicio". Por una cuestión de decencia básica este hecho se enmascara, se racionaliza en los discursos y no se reconoce abiertamente. No es común que se admita la sensualidad del poder. El poder es seductor también cuando el sujeto lo asimila a un desafío. Al respecto, Jean Baudrillard afirma: "El poder seduce. Pero no en el sentido vulgar de ser un deseo de las masas. No: en realidad seduce por su reversibilidad. No hay dominantes y dominados. Es una relación".

Además de su implicancia cultural, la posesión del poder se refiere a una capacidad especial del sujeto. Es un modo de informar que su poseedor está en condiciones de usar la fuerza para imponer sus proyectos, que sus amenazas tienen fundamento y son realizables. La lógica en la lucha por los símbolos del poder se basa entonces en las gratificaciones y el placer que trae su posesión. También por el hecho de que la ostentación pública de los recursos y su cotejo con los símbolos competidores permiten al ganador obtener el respeto y las recompensas propias del poder. Ello hace innecesario el uso continuado y desgastador de los castigos o sanciones.

Se visualiza en la lucha por los símbolos del poder, en los ritos, en el escenario, en las ceremonias asociadas a su ejercicio. Los rituales son gratificantes en lo personal y confirman a quien detenta el poder frente a terceros. Nos referimos en particular al placer de disponer de los símbolos por lo que ellos significan; es decir, por el respeto o el temor que emana de ellos. Los símbolos en las relaciones de poder tienen un significado adicional para la identificación del poseedor, ya que definen la posición y prestigio de los individuos y grupos en sus respectivos estamentos sociales.

3. El poder, activador e inhibidor

El poder opera en forma dual, es una relación condicionada, con rasgos de ambivalencia. Cuando se observan los resultados en un período extendido de tiempo, surge que en el mismo vínculo es posible detectar aspectos cohesionadores, movilizadores y productivos, pero también inhibidores y temerosos en las personas y grupos alcanzados por la relación. Es positivo como proceso ya que permite la manifestación, negociación y resolución de conflictos en la organización, lo que no deja de ser importante considerando los problemas de la organización derivados de las tramas de intereses en juego. Pero también inhibe la creatividad en el grupo.

Esta dualidad del poder tiene que ver con la realidad compleja de la organización como sistema que solo está parcialmente articulado, que requiere reglas de juego establecidas, con normas y condiciones dentro de un orden instituido (legitimado). Pero ello opera junto con la influencia de la diversidad de fines, la lucha por la apropiación de recursos escasos y la controversia entre distintos grupos de interés e influencia en la misma organización compleja. Además, la dinámica de los grupos de poder tiene momentos asociados al crecimiento del conjunto o sistema, mientras que en otros prevalece la idea de conservar la trama dominante. Es entonces cuando se replantean los objetivos y se negocia con grupos de interés e influencia.

La estructura de poder conlleva la coexistencia con fuerzas que enfrentan a quienes lo ejercen con aquellos que se resisten, aunque la resistencia no signifique una oposición manifiesta. Esto ocurre en el ámbito de la misma organización. Las fuentes de poder son cambiantes por el desplazamiento de quienes lo detentan y de los recursos variables que manejan. Esta movilidad y multiplicidad de fuerzas ocurre en un marco de discusión, de activación y movilización. Pero, ante la diversidad de actores y fines, opera la desigualdad, divergencia y oposición que distingue al poder de otros modos de interacción en las organizaciones sociales.

La importancia de su potencial movilizador o inhibidor debe considerarse en el marco del rol del poder como productor de sentidos en la organización, por su peso sobre la definición de lo correcto, lo deseable, lo verdadero. No existe un poder escindido del saber existente en el ámbito donde se ejerce. Pero el poder no es una mirada desinteresada sino que está asociado con tramas de interés dentro de la organización. El poder como forma de influencia no es una condena, tiene su dinámica. Incluye la facultad de crear y recrear el conocimiento de la realidad organizacional para aquellos que participan en las cambiantes relaciones de fuerza.

En el ámbito de la organización compleja, con tensiones y dualidades recurrentes, hay una construcción de conocimiento del poder derivada de los procesos de enseñanza y aprendizaje en la organización. Pero en el ámbito del poder objetivado, hay una verdad oficial, formalizada desde el orden instituido y la racionalidad dominante. En el ámbito de la comunicación también opera la subjetividad en las relaciones, la explicación y los juegos del lenguaje. Forma parte de la estrategia de los actores para justificar o defender sus espacios de poder en la relación. Es dinámica, porque la significación también es parte de la influencia desde el poder.

4. Gráfico 2. Política, poder y procesos en la organización

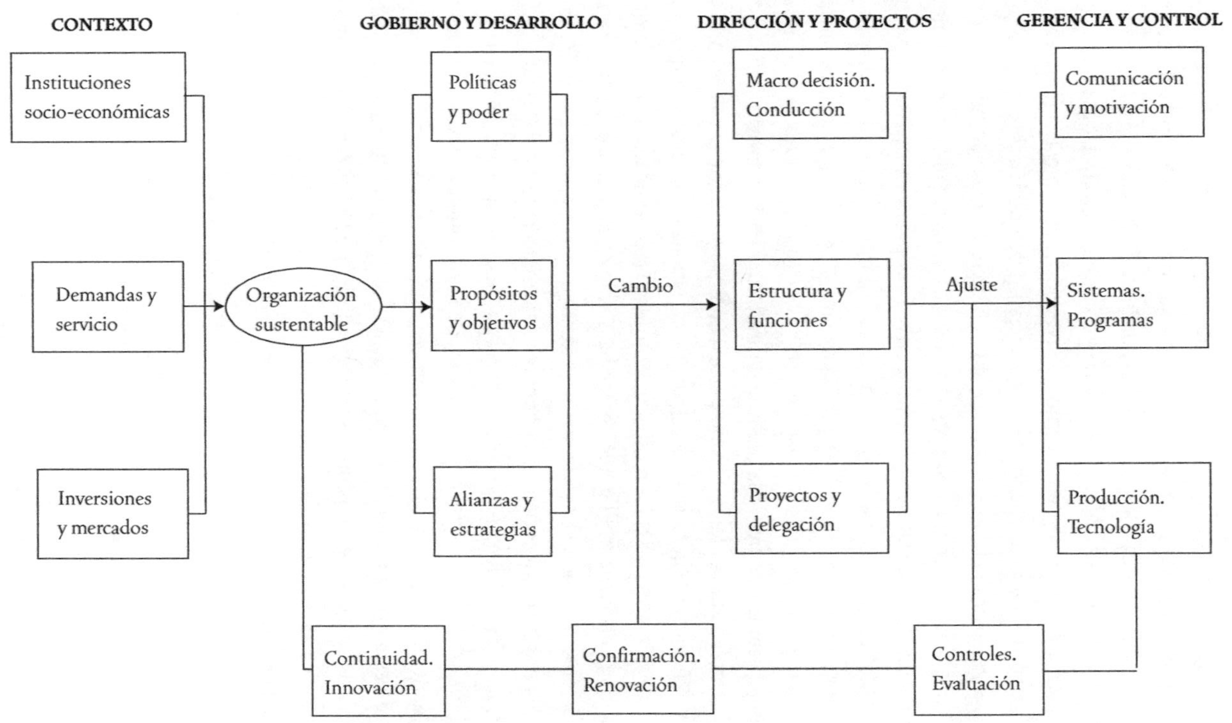

El *Gráfico 2* refiere a la relación entre la política y los procesos internos en la organización compleja en un entorno incierto y cambiante. Los procesos se muestran diferenciados dentro de las áreas y funciones básicas de la organización, entendidas en el marco de las interacciones con su contexto. Las áreas o dominios internos de la organización son: Gobierno, Dirección y Gerencia. Los procesos se entienden como actividades necesarias y recurrentes, conectadas entre sí, en el marco de la organización vista como un sistema sustentable. El gráfico diferencia entre procesos relacionados con: poder y política, propósitos (planeamiento), decisiones, articulación (estructura), comunicación, sistematización, producción (operaciones) y control de gestión (sistemas). La organización sustentable refiere a un sistema visto en contexto, con sus propósitos y capacidades (autonomía), que genera recursos; mantiene cohesión interna. El sistema dispone de procesos para generar servicios y productos finales, con la capacidad de procesar las demandas ambientales y sosteniendo sus rasgos constitutivos (identidad). La sustentabilidad refiere a la capacidad de adecuar los procesos internos frente a los cambios ambientales o como parte de un proyecto que requiere continuidad y renovación. En la base del gráfico está la idea de un sistema que busca construir y mantenerse sobre un núcleo duro, (recursividad), con acuerdos y capacidad negociadora. El gráfico no se basa solo en la cuestión de la eficacia, o condición económica. Los procesos se entienden en el marco de una visión compleja de producir, mantenerse, atender las demandas culturales (comunicación, motivación) y ambientales o de contexto (política). Se muestra la organización en el marco de la invariancia y el cambio, de la continuidad (condiciones) y la productividad (demandas). La mención en el gráfico a las alianzas y estrategias refiere a esta necesidad de conservar los acuerdos internos y atender a demandas y cambios ambientales. Los procesos de política y poder operan en la definición y aplicación de objetivos de conjunto, articulando intereses de las partes, y también las relaciones con las instituciones en el contexto.

CAPÍTULO 3

Fuentes y formas del poder

1. Tipología del poder

El funcionamiento de la organización compleja supone acciones cohesionadas, con margen razonable para diferencias y desacuerdos. El poder es una manifestación de las desigualdades entre las partes en las relaciones humanas, en la organización. Visto desde el sujeto o emisor, el poder se basa en ciertas capacidades de orden personal (apreciadas, reconocidas), así como en la disposición y control sobre los recursos requeridos por otros. Y esta desigualdad actúa en la práctica con distintas modalidades. Esto funciona en el marco de la organización que fija sus condiciones, como referencias de lo que es aceptable y criticable en las relaciones.

Las formas de poder, con sus recursos de orden material o simbólico (persuasivos), permiten influir sobre las elecciones y acciones de los demás para que las órdenes se cumplan. Las formas implican distintos recursos y grados de exigencia, y su eficacia también depende de los temas o contenidos de los mandatos. Si refieren a temas laborales, acceso a recursos o lucha de intereses. Un análisis amplio de la eficacia del poder considera la medida en que el emisor impone su voluntad; también tiene en cuenta los efectos sobre la continuidad de la relación, si la consolida o la debilita. Esto último es importante desde la mirada de la organización como conjunto.

La aplicación en situaciones concretas plantea al sujeto de poder la cuestión de la coherencia o razonabilidad de las fuentes o recursos usados, analizando tanto la respuesta buscada como los alcances del proyecto que se pretende construir o imponer. La eficacia del poder tiene que ver con la calidad de la respuesta provocada. Las fuentes y formas del poder llevan a distintos grados de aceptación o rechazo, rigidez o flexibilidad, de motivación o sumisión, de compromiso o indiferencia, de alineamiento o contrapoder. No se trata solamente de elegir medios eficientes sino también de su adecuación como partes de un dispositivo o estrategias de poder.

La racionalidad del poder requiere una relación lógica entre las formas elegidas y las expectativas de los destinatarios sobre la respuesta. También importa la intencionalidad o sentido del poder en cuanto al proyecto, los fines o metas que orientan la acción. O sea, la inteligencia de orden político; por ejemplo, la relación con los objetivos de la organización o con la ideología dominante. Las ambivalencias y tensiones en el poder están asociadas con la intención o necesidad de avanzar en diversos frentes a la vez. Es lo que sucede cuando se atienden proyectos particulares y también se impulsan fines de conjunto. Cuando el emisor, además de avanzar con un proyecto compartido, busca reforzar su posición de poder y debilitar a sus adversarios.

La tipología del poder implica diferencias, pero hay conceptos que se mantienen. Uno de los límites está señalado por afectar a principios y valores. La condición humana rechaza la violencia, la discriminación y la exclusión social. Las necesidades justifican diversos modos de resolverlas, pero no de mantenerlas. En ese marco de valores, las formas se estudian como apropiadas o no, considerando las distintas realidades (intereses, fuerzas, deseos, capacidades) que operan en la organización. Frente a las formas y recursos alternativos de poder, desde la mirada del emisor, hay preguntas básicas a la hora de la elección: a) ¿qué respuesta es esperable frente a la forma de poder elegida? y b) esa posible respuesta, ¿se considera aceptable, tiene que ver con lo proyectado?

A continuación se presenta y explica una clasificación de las formas y fuentes de poder según factores de orden objetivo y subjetivo. Lo objetivo es en cuanto a la naturaleza de la tarea, el lugar, los recursos, mientras que lo subjetivo se refiere a la consideración de las libertades personales, la búsqueda de legitimidad y de aceptación, el reconocimiento emocional de los receptores. Tomando como referencia el estudio sobre las bases del poder social de John French y Bertram Raven se presentan distintas fuentes y formas de poder aplicables en las relaciones humanas (de trabajo, comunicación o ideológicas) en organizaciones voluntarias.

a) Poder racional-legal

El concepto de legitimación refiere al reconocimiento expreso o manifiesto acerca de la relación de poder entre emisores y receptores. Una fuente de poder de carácter racional y legal es cuando existe una relación contractual que establece la relación de autoridad. Se trata de una base de poder de carácter estructural, no contingente, expresa, y que forma parte de los códigos, en la relación laboral, por ejemplo. Y que también justifican el carácter normativo o prescriptivo de los mandatos emanados de la fuente, dentro de los límites de un marco jurídico e institucional más amplio.

La legitimidad es la fuente de orden racional y legal que sostiene la autoridad de un funcionario, su derecho para emitir órdenes; lo que está relacionado con la ocupación de una posición oficial en la jerarquía de la organización formal. El poder legítimo se ejerce a través de la autoridad en forma de mandatos o instrucciones, que no son a título personal, sino como representante de la organización. Pero no significa que por ser reconocidas las relaciones sean armónicas. Si bien operan en un marco de reglas compartidas y también bajo un esquema de control de las decisiones, no resuelven la desigualdad en la relación o las tensiones provenientes de los diversos criterios que operan en la relación, por ejemplo entre lo razonable, eficaz y factible.

La autoridad es un concepto que destaca la desigualdad o asimetría entre las partes de una relación laboral. Pero no se refiere a una relación de fuerzas informales o relaciones personales, sino al reconocimiento formal de las atribuciones de una posición en la estructura. Al respecto, Richard Hall sostiene que la autoridad no busca imponerse, sino que utiliza sus bases de legitimidad. De parte de los receptores existe una actitud de "suspensión del juicio" porque reconocen la prioridad del criterio o decisión de quien tiene la función de dirigir. La legitimidad supone también que la autoridad asume la responsabilidad de ciertas posibles consecuencias ("la responsabilidad no se delega"). En síntesis, legitimidad implica una razón y no solo la fuerza.

b) Poder de recompensa

Una forma de obtener la aceptación de una orden, mandato o instrucción es entender esta actitud como parte de una relación de intercambio, y como tal, debe ser recompensada con medios apreciados por el receptor. Esta transacción del poder incluye tanto pagos materiales como servicios valorados por la contraparte. Se trata de una visión del poder como forma de transacción de recursos requeridos por ambas partes, entiende la relación desde el esquema económico del costo-beneficio. Existe una voluntad que prevalece, pero tiene su costo, y esos son los términos o condiciones para que funcione la relación de poder.

En su obra *La anatomía del poder*, John K. Galbraith dice que en la relación basada en el poder compensatorio se "obtiene sumisión mediante el ofrecimiento de una recompensa afirmativa, otorgando algo valioso (como medios económicos) a cambio de lo cual el individuo acepta seguir la voluntad del directivo". No hay imposición porque el receptor está de acuerdo con el convenio; la contraprestación no es solamente monetaria, también puede ser algún recurso que el empleado necesite o valore (un cargo alto, mayor espacio, imagen, ventajas laborales).

En este dispositivo la cuestión es que la aceptación de las directivas está relacionada con la magnitud y el cumplimiento de las retribuciones. Se trata de un instrumento de poder que tiene como límite el interés de las partes y sus cambiantes estados de necesidad. La táctica consiste en una transacción, un intercambio, sin otra motivación o compromiso. Es posible que los individuos al mismo tiempo que reciben el pago estén negociando con otros empleos o relaciones que ofrezcan mejores condiciones y que los directivos estén pensando en procesos de racionalización para disminuir costos laborales. Está en la lógica de una relación basada en la transacción.

Razonar solamente en términos de retribuciones es olvidar la importancia del capital humano y social de la organización. El capital humano supone una actitud colaborativa, no especulativa o utilitarista por parte de todos los integrantes, no solo de los empleados. Esta actitud está relacionada con las formas de poder utilizadas en las relaciones de trabajo y en las formas de gobierno de la organización. Tal como señala Amitai Etzioni, "cuanto más personales son los medios de control usados por la dirección, menos enajenador es el uso del poder y cuanto más coercitivos los medios usados, más enajenadora es la relación de trabajo".

Así, el dispositivo pragmático de poder fomenta un individuo sometido que no tiene o siente identificación con su tarea, la siente como algo externo que debe cumplir para obtener una retribución. Deja de lado sus propias preferencias en pos de una relación que necesita. El peso de estas tácticas depende de su capacidad para cubrir las necesidades de supervivencia de las personas. Pero ello es insuficiente para brindar la calidad de vida necesaria para que una organización sea sustentable y socialmente responsable. La lógica de este instrumento de poder sostiene que el receptor no vulnera los términos del contrato remunerativo, pero tampoco brinda seguridades sobre la actitud del empleado ante lo imprevisto o lo impensado. No es de esperar iniciativas o innovaciones a menos que se establezca un premio para las tareas "no contempladas" o "fuera del convenio". Esta táctica está focalizada en las necesidades del receptor, no en motivaciones o creencias. El directivo o emisor del poder no es considerado como persona sino como poseedor de los fondos que financian la producción.

Para incentivar la relación, la retribución puede ser condicionada por los resultados del destinatario del poder. Los incentivos económicos lo llevan a aumentar sus esfuerzos, pero no es solo una cuestión de mayor voluntad sino también de la capacidad para realizar sus tareas y del equipo necesario para mejorar su desempeño. Un dispositivo de poder basado en la remuneración por tarea realizada (sin mínimo garantizado), considera el trabajo como un recurso cambiable o como costo de producción, sin tener en cuenta los factores asociados a la condición humana.

c) Poder persuasivo y motivador

Las formas de poder también tienen versiones basadas en la atracción personal y la credibilidad de ciertos referentes o personas influyentes. El poder referente se sustenta en las características individuales de una persona. Incluye sus habilidades, conocimientos y creencias, rasgos que lo convierten en una fuente respetable. Es una relación de influencia, en la cual se utiliza la persuasión y la convicción antes que la fuerza o los recursos materiales. En comparación con otras formas de aceptación, en este caso no existe un cálculo racional de costos y beneficios.

La satisfacción consiste en mantener los lazos de ilusión y esperanzas entre ambas partes. Hay en esta forma de poder puntos de encuentro con las maneras de influenciar a través de liderazgos de orden personal. Este tipo de relación tiene que ver con las actitudes y cualidades personales, al existir una identificación con el sujeto influyente por su condición carismática. La interacción instala una corriente de respeto hacia la persona referente, una tendencia hacia la aceptación de una corriente de principios y prioridades de orden ideológico.

Esta forma de poder tiene como característica el nivel de exposición o visibilidad de la persona influyente; resulta difícil pensar en un referente oculto, con preferencias no declaradas. En los procesos de influencia personal o en el ejercicio del poder persuasivo se activa una estrategia de imagen, aunque tratándose de poder, también participa la satisfacción de expectativas concretas.

En el poder persuasivo, aunque la relación cuente con factores de adhesión no se convierte en una relación entre iguales. Hay un criterio que prevalece, un comportamiento guiado desde el referente y con cierta intencionalidad. Que el modo de ejercicio de la relación adopte la forma de la persuasión no significa que esa sea la finalidad o el interés que mueve al actor. Como tema de fondo, también es posible que exista cierta intencionalidad, una estrategia por parte del actor. Por ejemplo, salvar intereses, lograr adhesiones a una ideología, cambiar políticas de empresa, asegurar un contrato. En algunos casos no se trata de una estrategia, el propósito es construir poder, sumar voluntades, superar oposiciones.

Esta forma de poder incluye la desigual posición que se logra y se mantiene desde el conocimiento técnico o profesional o desde la posibilidad de acceder y disponer de información valiosa. Esto es así en el marco del llamado poder del experto. El disponer de información valiosa es una fuente para condicionar conductas de terceros que la necesitan para cumplir con sus funciones. No es solo una mirada desde los directivos o consultores, es posible que la influencia se origine en un operador del sistema, en empleados capacitados que la utilizan para reforzar su autonomía e imponer sus propias posiciones por sobre la opinión de terceros.

Desde la función directiva, las formas de poder basadas en la persuasión tienen que ver con una realidad construida mediante la estrategia de la ilusión. Es lo que sucede con la influencia destinada a instalar una imagen o percepción de cierta realidad compatible con la política de la empresa. Se trata de trabajar sobre las expectativas y esperanzas del receptor. Por ejemplo, cuando la intención desde el poder es reducir la percepción de conflictividad en el trabajo mostrando la organización como un espacio protector y armónico. No con la evidencia de intereses comunes o acciones compartidas sino mediante el relato, el discurso, los mitos que comunica la dirección. Parecen referirse a fuerzas verificables, pero solo se mantienen por el manejo de los símbolos desde el poder.

Considerando la aceptación (la actitud del receptor) y no solamente los derechos del sujeto de poder, Amitai Etzioni destaca las diferencias en la conducción de grupos. Señala la distinción entre "la jefatura autoritaria que se maneja sobre la base de la emisión de órdenes, y la jefatura democrática", donde el directivo practica la influencia y en sus decisiones considera las opiniones de quienes son afectados por la autoridad. La interacción en grupos, la motivación y los lazos directos de comunicación son otros factores que sostienen el esquema de la influencia en las organizaciones, más allá de las posiciones ocupadas en la estructura.

La influencia también se expresa o se realiza a través de procesos de liderazgo. Es una expresión del poder aplicado a grupos, caracterizada (entre otros rasgos) por ciertas cualidades personales y apreciadas en el equipo. Ello le permite a una persona generar y recibir una respuesta voluntaria y colaborativa de quienes aceptan ser sus seguidores. Este rasgo no es oculto sino que funciona en el plano de lo manifiesto. La capacidad concreta se ejercita con alcances localizados, se reconoce en un contexto de grupo. En el tiempo se amplía y también es coherente con los procesos expansivos. En caso de un proyecto personal, el liderazgo es una estrategia que busca aceptación social, no solo ocurre en lugares de una estructura oficial. De modo que opera tanto en lo formal (líder institucional) como en lo construido y emergente (reconocido).

Las cualidades presentes en el liderazgo incluyen tanto aspectos razonables o cognoscitivos (inteligencia), como afectivos (capacidades emocionales). Para Daniel Katz y Robert Kahn "la esencia del liderazgo organizacional es la capacidad de incrementar la influencia y efectividad de la gente, más allá y por encima del cumplimiento mecánico de las instrucciones rutinarias de la organización". El liderazgo no consiste en una habilidad definible *a priori*, porque está dirigido a superar demandas concretas, no solo rutinarias o programadas, enfrentando exigencias y necesidades diversas de la gente que se busca orientar. Los rasgos de una personalidad que en una situación forman parte de su liderazgo quizás no sirvan para predecir que son indispensables en otras. En todo caso, la aceptación voluntaria desde los seguidores o adherentes es básica en esta relación.

d) Poder como fuerza coercitiva

Esta forma de relación refiere a una relación posible, basada en la amenaza de sanciones de distinto tipo, físicas o emocionales. Genera temor en el receptor y la disposición a hacer lo necesario para evitar el daño o privación. Admite una gama de versiones con distinto grado de violencia. Por ejemplo, la amenaza de despido o la asignación de trabajos desagradables. Por parte del empleado, la advertencia de poner en conocimiento público fallas y errores que descalifican y responsabilizan a los directivos. Un ejemplo de coacción es el castigo corporal en las escuelas y la discriminación como penalidad. Una huelga que impida llegar al trabajo o suspenda la producción es también un medio coercitivo; si bien se trata de un derecho reconocido, por otro lado endurece las posiciones e inhibe el diálogo. Es una demostración de fuerza en la relación.

En su obra *La anatomía del poder*, John K. Galbraith señala como rasgos del poder coercitivo su objetividad y visibilidad, factores que operan en forma directa en el plano de lo manifiesto o evidente, y no son discutibles. "El poder coercitivo amenaza al individuo con algo, una acción lo suficientemente dolorosa en el terreno físico o emocional, para que el destinatario desista de promover su propia voluntad o preferencia." Por ejemplo, el despido como decisión gerencial. La respuesta esperable a la coacción es la sumisión, la falta de crítica. De todas las formas, es la que deja al receptor menor margen de maniobra, y por eso forma parte de las estrategias de dominación sobre las personas. Consiste en una forma perversa de poder, porque incluye decidir por sobre valores de justicia y libertad.

La coacción es posible en instituciones de reclusión o encierro, o donde los jefes, en la privacidad, pueden actuar con cierta impunidad. Las personas sometidas a este tipo de poder se encuentran bajo un régimen de control y un grado de dependencia que les impide enfrentar o responder a la coacción, salvo a costa de muy altos riesgos. Como ocurre en los centros de salud y residencias de ancianos bajo regímenes de internación que los mantiene recluidos, aislados, o en ciertos ámbitos de producción apartados, como las explotaciones mineras o el trabajo de la tierra ajeno a la legislación laboral. Bajo exigencias físicas crecientes, para mantener su trabajo, las personas carenciadas aceptan metas que exceden sus posibilidades, obligados a actuar en contra de su propia voluntad. En estas relaciones se mezclan el poder coercitivo y el remunerativo, con la complicidad de quienes deberían controlar desde ámbitos superiores.

El poder coercitivo pasa los límites de perversidad en ciertas relaciones cuando se impone bajo condiciones de injusticia e inequidad manifiesta. Algo más y diferente de la desigualdad: una situación que significa dañar a terceros que no tienen recursos suficientes para liberarse. En un texto anterior sobre la doble moral he sostenido que en la relación de poder de las organizaciones (Jorge Etkin, 2003) se sostiene que "en una relación de poder perversa, la dependencia se mantiene aun cuando los receptores la viven como algo irracional e injusta. Esta relación se sostiene por la voluntad del emisor, la impotencia en el receptor y cierto sustento externo (un clima de indiferencia) que no sanciona esta desigualdad injusta". No solo se trata de una relación de fuerzas desiguales sino también de impunidad ante los excesos. Es tan importante la desigualdad como los límites borrosos en su ejercicio.

Pero el sometimiento no siempre incluye la resignación. Existe una realidad dialéctica (oposición activa) en la relación, una reacción que lleva al conflicto. Los afectados por la relación coercitiva generan mecanismos de defensa y resistencias también fuertes, como una huelga, una intencional caída en la producción, una aplicación errónea de las órdenes, el ocultamiento de información valiosa para la empresa. Se trata de un clima de resistencia que impide actitudes de colaboración o creatividad. El concepto de poder en la organización pierde sentido social cuando las relaciones se basan en la supremacía de ciertas fuerzas no contestables, que operan en una sola dirección. Aunque las situaciones de conflicto sean localizadas, la confrontación como pauta vigente de relación es una fuente de desestabilidad y dificulta la viabilidad de la organización.

e) Poder y control personal

En esta modalidad el poder está basado y se ejerce a través de medidas de control: la vigilancia, la custodia. Son procesos donde está presente la mirada invasiva, la pérdida de la privacidad, que busca el efecto inhibidor de la visibilidad de todos los movimientos en un espacio determinado. El receptor del poder debe cumplir una tarea o quedarse en un lugar (un anciano en un centro de cuidado), y no puede moverse sin que su movimiento sea controlado. El poder central controla siempre sus acciones, de acuerdo con un reglamento que debe cumplir, mediante un dispositivo que actúa en lo visible para vigilar conductas e ideas desde las posiciones de dirección.

Para estos tipos de controles fue creado el edificio llamado panóptico, ideado y construido como lugar de reclusión, internación y control por el jurisconsulto inglés Jeremy Bentham. En sus escritos, dicho autor describe un establecimiento propuesto para guardar internados con seguridad y economía, que al mismo tiempo permite trabajar en su reforma moral. Propone un diseño en forma circular con una torre central para observación y escucha. En las celdas, los internados son siempre vistos sin que ellos puedan ver quién los controla, sabiendo que están bajo su atenta mirada. Este diseño es más que una vigilancia física; prioriza el control visual y los movimientos que el poder permite.

El panóptico es usado como una metáfora (crítica) en los modelos mecanicistas y cerrados de organización. Según Bentham se trata de un modelo que "permite la presencia universal y constante de quien dirige el establecimiento". Aplica la vigilancia como criterio principal aplicado a situaciones reales. El diseño "logra en el destinatario la impresión que desea producir, controlar acciones, sus conexiones y variables de vida, de forma que nada pueda ignorarse, ni contrariar al efecto deseado". En la torre central (gobierno) se reúnen poder y saber. El gobernante controla y planifica las estrategias necesarias. El poder clasifica a los internados para ordenar su participación en actividades productivas de acuerdo con sus capacidades disponibles.

Llevada esta idea al campo de las organizaciones productivas, el concepto de vigilar y castigar es un modo de ver el poder, no como un factor movilizador sino como una forma de supervisión. El problema prioritario de la dirección es evitar que existan fines personales, que las emociones y los sentimientos interfieran en las relaciones y procesos de producción. Estas empresas limitan las libertades e invaden la privacidad de los empleados, controlan sus movimientos y también les hacen saber que se encuentran bajo un sistema regulado, con libertades condicionadas. Es posible que avancen no solo en lo manifiesto sino también sobre las premisas de decisión, sobre sus ideas y creencias.

En el marco del poder que observa y sanciona, los empleados saben y sienten que están bajo la inevitable mirada del directivo. Esta forma y relación de poder revitaliza la función del control, pero no como algo administrativo sino como una fuerza que opera tanto en lo visible como en lo subyacente, limita los movimientos y advierte que no hay alternativas. El resultado es un orden impuesto, aunque también un clima de desconfianza y temor, una relación de poder abiertamente sostenida por la asimetría de fuerzas. Esto es coherente en organizaciones que operan desde el poder hegemónico, donde los integrantes luchan por ocultar la realidad que los compromete, a la vez que intentan no ser visibles desde la dirección.

2. Poder en contexto. Negociación

El análisis del poder en cuanto a sus formas y contenidos, implica calificar de razonable o pertinente a la elección, de acuerdo con los actores, el tiempo y lugar de aplicación. Una forma o estrategia de poder no siempre es la correcta en cualquier situación y contexto. La elección del tipo de poder requiere evaluar la decisión (resistida) según el marco de la realidad social, económica y política. El análisis de razonabilidad incluye factores de la situación y el entorno (sus variables). Es a eso a lo que se refiere la idea de poner en contexto el poder.

Afirmar que es apropiada una medida de fuerza utilizada para dirimir un conflicto es una evaluación que tiene sentido cuando no se la analiza solo por sus propósitos sino también en tiempo y lugar. En lo interno implica considerar las bases del acuerdo sobre el cual se establecerán las condiciones de la relación. En un caso extremo, la utilización del poder incluye la decisión de romper el acuerdo. No es lo mismo la decisión de recurrir a la finalización del contrato laboral en un contexto de desocupación que hacerlo en un entorno de crecimiento. En este último caso la realidad indica que las consecuencias serán más severas para el personal afectado. El análisis de razonabilidad o pertinencia requiere también considerar las necesidades o posibilidades de la organización durante la crisis. La forma de poder elegida está indicando la magnitud de las resistencias a superar y la determinación del actor en hacer efectiva su voluntad.

En el análisis de congruencia o razonabilidad juegan factores evidentes (reconocidos, comprobados), mientras que otros son el reflejo de opiniones o expectativas de las partes en el poder. Por ejemplo, los datos de producción, de ausentismo y remuneraciones o cambios en la tecnología son, en una primera mirada, hechos constatables y son diferentes de los factores más relacionados con las apreciaciones personales, como el clima de trabajo, la desigualdad de oportunidades, la libre expresión de ideas o la credibilidad de los mensajes.

La congruencia se refiere a la relación entre el ambiente, el momento y los recursos disponibles en relación con las formas de poder utilizadas. Factores estos que deberían estar en consonancia o articulados, para de esa forma ser reconocidos como razonables o aceptables. Es por ejemplo la coherencia que existe cuando se recurre a formas de influencia (creencias, ideologías, imágenes) para lograr una aceptación de orden emocional (motivación) por parte de los receptores y una actitud colaborativa en el trabajo. Pero en esta misma situación es incongruente si desde el poder se utilizan esas formas de influencia para impulsar una salida unilateral (el pensamiento único) que roza la coacción, las amenazas o la violencia física. El poder admite diferentes enfoques y vemos que la falta de contextualización significa que el directivo está recurriendo a esquemas rígidos, esquemáticos.

Las estrategias virtuosas del poder, en busca de coherencia y congruencia, tienen que ver con decisiones y comunicaciones realizadas bajo reglas aceptadas y en un contexto de valores sociales reconocidos por los participantes. Por el contrario, los sistemas cerrados y perversos, donde el poder afecta a la relación humana, operan pensando en la productividad y la eficacia aun cuando los medios sean injustos. La perversidad reside en ver el poder como un dispositivo que permite imponer cursos de acción en un ámbito de desigualdad no cuestionable. Es el poder visto en el marco de una relación de fuerzas donde se impone quien controla los recursos y los orienta hacia sus fines personales, no de quien lo utiliza para llegar a acuerdos de conjunto y aportar alternativas aceptables. Se trata de un tipo de poder que construye situaciones propias de las relaciones de dominación (basadas en la fuerza unilateral), no de poder limitado o negociado.

De modo que el contexto del poder y la influencia también debe entenderse de acuerdo con el sistema de códigos que rigen los comportamientos, asociados a una mirada de conjunto, integradora. Es importante reconocer si estos códigos y valores en la organización (pautas de orden cultural) han sido impuestos desde una estructura dominante que desea permanecer o por el contrario dieron lugar al debate, se construyeron y aceptaron como un proceso social. Analizar si el contexto de valores representa la voluntad hegemónica y centralizada en el gobierno o se trata de una expresión de los acuerdos y convenios internos en la organización, así como un límite a las decisiones arbitrarias del poder directivo.

La valoración del poder en contexto requiere una mirada a la forma en que se relaciona la organización con las instituciones públicas; una relación de apoyo, pero que también pone límites. Bernardo Kliksberg y Amartya Sen, señalan cómo se ven afectadas las políticas públicas cuando deben ser puestas en marcha a través de organizaciones concretas y cerradas. En ese proceso referido a la implementación o acción ejecutiva de las decisiones políticas "empiezan a jugar los intereses de las burocracias organizacionales, sus sesgos, las presiones por los intereses económicos de los actores vinculados, las luchas por el poder, las limitaciones en las capacidades disponibles".

En esta interacción, la gestión de las organizaciones colabora con las políticas públicas en materia de salud, justicia, educación y trabajo, pero también existen intentos en sentido opuesto para adaptar dichas políticas a proyectos particulares o intereses de la empresa. Esta limitación del interés público es un aspecto crítico de los contactos entre la política, el poder y la responsabilidad social. La mirada desde el contexto sobre la responsabilidad empresaria requiere una evaluación amplia de la legitimidad social de las decisiones directivas, además de los factores de eficacia y competitividad.

La visión de la organización en contexto necesita ampliar el criterio al analizar las decisiones directivas. Se trata de determinar cómo juegan las relaciones de poder que sostienen a los objetivos de la organización frente a los aportes y demandas provenientes del orden instituido, y cómo procesar las fuerzas de la dirección (el poder político) cuando las relaciones humanas se orientan hacia formas de dominación. Para llegar a un poder equilibrado, que considere las capacidades y los derechos de los diversos participantes, deben revisarse tanto la comunicación como las relaciones de fuerza. Se trata de replantear el poder organizacional teniendo en cuenta la diversidad de fuentes y presiones, y su posible superación mediante formas de coexistencia y participación.

Desde el enfoque de lo sustentable, la política se orienta hacia la consideración explícita del criterio de justicia distributiva en la relación laboral. No solo la apropiación negociada de los recursos económicos, sino la presencia de valores y principios de equidad como sistema de ideas compartidas. Ello supone, por ejemplo, la preferencia del trabajo en equipo para priorizar la colaboración y no la lucha competitiva. En la organización sustentable se valora la definición de proyectos compartidos, la protección ambiental, la transparencia y la participación en las decisiones de gobierno; en el plano laboral, la conexión de los planes de innovación tecnológica con programas de formación y desarrollo humano.

CAPÍTULO 4

Sustento y críticas del poder

1. Bases de aceptación y resistencias

Las fuerzas que operan en el poder en la organización sustentable no llevan a someter a la contraparte. Opera cierto grado de reconocimiento mutuo (el nivel necesario), una aceptación (bajo condiciones) de las órdenes o mandatos de los emisores con un margen para la crítica. Hay una coexistencia de resistencias con proyectos compartidos o legitimados. Cuando el poder es construido como emergente de grupos informales, una posibilidad es tener una actitud de cuestionamiento hacia el orden instituido, las críticas al proyecto oficial. Esta distancia es parte de la compleja realidad sociopolítica de la organización.

Hemos visto que el poder se refiere a una pretensión y acción de imponer cierta voluntad sobre la opinión o posición del destinatario. Pero legitimar esta relación (su reconocimiento) excluye la idea de la violencia o la fuerza física. La aceptación del receptor tiene que ver con la razonabilidad (reglas de juego), los argumentos verificables, su pertenencia a un proyecto de conjunto. Razones que son algo más que intereses personales en la relación. El concepto de legitimidad alude a la creencia compartida por las partes sobre la existencia de razones de orden organizacional que avalan la voluntad de poder. Es diferente del uso excluyente de la presión o la fuerza desigual, cuando no se admiten opiniones alternativas.

En su estudio sobre la llamada organización requerida, Elliot Jaques se refiere a las condiciones asociadas con la gestión responsable; o sea que evalúa la dirección en la función directiva considerando las consecuencias de sus decisiones sobre el conjunto social. Advierte que una organización eficaz y con valores debe promover el desarrollo de la organización en su entorno. Pero también debe "proporcionar un sentimiento de satisfacción y de confianza a todos los empleados, desde los más altos directivos hasta los obreros y los oficinistas". Es decir, que las partes deben confiar mutuamente porque "es el pegamento social básico" requerido.

Estas condiciones de satisfacción y credibilidad de la autoridad y el liderazgo marcan una diferencia respecto de las relaciones que solo consideran el poder entre las partes de la relación. La diferencia consiste en que la aceptación del poder se produce en un marco de resistencia a las fuerzas que prevalecen, materiales y simbólicas. Y esta realidad del poder, donde una voluntad dominante prevalece sobre otras, tiene factores no compatibles con la idea de los objetivos compartidos, el clima democrático y los compromisos voluntarios. En las organizaciones complejas, la realidad muestra relaciones donde se practican ambas versiones.

El poder implica capacidades activas, no solo una jerarquía formal (organigrama), sin limitarse a lo planeado, a las funciones a cumplir. No basta con declararlo. Se lo reconoce en la medida en que opere en los hechos, en los comportamientos. Las fuentes del poder, su efectividad y pertinencia, deben reflejarse en la realidad del reconocimiento y la aceptación del mandato por sus destinatarios. De allí la importancia del concepto de praxis o práctica cuando se analiza una decisión, proceso o relación de poder. No se trata de algo potencial sino que se refiere al funcionamiento, a las fuerzas que están operando en la relación, a sus tensiones y resistencias.

Al analizar la estructura de la organización, el poder y la autoridad tienen aspectos compartidos, como la asimetría, una voluntad predominante, el reconocimiento de la relación. Pero son diferentes las bases de aceptación. Son distintos sus aportes tanto al orden instituido como a la racionalidad dominante, su intervención en los modos de pensar y decir de los participantes. En ambos existe una capacidad y razones, un "tener que" y una "aceptación", pero en el caso de la autoridad hay rasgos de formalización, jerarquización y control oficial. Su aplicación incluye cumplir con roles y funciones definidos en la estructura.

En las organizaciones formales e instituciones es aplicable la base legal y racional de la autoridad, sostenida por normas y reglas de la estructura oficial, conocida y respetada por los integrantes. No se trata de una convicción previa sino de una aceptación de las reglas expresadas en estatutos y contratos de trabajo. Otras bases de reconocimiento no derivan del orden burocrático, sino que operan en el ámbito de la cultura y lo simbólico (imágenes, significados). Forman parte de la realidad derivada de la influencia, comunicación e interacción social, no del orden instituido.

En la relación de poder, la disposición a aceptar los criterios de quien conduce responde a varios factores y no solo a los fundamentos de razonabilidad de la decisión directiva. Amitai Etzioni señala que los recursos y formas del poder elegidas por el emisor condicionan la disposición o compromiso del destinatario. La asociación refleja diferentes actitudes y márgenes de maniobra según la fuerza del mensaje directivo. Los pares congruentes son: a) el poder coercitivo y la acción forzada; b) el poder remunerativo y la acción utilitaria, y c) el poder persuasivo y la motivación o compromiso. De ello se deduce que las formas tienen que ver con los contenidos del mandato, haciéndolos más aceptables o resistibles. Entonces, la congruencia está relacionada con la lógica formal de la aceptación, pero no implica un acuerdo sustantivo o unidad de criterios.

El análisis del poder político (vinculado con proyectos, intereses, fuerzas) requiere una visión más amplia que la aceptación "razonable" o esperable porque en su reacción ante el poder político el receptor también piensa en cómo él afecta a su autonomía y a la posibilidad de reafirmar sus proyectos de desarrollo personal. Es en este sentido que se dice que el poder es relativo; la aceptación no es algo natural, tiene su parte condicionada. Importa la legitimidad de las fuentes y su encuadre en las reglas de juego. En cuanto a la aceptación, si bien intervienen factores formales del mensaje también hay aspectos sustantivos relacionados con los derechos y libertades de las partes. En este sentido, la efectividad del poder requiere que el mensaje o la voluntad opere en el marco y alcance de las condiciones establecidas o necesarias.

2. Tensión: autoridad y poder emergente

En el campo de las organizaciones formales, uno de los elementos constituyentes de las relaciones de autoridad es el reconocimiento de las fuentes legales o normas que determinan el marco de la relación y se priorizan ante las divergencias. Son las normas de derecho o disposiciones de las estructuras y contratos de trabajo que establecen y delegan atribuciones a las partes. La aceptación de la autoridad significa la disposición a seguir las instrucciones del superior porque se ha reconocido la validez y legalidad de la fuente y las funciones previstas en la estructura. En este sentido, Renate Mayntz dice que se trata "de una relación entre ciertos puestos o funciones, no de la influencia que se ejerce sobre las personas". Con influencia se refiere a la relación que se construye desde la voluntad, aprecio o respeto personal en el trabajo.

La autoridad que se reconoce y otorga a un cargo, posición o función resulta del diseño o planificación de la organización y su estructura. La autoridad no admite la diversidad o la interpretación, es unidireccional en el sentido de que la lógica del orden instituido (normado, planeado) no reconoce la legitimidad de la relación (la cuestiona) cuando surgen funciones contradictorias o superpuestas. La problemática de la autoridad está relacionada con el tema del cuestionamiento de la legalidad de las decisiones directivas, en términos de lo establecido en los estatutos, contratos y la estructura organizativa. También por la ambigüedad, dualidad o excesos en las decisiones.

En sentido amplio, el concepto de legitimidad se asocia a los enfoques de la sociología y la política. En sus estudios sobre la burocracia, Max Weber relaciona la autoridad con el concepto de legitimidad en el orden de lo público. Sobre esa base, distingue entre formas relevantes de autoridad: a) tradicional, cuando la obediencia es respecto de una costumbre, creencias o normas con reconocimiento es histórico; b) legal-racional, en el caso de la obediencia hacia quienes ocupan ciertos cargos o posiciones, como los directores de escuela, porque tienen derecho a tomar decisiones para conducir el sistema, y c) carismática, cuando se obedece a una persona en particular, un ser ejemplar a quien un grupo de seguidores le reconoce una fuerza heroica y sagrada. Las bases son diferentes, pero no excluyentes. En la realidad compleja, los directivos aplican alguna combinación de las bases con una razón dominante.

La autoridad en las organizaciones burocráticas y voluntarias se establece sobre una base legal (norma jurídica o contrato) y racional (relación entre medios y fines). En la estructura, la autoridad se asocia a un cargo, se ejerce en el marco de normas y reglas dentro de un mapa de funciones. No se trata de convicción sino de aceptación de las condiciones de la relación laboral. Otras bases o fuentes (como el reconocimiento) asisten o refuerzan los factores de legitimidad y operan en el dominio de la cultura (capacidades) y los símbolos (imágenes). De modo que el reconocimiento o la aceptación están en lo básico de las comunicaciones personales y de la interacción social, no de las normas legales-racionales, que son formales, de orden impersonal, pensando en las funciones antes que en los individuos.

Teniendo en cuenta estas diferencias, un tema relevante en el análisis organizacional es profundizar sobre las dualidades como las que existen entre autoridad oficial y el poder emergente. La dualidad también se refiere a los movimientos y estrategias de poder que se ejercen desde los centros de poder informales para cuestionar la jerarquía formal. Como ocurre con el reclamo por mayor delegación y autonomía desde los sectores postergados o la reasignación de recursos y mayor espacio o margen de maniobra para sus decisiones. A la inversa, el orden instituido trata de limitar los centros de poder autosuficientes y el avance de los proyectos particulares en la organización, problemas y dilemas propios de la organización compleja, donde los esquemas y formas que vienen a poner orden, con sus contradicciones, también derivan en desorden.

Las tensiones y dualidades se manifiestan, entre otros modos, como crisis de legitimación o avances de la politización que llevan a crear estructuras paralelas. Más concretamente, están relacionadas con la vigencia de las tramas de intereses, las exigencias contradictorias, los grupos informales autónomos, las subculturas internas (diversidad), la superposición de roles y funciones (ambigüedad), las tendencias hegemónicas y las desviaciones burocráticas. Son efectos no racionales (o no planeados) asociados con las luchas internas y juegos de poder que desplazan a los proyectos compartidos.

3. Razones y factores emocionales

La legitimidad ampliada incluye razones reconocidas, no solo jurídicas sino también de orden sociocultural. Razones que son utilizadas desde los centros de poder para sostener sus decisiones políticas. Forman parte del proceso de lograr la aceptación de una orden en una relación donde existe la decisión de imponer un criterio o línea de acción prioritaria a la resistencia de los destinatarios. La legitimidad permite ampliar la base de consentimiento o credibilidad de las decisiones políticas en el campo de las organizaciones. Es más que una referencia de orden jurídico, incluye ideologías y creencias reconocidas y compartidas. El discurso del poder político legitimado requiere basarse en creencias y razones, aunque no implica la sumisión y la violencia. La legitimación como idea ampliada incluye razones compartidas, no solo reglas del derecho o contractuales.

La legitimación es un concepto ampliado y asociado a la vigencia de normas y contratos, pero también a los valores y creencias, como bases de las relaciones de poder. Sin embargo, en los hechos es posible que la legitimación sea un argumento solo aceptado en el plano de lo nominal o declarativo ante la presión de las fuerzas operantes en la relación. Se trata de una ambivalencia en las relaciones, en la organización. Al respecto, Wright Mills, en su obra sobre "la Élite del Poder" afirma que: "podemos imaginar una estructura social disciplinada, en que los hombres dominados no pueden renunciar a sus papeles prescriptos, pero tampoco compartir ninguno de los valores del dominador, y por consecuencia, no creer de ningún modo en la legitimidad del orden". De esta forma, el concepto tiene una versión solo declarativa y otra que responde a lo aceptado voluntariamente (lo aprendido, reconocido).

En su estudio sobre ciencia y política, Max Weber profundiza en el concepto de la legitimidad de las formas de dominación (como relación reconocida). Señala que dicha relación debe considerarse solo como una *probabilidad*, una pretensión, pero no aplicarse como una imposición unilateral. La llamada dominación es probable que sea reconocida y mantenida en la práctica debido a la fuerza pública de los argumentos. Aunque también señala que "no siempre ocurre que la obediencia a una dominación esté orientada fuertemente por la creencia en su legitimidad. La adhesión puede simularse por individuos y grupos por razones de conveniencia y oportunidad. En los hechos puede practicarse desde el actor por sus intereses materiales y desde el receptor aceptarse como algo inevitable por causa de sus debilidades personales".

En estos casos se evidencia la dualidad entre el discurso y la praxis de la dominación en las burocracias y otras organizaciones formales. Se marca la diferencia entre la legitimidad como argumento público que valida la pretensión de imponer un mandato, y las razones prácticas que llevan a la obediencia. Desde el actor, más allá del discurso legitimador, una razón concreta consiste en sus intereses materiales. Y por parte del destinatario la orden es aceptada, no voluntariamente, sino a causa de carencias y debilidades personales o de grupo. La legitimación es parte formal de la relación, lo visible. También incluye encontrar razones creíbles que permitan justificar la subordinación sin limitarse al esquema de la relación de fuerza.

Esta realidad implica que la dominación (como relación de fuerzas) también recurre al manejo de ritos, ceremonias y símbolos como elementos representativos de la validez y corrección de lo ordenado. Se requiere salvar las apariencias y mantener la imagen de una relación correcta, con formas (razones) de legitimación que oculten la relación de fuerza no contestable. En su obra *Sociología de la organización*, Charles Perrow dice: "La autoridad en las burocracias es de tipo legal-racional, basada en reglas legalmente exigidas y racionales que además se consideran legítimas. Que los miembros acepten la legitimidad de la autoridad no cambia el hecho de que las reglas pueden ser impuestas y la coerción esté detrás de ellas". Es una relación compleja donde lo visible no siempre expresa las fuerzas que condicionan la relación. Realidad en tensión, donde cuenta la voluntad de los afectados en cuanto a la determinación de los límites admisibles de la desigualdad.

4. Dualidad, transición y superación

Una de las aplicaciones del poder es la relacionada con los avances (superación) en el marco de procesos de cambio, a pesar de ser resistidos. En realidad, las divergencias no desaparecen en un ambiente de relaciones complejas, donde coexisten factores de unidad y diversidad. Es posible hablar del carácter inacabado de los procesos de cambio debido a la persistencia de ciertas bases del conflicto. Esta realidad compleja se manifiesta de distintos modos: a) bajo la forma de acuerdos transitorios o modos de acercamiento realizados para atravesar juntos las diferencias durante un período definido como de "transición"; b) conviviendo con las brechas surgidas por la coexistencia de una oposición no antagónica, en un ambiente de tensiones y paradojas que los grupos implicados deben sobrellevar aunque con diferentes costos, y c) la oposición activa o de resistencia continuada contra los proyectos planteados como hegemónicos o autoritarios.

Las decisiones del poder directivo, al definir el orden establecido (políticas, estrategias, estructuras), enfrentan las críticas de distintos grupos de interés e influencia. Las críticas al poder no solo se refieren a las decisiones de cambio (crisis de coyuntura), sino que también se expresan como conflictos sociales y políticos en la organización. Es lo que ocurre en los conflictos asociados con la falta de justicia distributiva o incongruencias entre el avance tecnológico y su impacto sobre los niveles de empleo. Se cuestionan decisiones y políticas concretas de la dirección porque ellas reflejan la presión de los intereses hegemónicos sobre la estructura de poder. El conflicto se refiere a la demanda de participación frente al pensamiento único (ideología) de la organización. La fuerza hegemónica de hecho coexiste con movimientos orientados hacia la transición o desplazamiento del poder vigente.

Las críticas y las fuerzas puestas en la demanda de cambios y mejoras demuestran que, en el análisis organizacional y en las formas de gestión, el poder no es sostenible como un atributo personal o una capacidad autónoma que opera en un solo sentido, como una imposición. Es una relación con tensiones, y en su dinámica operan tanto la aceptación como las críticas (visibles o no) de individuos y grupos a las órdenes directivas. Si se piensa en una organización gobernable y sustentable, el ámbito del poder requiere ciertos márgenes de libertad y reconocimiento por parte de los destinatarios, en la forma y en los contenidos. La dinámica del poder ocurre en un espacio inestable. El análisis de la complejidad no solo toma las tensiones como algo esperable sino que también advierte los aspectos conflictivos (activos, no postergados) de la relación.

Mirada la organización a lo largo del tiempo, la superación no necesariamente significa crecer en resultados o en mejoras en el desempeño. También se producen cambios en las relaciones de poder, en las formas de gobierno, en la apropiación de los ingresos, en los esquemas mentales, o en los estatutos o acuerdos fundacionales. La superación no es solo crecer según un indicador global o en alguna de las dimensiones de la organización. Aun cuando la superación constituya un intento integrador, no se diluyen las diferentes lógicas que siguen activas en contextos específicos. Valga de ejemplo las lógicas presentes en las relaciones entre empresa y sindicato que se manifiestan en la discusión del convenio; o la relación entre proveedores y producción que se revela en los contratos de abastecimiento.

La superación es relativa, con avances y retrocesos en diversas áreas. Las negociaciones para resolver oposiciones también postergan otros intereses o a grupos que no ocupan la escena en ese momento. Ellos luego intentarán emerger para recuperar el terreno perdido. Existen temas en debate (contratos, remuneraciones, autoridad) con posiciones enfrentadas, de intensidad variable. En ellos hay diferencias entre lo manifiesto y lo subyacente, lo reconocido y lo no dicho, lo permitido y lo reprimido. La superación define prioridades pero no intenta uniformar o suprimir toda diferencia. Y esta diversidad es una fuente recurrente de tensiones y crisis en la organización.

CAPÍTULO 5

Dimensión visible y oculta del poder

1. La voluntad del poder

En el análisis del poder es posible distinguir la construcción interna, propia de individuos y grupos, orientada a lograr autonomía decisoria como poder personal, y las relaciones de poder basadas en la estructura organizacional. La autonomía se refiere a las estrategias personales que buscan el poder en sí, como capacidad decisoria para concretar proyectos personales o satisfacer intereses particulares. Lo estructurado, en cambio, se refiere al orden establecido en forma de autoridad, jerarquía, funciones y reglas dispuestas por el gobierno.

Desde la perspectiva del poder y la política no es lo mismo "valerse de la organización" como un instrumento de crecimiento individual o grupal, que "considerarse parte" de una organización con propósitos de conjunto, incluidos sus prestaciones a la sociedad. La organización debe interactuar con su contexto, y es difícil que esta relación pueda mantenerse cuando en lo interno se lucha por la hegemonía a través de la ideología o apropiación de recursos. En el ámbito de ese tipo de luchas internas, la organización se hace poco previsible.

La dinámica del poder negociado forma parte de las tensiones entre los actores internos y externos, pero también sirve para llegar a los acuerdos que sostienen la organización. Desde el gobierno y la función directiva existe una continua búsqueda de equilibrios entre los propósitos generales y los fines de individuos y grupos de la organización. El problema es que la función directiva también es uno de los actores en este escenario de estrategias orientadas a construir poder. Esta actitud directiva tiene su lógica política, ya que trata de consolidar sus propias bases de reconocimiento en la organización. Esto viene a confirmar el proceso transversal del poder en cuanto que atraviesa la organización; no se trata de una capacidad concentrada en la cúspide.

Como ya hemos visto al analizar los dispositivos de influencia y persuasión, el poder genera una realidad que a su vez condiciona su propia legitimación. Esto deriva de su tendencia a perdurar y continuarse. Los problemas de esta recursividad del poder tratan de superarse a través de un enfoque político amplio e inclusivo, que considere la unidad y la diversidad, las diferencias de fines e intereses, así como su integración en la misma organización. La inteligencia política del directivo apunta a su capacidad para articular voluntades, no a imponer su poder personal. Una organización democrática y socialmente sustentable requiere negociación transparente y pluralismo en los intereses representados.

La compleja realidad muestra la relación entre el poder autónomo (enmarcado y oculto) y el asociativo o grupal que busca alianzas y propósitos compartidos. Esta dialógica es una fuente de tensiones y conflictos en la organización porque los recursos que están en discusión son generados por la organización en su conjunto, con el aporte de sus miembros. Se genera así una relación dialéctica entre los proyectos de conjunto y la voluntad personal de poder, relación que expresa la oposición entre distintos actores o grupos que buscan mejorar su participación relativa (frente a otros) en la distribución de recursos, al tiempo que también se necesitan recíprocamente. De todos modos, tanto la necesaria creatividad en la organización (contra la uniformidad o mediocridad) y el reconocimiento de la institución en su ambiente, requiere una trama de poder aceptada, legitimada y participativa, no disociada o excluyente.

La búsqueda de poder en sí mismo (autónomo) es parte de la dinámica de la organización. Pero también de una estrategia no declarada, enmascarada con el discurso ideológico o persuasivo. Se trata de una estrategia de orden personal o sectorial que sostiene la posición del emisor o la hegemonía de un grupo. Piensa el poder como un objeto a poseer, objeto de construcción y apropiación, no como una relación pensada para el desarrollo en conjunto. El poder visto como una cosa a tener se piensa solo desde una perspectiva de afirmación individual. Si un grupo de médicos aplica energía y recursos para afianzar su posición en el mapa de poder del hospital, ello no tiene relación alguna con la mejora en la calidad de atención a los pacientes. Es legítimo que los profesionales afirmen su identidad y busquen su desarrollo personal, pero siempre que ello no provoque divisiones internas o excluya otras posiciones críticas.

El peso de las visiones personales tiene una fuente natural que se relaciona con la diferencia entre capacidades, fines e intereses legítimos y el deseo de crecer en un entorno competitivo. Sus consecuencias son diversas, constructivas o no. En su vertiente de protección o expansiva, la voluntad de poder opera como un mecanismo de defensa y de agresión contra los efectos de poner límites, condicionar conductas de terceros y apropiarse de recursos en la organización. En esta orientación, que es excluyente, el poder no opera como actividad destinada a debatir, movilizar y lograr mejores objetivos de conjunto.

En realidad se convierte en una lucha por recursos y por ocupar posiciones. En un marco de relación de fuerzas terminan por confrontar con los grupos proactivos que buscan superar barreras y restricciones para avanzar con sus propuestas de cambio y de colaboración con la función directiva. Y que también requieren obtener y disponer del poder. En síntesis, la gestión sustentable implica mantener equilibrios en la relación de fuerzas.

2. Visión autónoma del poder

En la realidad organizacional las posiciones de poder están definidas en las estructuras, al igual que las atribuciones y recursos que se otorgan a quienes las ocupan. Esas posiciones están asociadas con los planes, proyectos, funciones y acciones que se ponen en marcha, se conducen y controlan desde el poder directivo. Es el poder legitimado o reconocido oficialmente en su versión de la autoridad para quienes desempeñan cargos de conducción. Es una expresión del poder determinado y delegado desde el nivel de gobierno de la organización por sus actas constitutivas y por la estructura aprobada mediante decisiones formales del directorio, la junta directiva y otros órganos que representan a los propietarios o asociados.

Pero también existen individuos y grupos que ejercitan el poder en forma paralela, sin embargo también reconocida, que no forman parte de los niveles de conducción oficiales para cumplir con los planes o proyectos de la organización. Ellos integran las relaciones informales, procesos de influencia, de persuasión o fuerzas emergentes que operan para alcanzar fines personales o grupales. A esta realidad emergente hace referencia la idea del poder autónomo; o sea, la construcción que surge de las voluntades y necesidades vinculadas con la supervivencia y desarrollo de individuos y grupos en la organización. Esta construcción nada tiene que ver con los objetivos o metas oficiales sino que está relacionada con las motivaciones o proyectos individuales.

La construcción de poder es un modo de diferenciarse, marcar una desigualdad de fuerzas, instalar relaciones desiguales o de influencia sobre los otros. Todo ello en paralelo a la estructura formal de la organización. Son relaciones, capacidades y prácticas de poder construidas de hecho, como procesos emergentes, no planeados. Constituye el poder de los referentes informales, sin legitimación en términos de autoridad, pero reconocidos. Este proceso también está relacionado con las luchas internas por apropiarse de espacios o recursos, superando los controles de la organización.

En las relaciones de poder operan también signos, símbolos e imágenes que están asociados con el poder reconocido en la organización; es el resultado de las capacidades e interacciones en el trabajo. Con una visión amplia, la realidad muestra que el poder busca mantenerse por canales formales e informales, asumiendo la forma de un proceso expansivo y también recursivo, en el sentido que produce aquello que le permite seguir funcionando, superando incluso tensiones y resistencias que son parte constitutiva de la misma relación de poder.

a) Los pliegues del poder

El poder tiende a expandirse, pero también a concentrarse y reformarse en sí mismo. El concepto de pliegue (Gilles Deleuze) aplicado al tema del poder alude a su composición, a la intimidad de las relaciones, sus formas en el espacio interior; no solo a su versión manifiesta, declarada, visible. Pertenece a la complejidad de la configuración del poder, las relaciones, puntos de contacto, acuerdos de fuerzas hacia el interior de los grupos, según el nivel del análisis.

El concepto de pliegue está relacionado con la complejidad, con la diversidad de influencias y presiones incluidas en la relación de poder final; hacia adentro, no desde fuerzas externas. Se refiere a los movimientos ocultos del poder exhibido. Son factores no explicitados que operan como condiciones de las definiciones del poder. Debe destacarse además, que el concepto opera en ambos lados de la relación, como el caso del dirigente que dice que su orden resulta de la consulta y debate con múltiples factores involucrados. La dificultad de recorrer el camino inverso e indagar sobre el estado actual de las demandas obligaría al replanteo del análisis, llevaría a nuevas bifurcaciones. Es también reconocer que la fuerza final es una apretada síntesis de posibilidades consideradas y otras desestimadas en el espacio de "la interna" del poder.

El pliegue apunta a las condiciones de los acuerdos de poder, a los apoyos, pero también a los cuestionamientos recibidos. No es factible recorrer el camino seguido para articular formas y contenidos en el sentido inverso, son otros tiempos. De allí la idea de la dificultad en mantener "el delicado" equilibrio de fuerzas en el poder. Porque la fuerza exhibida no representa las controversias en el interior de la posición que decide. Las heridas sufridas en el debate de alternativas desechadas están latentes. Factores no expresados en el discurso del poder focalizado en apoyos recibidos y muestra la fuerza desplegada, no la condicionada.

En síntesis, quienes enfrentan el poder pensando en cambiar sus contenidos y el rumbo deben considerar la diversidad de frentes internos y condiciones no declaradas. O sea, que la decisión de reconstruir las bases y formas internas del poder corresponde a un contexto diferente. El pliegue no se refiere a lo inevitable, a lo inamovible, sino a la necesidad de considerar límites e incertidumbres, a la posibilidad de reabrir la conversación, de reconstruir múltiples relaciones y superar adversidades no visibles.

En términos del citado Gilles Deleuze pero con la intención de referirlo al poder y la organización desde el enfoque de la autonomía: "Lo que está plegado no existe fuera de aquello que lo incluye, implica, envuelve". La idea de pliegue advierte sobre la profundidad, en cuanto a los contenidos o efectos no visibles, de tan solo "una" medida de política. Y confirma la complejidad inherente al concepto del poder político, sus resonancias. La complejidad lleva a analizar el poder político como configuración de fuerzas, movimientos en lo manifiesto y en lo no visible. El concepto de pliegues del poder es una figura o esquema de la complejidad. Se relaciona con los distintos senderos (capacidades, intereses) que se cruzan y se desvían (opciones) en el camino a la expresión final del poder.

Es el caso del directivo frente a un conflicto laboral que busca el origen de las demandas planteadas por la contraparte. Como estrategia, intenta ubicar y negociar por separado con los grupos que reclaman. El directivo, en su análisis, llega a puntos de bifurcación; es decir, a lugares o temas donde "se cruzan" fuerzas e intereses de diversos grupos (conectados con la fábrica). Visto desde el sindicato, la misma complejidad enfrenta el dirigente gremial que intenta reconstruir los caminos que han llevado a la contrapropuesta empresaria. Una conclusión es que el poder, que se plantea como movimiento pensado e integrado, incorpora inciertas desviaciones en el camino de su aplicación.

b) El poder en sí mismo

Este concepto se basa en la distinción entre los propósitos que guían el ejercicio del poder en una relación laboral y la construcción del poder como un recurso personal o para mantener la fuerza del grupo. Por ejemplo, cuando hay una intención económica empresaria en la presión sobre los trabajadores para que mejoren su desempeño y aumenten los índices de productividad. Pero en la realidad de la relación con el grupo también algunas acciones desde el poder no están relacionadas con la producción, sino destinadas a consolidar la posición del directivo, o bien a sostener a los referentes de poder, centralizar o reforzar las decisiones en ciertas posiciones.

En cuanto a la función de gobierno, hay una diferencia entre el mapa de poder legitimado y el diagrama de fuerzas que en forma paralela están operando en la práctica. Esta versión destaca el carácter autorreferente y confirmatorio del poder que busca mantenerse a sí mismo o en una posición de la estructura. La presencia de una capacidad diferente que le permita al poseedor ser reconocido por terceros e imponer sus órdenes, utilizando los fines como una justificación. Lo importante es mantener el reconocimiento de la autoridad en la relación, obtener recursos para delimitar y conservar un espacio que es considerado como propio.

Al respecto, Amitai Etzioni menciona la existencia de un desplazamiento en las razones y el sentido del poder que lleva a la organización a convertirse en un instrumento de minorías. En esta realidad ocurre que se invierte la prioridad entre fines de la organización y sus medios, de forma tal que los medios se convierten en fines. Esto implica no una política o estrategia deseable, sino una distorsión que lleva a la tecnocracia. Se trata de una desviación relacionada con la actividad de ciertos grupos de interés e influencia que, para apropiarse de recursos escasos y preservar sus ámbitos de influencia, desplazan los fines legítimos de la organización.

De modo que en la realidad organizacional existen estrategias de poder que no se definen para alcanzar un objetivo de producto, para apropiarse de recursos valiosos o para ganar espacios. Está presente la idea del poder para posicionarse, para marcar una desigualdad de fuerzas, para instalar una relación de sumisión o influencia sobre el comportamiento de terceros. Este proceso es visible cuando entre los grupos se lucha por apropiarse de los signos, los símbolos y las imágenes del poder en la organización. Una vez construido, el poder busca mantenerse, asumiendo la forma de un proceso recursivo. Produce aquello que le permite seguir funcionando, superando incluso las tensiones y resistencias que son parte constitutiva de la misma relación de poder.

El poder en sí mismo es el concepto que busca establecer una capacidad reconocida para fijar condiciones, para luego desde allí y con el tiempo, ganar posiciones. Es una mirada al interior de la relación, la voluntad de los grupos de definir espacios como propios. La disfunción o contraindicación de la versión recursiva del poder consiste en que impone comportamientos cerrados y recurrentes de individuos y grupos que se resisten a las demandas de un entorno cambiante. Implica priorizar la conservación de actitudes frente a los cambios externos, y con ello la tendencia a construir grupos aislados, puestos a la defensiva. En términos culturales, es la versión del poder que se dedica a sostener las consignas, pautas, códigos y rasgos de identidad del grupo de referencia.

c) Senderos que se bifurcan

La realidad de la organización implica políticas, poder y estrategias no solo centralizadas o que se deciden en un sector dominante, excluyente. Son también resultado de los procesos de participación y negociaciones entre actores dentro y fuera de la organización. En un entorno inestable, las posiciones y estrategias de gobierno implican enfrentar y contemplar nuevas condiciones y también oportunidades de desarrollo. Ello implica integrar decisiones en los planes de conjunto, como también considerar demandas emergentes y situaciones de crisis. Con la consecuente necesidad de replantear los objetivos o caminos a seguir. Una realidad compleja que es posible entender en el marco conceptual del cuento de Jorge Luis Borges, "El jardín de senderos que se bifurcan".

Llevado el concepto de bifurcación al análisis de los propósitos y la racionalidad de organizaciones complejas, surge la necesidad de superar el modelo mental solo basado en la relación entre medios y fines. Y en su lugar considerar la realidad de capacidades cambiantes y objetivos múltiples. Entender los fines y demandas de diversidad de actores, presentes y potenciales, en contextos que se reconstruyen en el tiempo. Considerar las relaciones con instituciones públicas, inversores, mercados, proveedores, sindicatos y grupos humanos con sus intereses, capacidades y motivaciones. Que presionan, desde sus propios espacios y tiempos. No se trata de adaptarse o negociar presiones de posiciones ya conocidas, sino también enfrentar realidades y lógicas que cuestionan los modos de pensar "propios".

La citada mirada del "jardín de senderos", implica para las organizaciones y sus miembros la existencia de múltiples escenarios que no dependen solo de las decisiones de la dirección; espacios con sus condiciones. Ello implica que la organización no es una nave orientada hacia "su" puerto de destino, tal como ha sido planeado. Porque no se trata de un sistema que avanza en un entorno previsible, con armonía o consenso, sino de fuerzas y proyectos que actúan en cierto espacio externo, con sus capacidades y tiempos diferenciados. Los directivos deben comprender que sus decisiones no operan en una realidad limitada y determinada (por ejemplo, "sus" mercados o proveedores). En dicha realidad compleja, también operan otros actores y escenarios diversos, no siempre complementarios, como los medios de comunicación, sindicatos y oficinas públicas.

Visto desde un hospital o escuela, los "otros espacios y tiempos" no son abstractos, operan en el pensamiento de individuos y grupos. Por ejemplo, los internados en el centro de salud al pensar en su vivienda y conectados con sus lugares de trabajo. En el caso de los alumnos, sus pensamientos se encuentran en sus hogares o familiares, mientras "están" en la escuela pensando en el futuro. Un cambiante mundo de relaciones, con diferencias y compatibilidades, conocimientos y dudas. En el plano de las organizaciones, las decisiones políticas y el poder directivo actúan en varios frentes, con distintas implicancias temporales. En una realidad compleja, toman decisiones que afectan a escenarios diversos, presentes en sus elecciones, influyendo en las prioridades. Son espacios y tiempos de la realidad múltiple que influyen y operan como "senderos que se bifurcan".

La complejidad (de orden filosófico) consiste en que la organización y sus directivos son influenciados y actúan en varias dimensiones, o niveles de realidades, o escenarios de vida. Sobre estas realidades, quienes deciden desde sus lugares y tiempos diferentes provocan efectos compatibles, pero también ambiguos y contradictorios. Visto desde la decisión de poder, no se trata de una cuestión de optimizar o cubrir los costos emergentes, sino también de evaluar (imaginar) la responsabilidad por los efectos no reversibles. Los resultados sobre alguna de las varias realidades o escenarios posibles. Además de los lugares de pertenencia, de lo ya experimentado y conocido.

3. Poder y equilibrio de fuerzas

En el ámbito de la política, el rol del poder es analizado por su función en la superación de divergencias y conflictos. Ya no se trata solamente de activar sino de desatar los nudos y las oposiciones que se manifiestan como conflictos, no como opiniones o impresiones personales. Este sentido del poder destaca su rol dinamizador, de superar las encrucijadas u obstáculos en la gestión. Requiere conocimientos profesionales específicos relacionados con la construcción de acuerdos de base, con la negociación y con las formas de superación dialéctica de las oposiciones.

La actividad política tiene aspectos emergentes relacionados con: a) los intereses no declarados que guían las decisiones, en paralelo con los objetivos oficiales; b) las fuerzas que operan al margen o por fuera de las estructuras formales, y c) las negociaciones entre grupos de interés que no se difunden por los medios normales de comunicación. Ejemplo del último caso son las alianzas entre grupos para defender sus derechos o ganar espacios de poder, los acuerdos entre sectores para aumentar su participación en el acceso a recursos o los pactos con otras empresas para controlar el mercado; en definitiva, son los procesos de liderazgo en los movimientos que se proponen cuestionar la autoridad existente para encumbrar a candidatos propios.

Con un enfoque político, la organización puede verse como una articulación entre grupos (con sus propios fines) que logran acuerdos sobre propósitos generales, sobre las formas de gobierno, las reglas de juego (el marco normativo) y los criterios para la apropiación de los recursos. En el marco de la teoría de la organización, James G. March y Herbert A. Simon, incluyen la llamada teoría del equilibrio. Según dicha teoría, el sistema es viable en la medida en que logre equilibrar las compensaciones con los aportes que hagan los diferentes participantes. Existe un acuerdo básico, pero en la realidad cotidiana surgen diferencias entre los grados de aspiración y la retribución o la satisfacción percibida por las partes. Estas diferencias afectan a su decisión de permanecer o participar en la organización. Los problemas políticos provienen de la ruptura de estos equilibrios y se expresan como conflictos que llevan a negociaciones y acuerdos en procesos reiterados.

La inestabilidad está relacionada con las acciones de individuos y grupos que avanzan con sus propias ideas e intereses, los cuales no siempre son compatibles con los objetivos de conjunto o las medidas de gobierno. No lo hacen en forma disimulada, idealizada o inesperada, sino en ejercicio de sus propias capacidades, sus recursos y sus cuotas de poder en la organización. La política, desde una visión macro, es el intento de articular esfuerzos y posiciones diversas en pos de proyectos comunes. Se traduce en la búsqueda de un denominador común o zonas de coincidencias. La visión macro es también la construcción de una forma de gobierno que refleje dicha diversidad. Es también la actividad de enfrentar y proponer medidas que permitan superar los conflictos surgidos por la diversidad de fines que coexisten en la organización.

La actividad política incluye actividades consideradas legítimas o razonables, al derivar de un acuerdo básico, con posibilidad de debatir ideas para desarrollar proyectos superadores (propuestas de cambio). Pero el debate se hace dentro del sistema y siguiendo reglas de juego establecidas. Es legítimo por cuanto no se hace fuera del orden implantado y reconocido por las partes. Es lo que ocurre cuando los maestros plantean a la dirección su desacuerdo con el nuevo plan de estudios y piden un debate con todos los sectores afectados, y además plantean la necesidad de estar representados en el Consejo Directivo. Actúan en el marco de la libre expresión de ideas, pero su actitud es política por su posición crítica y porque quieren cambiar la estructura de poder.

También corresponde distinguir entre la visión macro de la política y los aspectos sectoriales. Lo macro se refiere a temas que hacen a la continuidad de la organización en conjunto, como la definición de propósitos, las ideologías, formas de gobierno, formas de distribuir los ingresos, la negociación con otras instituciones (con bancos, sindicatos, oficinas del gobierno, proveedores, etc.). La visión micro de la política se refiere a aspectos puntuales o propios del sector, como los movimientos del grupo para defender o ampliar su posición en la estructura, el cuestionamiento de la autoridad de los jefes, los reclamos para mejorar remuneraciones o condiciones de trabajo, entre otros.

Nos referimos a los procesos políticos no solo por los contenidos ideológicos o de poder, sino también por los métodos y los recursos que utilizan los actores, como las maniobras de poder, la formación de alianzas y coaliciones, los procesos de negociación, las consultas públicas y la convocatoria a asambleas para defender derechos o promover cambios en las relaciones laborales. Es también política la actividad de resolver situaciones problemáticas a través del mecanismo de elecciones o votaciones, de las cuales surge la opinión de las mayorías y de las minorías en la organización. Por ejemplo, para elegir los delegados de la fábrica, o la decisión sobre nuevos sistemas de incentivos a la producción perjudican a unos grupos y benefician a otros.

Una de las visiones muestra a las empresas como con una capacidad sociotécnica puesta al servicio de la producción, al crecimiento de sus integrantes y a la satisfacción de necesidades de la comunidad. En este contexto, la lectura política, al mostrar la organización como una trama de intereses, lleva a pensar (visto desde fuera) que los juegos de poder son una desviación no deseable, un componente no prioritario, que no debería consumir las energías del sistema. Pero la realidad compleja nos muestra que, en el dominio de lo político, el debate interno implica una dinámica que lleva a superar las dualidades del orden establecido.

Desde la visión del poder y la política, se prioriza la lectura de la organización como una trama de intereses, ideologías y poderes con efectos constructivos y también conflictivos. Es positiva la crítica a la conducción en lo que tiene de autoritaria y represiva. Se instala una relación crucial entre el orden instituido (por la dirección) y la actividad instituyente por parte de los grupos con razones alternativas. En particular esto ocurre en los niveles de operación donde las decisiones directivas deben cumplirse, en grupos postergados o con ideas de cambio. Hay también fisuras del poder en el propio nivel directivo y en sus relaciones con los órganos de gobierno de la organización.

La presencia de los mecanismos de política y la politización varía en las organizaciones y dentro de ellas a través del tiempo. Las líneas ideológicas difieren según los rasgos culturales; por ejemplo, entre un jardín de infantes, una granja familiar, un periódico o un sindicato. La politización tiene relación con sus agendas particulares, pero siempre la "interna" política (en lo que tiene de opositora) es un factor que plantea el conflicto y moviliza la organización. La actividad instituyente, a través del cuestionamiento y la búsqueda de cambios, implica una posición crítica al orden establecido. Esta oposición no es oculta, es parte de las relaciones complejas; puede darse en forma de comunicación abierta, aunque también a través de presiones y movimientos de fuerza. La política desde la dirección se orienta hacia un orden. La "interna" enfrenta la uniformidad, plantea las diferencias y es generadora de cambios.

4. Cuadro B. Relaciones de poder en organizaciones

RELACIÓN DE PODER	FUENTES Y RAZONES	FORMA - CONDICIÓN	APLICACIÓN - EFECTOS
Dominante (hegemónico)	Relaciones de fuerza (sumisión, apropiación)	Presiona. Fija límites (condiciona ingreso)	La imposición controla resistencia
Retributivo (recompensa)	Alicientes. Recompensa (recursos, precios)	Transacciones (compensación)	Compra voluntad (incentivación)
Jerarquía (autoridad)	Legitimación (nivel, posición)	Estructura (norma, contrato)	Orden legal (disciplina)
Influencia (normativo)	Persuasión (creencia, ideología)	Señala rumbo (dar sentido)	Logra adhesión (las razones)
Liderazgo (conducir)	Mostrar camino (ejemplaridad)	Compromiso (aceptación)	Línea de acción (elección grupal)
Referente (experto)	Posicionamiento (representación)	Comunicaciones (dar respuesta)	Imagen, discurso (integridad)

El *Cuadro B* muestra diferentes tipos de relaciones de poder, considerando la capacidad o recurso que aplica el emisor, en el contexto pertinente. La realidad en las organizaciones muestra relaciones que incluyen varios factores de poder. Hay un marco o relación y una variedad de factores que operan para que el receptor aplique la orden del emisor. Lo importante es que el poder es efectivo, no es un discurso o una declaración sino una relación desigual en tanto operan fuerzas y resistencias. Como relación extrema, en el cuadro se menciona al poder dominante, con sumisión en el destinatario. Considerando diversas fuentes y formas de la relación, se analizan versiones del poder: dominante, retributivo, jerárquico, influyente, de liderazgo y de referente. La relación de poder reconoce distintas fuentes, cuyos efectos también son distintos. En todo caso es diferente a la situación de actuar por voluntad propia, sin presiones. El análisis de las contingencias y la situación concreta permite deducir si la elección ha sido pertinente o no razonable. Si la relación está asociada con acuerdos conversados o derivada de la presión interesada de los directivos. En todo caso la organización requiere comportamientos creativos, pero también una estructura con bases de autoridad reconocida. El cuadro muestra como bases de las relaciones del poder a: la autoridad, influencia, persuasión e imagen. Y tienen efectos diferentes sobre la aceptación en los receptores. Las formas de poder tienen efecto sobre el nivel de compromiso y aceptación. Marca las diferencias entre motivación y obligación. Pensando con una visión responsable de la organización, hay una cuestión de política de empresa en cuanto a evitar las formas de dominación. La realidad es compleja y requiere pensar en estrategias colaborativas, no en la sumisión. Ello implica tomar posición desde los niveles de política, fijando como prioridad las relaciones basadas en el conocimiento y colaboración, el respeto a derechos y valores sociales.

Análisis del poder
en las organizaciones

1. El poder, otras relaciones y límites. La base de la organización implica acciones y razones compartidas, fines y procesos de conjunto. La dinámica incluye ciertas zonas de tensión. Las decisiones son aceptadas en un marco de acuerdos y contratos entre los individuos y la organización. La realidad de las relaciones humanas comprende la influencia, la autoridad y el poder, como también el margen de libertad propio de las personas y de los espacios de creatividad para superar tensiones. Se trata de relaciones complejas que actúan en un marco planeado y construido, con orden y desorden, estabilidad y flexibilidad, y con diversidad de relaciones formales e informales, que son las siguientes:

a) influencia (persuasión): acuerdos sobre la acción necesaria, razones y emociones;

b) deber ser (códigos): decidir en un marco de ideas y valores éticos compartidos;

c) autoridad (cumplir): según los términos del contrato o las disposiciones legales;

d) tener que (poder): límites en la relación y en la voluntad de quien controla los recursos;

e) dominación (fuerza): relación desigual que se impone sobre la persona bajo presión.

La realidad lleva a una configuración, con los límites en las relaciones, aceptadas y resistidas.

2. El poder, resistencia y área de aceptación. El poder implica una relación desigual, emergente o programada. La organización no opera bajo un modelo de orden y armonía, sino que es un acuerdo para la acción colectiva afectado por la diversidad de intereses, los que traen inestabilidad. El poder se basa en capacidades y condiciones reconocidas en las partes, pero también resistidas. Además, el poder se reconoce por su ámbito espacial, su lugar. La aceptación no es pasiva, ocurre en un marco de posibilidades que pone límites a la voluntad del directivo. La resistencia no solo se defiende del poder, es activa en los temas, las formas, su intensidad, y en la relación implica en el receptor un margen de aceptación y de maniobra. Esto resulta de la necesidad de que el receptor mantenga cierta creatividad y disposición hacia su tarea. El poder, como relación resistida, enseña que en la gestión del sistema social operan diversidad de intereses, no siempre relacionados con proyectos y objetivos comunes.

3. Tensiones, dualidades y oposiciones. En el marco de la organización compleja, el poder supone capacidades y relaciones desiguales, situación que si bien limita, también dinamiza las acciones de las partes. Se generan resultados en un ambiente de tensiones, de condiciones resistidas; son las tensiones entre los fines personales y los límites fijados desde el sistema. El poder prioriza, establece un orden de preferencias pero con ello también posterga expectativas individuales. El ambiente de la relación incluye tensiones entre orden y desorden, activación y restricción, acuerdos y divergencias. El poder tiene límites, opera en un entorno cambiante, con diversos grupos de interés que presionan por prevalecer en las decisiones. La oposición, como postura, requiere de una evaluación de orden político, un criterio superador desde la función de gobierno.

4. Poder manifiesto y subjetividad limitante. El poder es una relación basada en capacidades reconocidas y se ejerce en un marco que involucra al emisor y al receptor. Acción o relación en cuya base operan tanto la capacidad como el recurso que sostiene la transacción y aceptación. El poder opera por la vigencia de los recursos y capacidades que lo sustentan, no se limita a ser posibilidad o expectativa. En el mensaje directivo están presentes, en lo formal y en lo simbólico, la expresión y las fuentes del poder. Pero también (como fondo) existen los modos de pensar, los efectos de sentido, los códigos de comunicación que permiten entender la instrucción o mandato. El factor subjetivo se refiere a los significados y al orden de lo emocional, a la disposición y motivación de los actores. El poder también implica cierta subjetividad compartida; o sea, ciertas condiciones y acuerdos referidos al marco significativo o que influyen sobre él.

5. Poder reconocido y trama en paralelo. El poder entre los actores y en su relación con el sistema se realiza en un marco de resistencias, no como oposición sino como parte de reglas de juego conocidas. Las relaciones de poder tienen una parte manifiesta y otra no declarada, que son las tramas y procesos en paralelo. El poder, como otros procesos, opera desde el criterio de lo requerido para cada situación y los recursos disponibles. No solo por lo escrito en los manuales o las posiciones formales en las estructuras. La praxis del poder incluye lo formal e informal, con sus aspectos congruentes y sus inconsistencias. En este marco, el poder informal no es marginal ni una desviación cuestionable. La función directiva se maneja en forma estratégica frente a las dualidades propias de la realidad compleja, y decide considerando los posibles movimientos de fuerzas y las tramas internas que operan sobre la estructura oficial. Desde el poder político se intenta orientar y articular fuerzas visibles y paralelas en el marco de un sistema gobernable.

6. Relaciones de poder y cultura. La relación de poder opera en distintos niveles de la organización, entre individuos y grupos, formales y también emergentes. Se reconocen posiciones con capacidad para decidir y controlar actividades y motivar conductas. Capacidades que se aplican sobre comportamientos y recursos concretos, como también en el plano del conocimiento y la ideología (premisas y prioridades). La estructura es un factor formalizado y esquemático, mientras que la cultura implica un modelo construido-compartido. El poder atraviesa estas dimensiones, pero es parte de una realidad compleja. El poder y la política tienen sus límites, que se relacionan con lograr un proyecto sustentable en el marco de la realidad sociocultural de la organización compleja.

La cultura refleja la construcción social, la influencia de la subjetividad en los grupos. La organización sustentable se basa en relaciones humanas diversas, incluido cierto orden asociado con los diagramas de fuerzas que operan en la realidad. Como también la actividad instituyente que se refiere al saber crítico que lleva a la revisión de objetivos, estructuras y reglas de juego. Esta relación entre el orden instituido y la actividad instituyente es una versión derivada de la interacción entre el poder político y los factores de la cultura construida en la organización.

7. Discurso del poder como acción comunicativa. La construcción del mensaje, en lo literal y connotado, es parte de la desigualdad en las relaciones de poder. El discurso directivo incluye razones, mandatos, regulaciones. Se trata de una comunicación condicionada, no abierta, que comunica una realidad desigual, no simétrica. En ese plano, con aspectos constructivos (movilizadores) e inhibidores, deben entenderse los mensajes. Se refiere tanto a las acciones en lo manifiesto como a la voluntad del emisor de intervenir en la deconstrucción de imágenes y expectativas. La comunicación en el poder supone una aceptación también condicionada, porque en ambas partes operan intereses y formas de resistencia. El mensaje del poder es prescriptivo, no es un comentario indiferente, implica una toma de posición. El análisis estratégico busca considerar el sentido o propósito presente en los mensajes y reglas de juego (del poder) reconocidas. La presencia del poder en el discurso implica, en el receptor, la necesidad de ubicarlo en el marco de una relación de asimetría, donde deben entenderse las prioridades y recursos del emisor por sobre las formas y contenidos literales.

8. Identidad, estrategia y códigos del poder. El análisis del poder permite distinguir entre una lectura interna (la capacidad y voluntad que lo sostiene) y una externa o estratégica focalizada en sus efectos (su eficacia) sobre una contraparte o en el sistema. Lo interno se refiere a sostener cierta identidad o autonomía relativa de los referentes o fuentes del poder. Referentes que definen y negocian los códigos y líneas de comunicación en el marco de la relación de poder. El análisis estratégico abarca las acciones y operaciones del grupo en su entorno. Muestra su efectividad, su aporte a la concreción de los proyectos o iniciativas. Al analizar una decisión de poder, vemos que el sindicato anuncia una medida de fuerza buscando mejoras en el convenio laboral. Con esa medida el poder sindical también busca consolidar su existencia como interlocutor reconocido para ciertas decisiones de la organización. Una versión del poder aplicado para controlar actividades en su espacio, obtener resultados y posicionarse en el sistema. Ello se refleja en la idea del "mapa del poder", con ubicación y recursos que controla. En un periódico independiente, el poder directivo está orientado a defender ciertos ideales que lo diferencian y los valores asociados con la libre expresión. En lo interno, los grupos de poder sostienen sus límites y, con sentido estratégico, se proyectan sobre los objetivos de la organización.

SEGUNDA PARTE

*Estrategia y trama
de poder*

CAPÍTULO 6

El poder en la organización compleja

1. Modelos racionales y relación compleja

En los procesos de la organización ocurren tensiones y dualidades que la hacen inestable o ambigua, factores que también la dinamizan, la llevan a cambiar en el tiempo. Una tensión o brecha es la relación dual entre: a) la necesidad de actuar en forma racional (con foco en el producto y la estructura), pero también, b) atender las necesidades y motivaciones sociales de los individuos. Esta relación dual ocurre en un ambiente donde conviven múltiples razones, lógicas y fines personales y grupales no siempre coherentes. Un enfoque amplio requiere analizar la organización compleja como unidad en la diversidad. La conexión sociocultural y política requiere considerar las capacidades en tensión. Es el tema de la gestión de la complejidad.

El análisis de la complejidad lleva a profundizar en las formas de poder que generan las brechas entre las necesidades de los individuos y las condiciones del sistema que los incluye; la distancia entre las necesidades y las satisfacciones más los problemas derivados. Las brechas tienen que ver con situaciones no previstas y también con las estrategias deliberadas (juego de intereses). Por ejemplo, las tensiones y los conflictos que emergen de la estrategia solo pensada en términos de eficiencia, menores costos y mayor productividad. Desde esa posición se postergan legítimas necesidades y aspiraciones de los individuos y de los grupos de trabajo.

El enfoque racional explica que, en las organizaciones, las actividades finalistas sirven a la sociedad (una oficina pública), generan recursos para retribuir a sus integrantes (una empresa) y permiten satisfacer las demandas que llevaron a su creación (un sindicato). La organización es presentada como un medio o instrumento que permite alcanzar ciertos propósitos vistos como bienes y servicios. Mientras tienen demanda, también se toman como legítimos en su contexto. La idea es que una organización no puede sobrevivir si actúa en forma económica irracional. Su condición de vida es la eficiencia y avanzar hacia sus objetivos.

Los enfoques racionales de la organización asumen cierta realidad como algo natural o necesario. Por ejemplo, la concentración del poder en el nivel de conducción, o la primacía de la estructura por sobre los individuos. Enfoques que llevan a afirmaciones parciales e interesadas que disimulan o encubren la influencia del poder y la ideología que opera en el sistema. En este sentido, William G. Scott y Terence R. Mitchell, en su *Sociología de la organización*, confunden la idea del agrupamiento social como si fuera un diseño preferido por la Dirección. Ellos dicen: "La idea de organización, según la concebimos, casi siempre concuerda con el concepto más amplio de racionalidad. Un concepto que descansa en la interacción de las fuerzas de especialización y la coordinación. Si hay cambios en el modelo de organización es porque en forma continua se buscan mejores (más racionales) combinaciones de técnicas que reconcilien dichas fuerzas".

No es correcto confundir la descripción y la estrategia, la idea y el diseño, la teoría y la praxis, la realidad y la propuesta. Debe distinguirse entre: a) la organización como unidad de esfuerzos que solo busca optimizar la producción de bienes y servicios, y b) la organización como realidad social que tiene sus condiciones y existe en tanto haya una significación compartida y un sistema de ideas y valores reconocidos por sus miembros. Esto implica que el tema de los valores siempre está presente (no es opcional), y reconocerlo hace a la realidad de armonías y disonancias en la organización.

La visión simplificadora del orden (impuesto) sostiene que lo correcto o incorrecto, racional o irracional depende de la relación demostrable entre las actividades y los propósitos declarados por la organización. En este marco, para que la organización exista, la subjetividad, emociones, creencias y valores tienen que legitimarse y ponerse en línea, adecuarse a lo planeado. Según la visión simple y mecanicista, la existencia de la organización implica que los motivos personales están sometidos a los objetivos y los criterios de diseño de la organización.

Se afirma que la organización "tiene que hacer" y ser de un modo determinado, como si esta coexistencia fuera un tema de orden natural, no discutible. De modo que, para entenderla y conducirla, debe partirse de ese diseño o "tener que ser" (la eficacia como criterio excluyente). Por ejemplo, cuando se afirma que la organización tiene que ser competitiva como condición de existencia. En muchos casos se trata de una visión compatible o derivada de las preferencias del analista o directivo. Un reflejo del llamado "pensamiento desde el deseo"; es cuando el observador presenta sus juicios personales como hechos naturales o normalizados.

Los enfoques racionales, en tanto factores básicos y excluyentes, ven el orden como algo natural en una organización. Los procesos "sin sentido" o "sin razones" estarían fuera del concepto de organización. Frente a ello, las ideas de complejidad y de sistemas sociotécnicos explican el orden como uno de los diseños posibles, no como algo natural. Ese orden natural suele ser una elección desde la dirección, pensando en sus propios fines y en la presión de ciertos sectores y grupos de interés.

En la realidad compleja, el modelo de organización y las formas de gestión incluyen factores relacionados con la ideología y la trama del poder. Advierte sobre una realidad compleja que incluye la informalidad (creatividad) y las críticas a los intereses excluyentes de la dirección. El enfoque de complejidad incluye el análisis de estas tensiones y dualidades. Un análisis más profundo que advierte que las relaciones humanas son un espacio con ambivalencias, incluidas las relaciones de orden y desorden, de poder y resistencia, de programación y contingencia. Rasgos de un sistema inestable, con diversidad esperable.

2. Poder, informalidad y desorden creativo

En la organización conviven el diseño de estructuras y procesos con las actividades emergentes no pensadas, incluida la divergencia de ideas. Cuando decimos "conviven" no se trata de una estructura jerárquica o una relación racional entre medios y fines. Nos referimos a relaciones ambiguas e inestables. Es la convivencia no armónica entre razones y emociones, situaciones planeadas e imprevistas, formales e informales, manifiestas y latentes. En ellas hay zonas de tensión. En esta diversidad de factores y procesos, ocurren distintas posibilidades de relación que no siempre son controlables o complementarias; relaciones que derivan en situaciones no deseadas para algunos y buscadas por otros. Puede verse en las complejas relaciones de influencia y poder entre la familia del internado y los directivos del hospital, o entre los sindicatos y las gerencias de personal de las empresas.

En las relaciones de las organizaciones, la complejidad es una realidad resultante del contexto incierto y cambiante, con aliados pero también con competidores y adversarios. Ello se suma a los factores internos que están en tensión. Una tensión que no siempre desestabiliza porque también puede terminar en una mejora para el sistema al poner en evidencia sus errores y generar formas de superarlos. Esta posible mejora está en la base del concepto de desorden creativo. Además, en un ambiente de cambio, los propios objetivos se modifican, de manera que la organización suele vivir procesos de transición que se caracterizan por la coexistencia de elementos del orden anterior junto a otros que pertenecen a nuevos proyectos.

Frente a la complejidad interna y ambiental, los directivos hacen planes en escenarios variables, pero sin avanzar con programas en detalle. El monitoreo y la capacidad de corregir el rumbo son vitales. Los intentos de especificar los movimientos futuros no son compatibles con la inestabilidad y la ambigüedad en el contexto. En un marco incierto, el planeamiento debe incorporar factores de flexibilidad. Es importante entonces lograr consensos y acuerdos internos sobre las líneas de acción prioritarias antes que exigir tareas específicas bajo relación de fuerza. La organización requiere que sus integrantes estén en condiciones de enfrentar la incertidumbre y el cambio ambiental con actitudes adaptativas; esta creatividad requiere de una disposición favorable de los individuos hacia su trabajo y la empresa. Disposición que no surge en forma natural, se relaciona con el ambiente de valores y formas de poder que coexisten en las organizaciones.

En su análisis de la complejidad, Edgar Morin destaca: "Las relaciones al interior de una organización, sociedad o empresa, son complementarias y antagonistas al mismo tiempo". Cita la creatividad no planeada de los grupos en la fábrica, cuando, a los efectos de cuestionar la autoridad burocrática de los supervisores, desarrollan formas propias de trabajo que permiten mejorar la calidad de la producción, al margen de la sabiduría de quienes administran. Esto tiene que ver con la multiplicidad de intereses y fines que se mueven en la misma organización. En muchos casos, las formas "clandestinas" operan con mayor efectividad que las oficiales, y los resultados se logran gracias a desviaciones respecto de lo programado.

Ello no significa que la organización pueda basarse en el desorden o la imprevisión. Los casos nos muestran que tampoco se puede crecer intentando planearlo todo o fijando límites estrechos a la creatividad individual. La posibilidad de operar en la complejidad requiere una coexistencia basada en principios, antes que en reglas burocráticas. En términos de Edgar Morin : "Una organización que tuviera solo libertades con poco orden y principios, se desintegraría, a menos que funcionara, como complemento de esa libertad, la solidaridad entre sus miembros". La fuerza solidaria permite enfrentar problemas ambiguos, sin una respuesta preparada. Esto requiere la vigencia de formas de influencia y persuasión basadas en valores compartidos, antes que en el uso de la presión o la fuerza para ordenar las tareas.

En el marco de la complejidad, ya no alcanza con imaginar escenarios, diseñar una estrategia efectiva y saber aplicarla negociando con el personal y luchando en los mercados. El planeamiento corporativo es demasiado complejo como para orientar a quienes deciden en la praxis y se encuentran frente a conflictos locales, asociados con intereses particulares, no generales. La coordinación de fuerzas divergentes requiere más de la comunicación en grupos que de dispositivos disciplinarios, uniformadores.

Es importante la noción de gobierno y gobernante, junto con los actores y sus estrategias, en un marco de mecanismos democráticos y participativos. No desde la figura del manager que maniobra detrás de los objetivos de negocios aplicando la cruda ecuación del costo-beneficio. Existe una tensión estructural entre los temas o contenidos del poder (intereses, privilegios, discriminación) y el uso de formas que intentan ocultar estas desigualdades. El discurso del poder viene también a disimular o disfrazar estas divergencias.

En este contexto, para el desarrollo sustentable, es vital construir y disponer de un sistema de ideas y creencias compartidas, con sentido equitativo y solidario (no competitivo o egoísta). No hacerlo significa incorporar dispersión y fragmentación en las actitudes y acciones. Se requiere utilizar formas de gestión que permitan articular los comportamientos y decisiones a través de principios compartidos y formas democráticas (participativas) de poder.

Se trata de una cuestión de esquemas, contenidos y estrategias. Por ejemplo, cuando en un laboratorio los responsables consideran el riesgo implicado en la producción de drogas medicinales, o en una planta de energía, la forma de tratar los residuos nucleares. Y en un banco, la idea de otorgar créditos en apoyo de los proyectos de desarrollo comunitario. En lo interno, importan las formas de influencia y políticas de personal que tienen presente (en la estructura y funciones) el desarrollo humano, el trabajo en equipo, la equidad en la retribución, la libertad de creencias y la justicia en las relaciones laborales.

3. Factores de complejidad

Las organizaciones se explican como grupos coordinados y conducidos, con sus actividades articuladas respecto de propósitos que son reconocidos y legitimados. Al inicio, por los acuerdos constitutivos, y luego también por negociación y conveniencia. Desde esta visión política, social y económica, pensando en sus productos y servicios, un centro de salud se explica por sus intenciones de brindar prestaciones médicas; una escuela, por sus actividades de enseñanza; un periódico, por sus proyectos de informar al público, y un banco por sus transacciones con fondos y valores. Son organizaciones en la medida en que actúan en forma coordinada, y en el plano racional deciden siguiendo propósitos. Sus directivos deciden, en el sentido que plantean, comparan y aplican cursos de acción de manera razonable.

En esta visión simplificada de la organización, el tratamiento de la realidad se explica desde lo razonable. Si alguien está haciendo algo, y esa actividad se mantiene y genera resultados aceptables, existe un sentido que suma o complementa y explica su continuidad. Se supone que las actividades en la organización deben tener un sentido, y que en la práctica también lo intentan y lo logran. La política y el poder actúan y orientan sobre esos modelos. La idea desde el punto de vista racional es que el orden planeado y autorizado se impone en el marco de un entorno complejo. Lo no previsto deriva hacia un proceso de cambio que cubre las brechas y controla las desviaciones. Son procesos de reprogramación y actualización.

Pero esta imagen supone que prevalece el orden buscado. En realidad la visión compleja y sustentable de las organizaciones advierte que el sistema debe avanzar en varios frentes a la vez, no controlables y tampoco articulados. El poder en sí mismo es una fuente de tensiones (las llamadas "internas"). El poder complejo enseña que en la "interna" existen procesos de resistencia y que llevan a conflictos declarados. Brechas cuyo final es incierto, no programable. La interacción con actores y fuerzas en el contexto es compleja por la diversidad de variables no controlables que influyen en la organización, como las crisis en los mercados, las fuerzas competitivas o la innovación tecnológica.

En resumen, la realidad interna de las organizaciones, como también sus interacciones con el contexto, se califica como compleja, entre otras razones por las divergencias internas (estructurales) y por el peso de variables no controlables. Estas no solo influyen sobre proyectos y estrategias sino que también tienen que ver con la construcción de un clima de dualidades y tensiones en el momento de la decisión. A continuación se explican algunos factores relevantes en el estudio de la complejidad, internos y de contexto. Factores que operan como movilizadores y también generan posiciones críticas sobre la dirección de las organizaciones.

a) Los fines múltiples

Se refiere a los acuerdos, pero también a las oposiciones de intereses que ocurren entre individuos y grupos en la organización, e impactan sobre los objetivos declarados por el sistema. Por su parte, el orden de las instituciones públicas incluye condiciones impuestas que no son optativas ni ofrecen alternativas. A su vez, los actores internos y externos disponen de capacidades y recursos que tienen sus límites, y son requeridos con urgencia por sectores de la organización. Por ejemplo, en la relación entre los delegados gremiales y los supervisores surgen temas controvertidos, como los despidos o el cambio de las condiciones de trabajo. Temas que son más que una diferencia de opinión o saber; implican fines conflictivos, intereses diversos que llevan a constantes transacciones y negociaciones.

En esta relación, las ideas y acciones de unos niegan las de los otros, pero no pueden ignorarlas o suprimirlas. La oposición en las ideas no queda en la retórica, sino que se refleja en las prácticas. Son relaciones que se construyen en un marco de necesidades compartidas y también de desigualdad y poder; presiones y resistencias. En síntesis, son relaciones que contienen contradicciones y se manifiestan en forma de crisis y conflictos, no operan en silencio. Desde la dialéctica, se trata de una oposición estructural, para nada transitoria sino constitutiva de la relación (social, política, económica).

Otro problema derivado de la complejidad de las fuerzas actuantes, es que ellas se relacionan o encadenan para generar un estado de cosas contrario a la intención de quienes deciden. Karl Weick habla de los impactos no intencionales de las elecciones aisladas que llevan hacia una contrafinalidad o sinsentido para la propia organización. Por ejemplo, "cuando los actores por desconfianza tratan de sacar en forma simultánea dinero del banco su actitud genera una corriente que puede hacer que todos pierdan sus depósitos". Es también el caso de aquellas firmas que al mismo tiempo adoptan la estrategia de enfrentar la recesión o la coyuntura mediante la reducción de los salarios. Desde allí, la pérdida de poder adquisitivo puede llevar la recesión, a una depresión generalizada que arrastra a toda la economía.

En un partido político, es normal ver múltiples opiniones o corrientes internas, el debate de orden ideológico. Tiene que ver con las diferencias internas. Pero al hablar de oposición nos referimos a fuerzas antagónicas, la lucha por el control del partido, relaciones de dominación. En este marco, el adversario interno puede existir, pero en minoría y bajo control. Es la lucha entre grupos de accionistas por el gobierno de la empresa, para dirigirla hacia sus intereses particulares. En una escuela, es la realidad de la oposición entre quienes quieren imponer la enseñanza religiosa y quienes luchan por la libertad de creencias. En la junta vecinal, la oposición entre quienes quieren el barrio como refugio de amigos, y las familias que reclaman por mayor seguridad y mejores escuelas para sus hijos.

En estas relaciones de oposición hay una lucha por la primacía o la hegemonía, y también una resistencia permanente a los argumentos del interlocutor, considerado adversario. Esto es visible en las organizaciones que mantienen a sus integrantes en un esquema de cautiverio, o que limitan sus libertades, como suele ocurrir en los hogares de ancianos, los centros de rehabilitación para menores, los hospitales psiquiátricos y las prisiones. El avance en los fines de ciertas partes también significa un retroceso para los otros, o para el sistema en el entorno. En el plano de la economía, es lo que ocurre si las relaciones de producción son impuestas, cuando hay pocas fuentes de empleo y esa escasez se utiliza para establecer condiciones de trabajo injustas. El resultado es una organización en conflicto, en lo manifiesto y en lo latente.

Frente a las relaciones conflictivas, los intentos de superación pasan por la actividad política; esto es, el cuestionamiento de las relaciones de poder que sostienen la desigualdad o la marginación. Es también construir proyectos en la organización que reflejen el interés común y no el de las minorías en el poder, o el intento de revisar los criterios de equidad y justicia en la distribución de las cargas de trabajo y de los recursos. Una búsqueda política es también la discusión sobre los modos de representación y participación de grupos e individuos en las formas de gobierno. Este tipo de complejidad política indica una oposición de intereses y propósitos, no solo una diferencia de ideas, sino la intención de imponer un proyecto prioritario o hegemónico.

b) Las lógicas diferentes

Este factor se refiere a la existencia de distintos razonamientos o visiones de la organización. Es la realidad de los criterios que coexisten pero no siempre son complementarios. Como ocurre con las elecciones sobre eficiencia y calidad, el corto y largo plazo, los requisitos formales del cargo y las capacidades individuales, la especialización y la creatividad o flexibilidad, el lucro y la responsabilidad social. Las decisiones cambian según el criterio que se imponga sobre los demás. Son formas de ver la realidad, esquemas mentales y no una confrontación de intereses.

Esta diversidad de visiones y razonamientos en el interior de la organización compleja se relaciona con la existencia de objetivos diversos y sus respectivas presiones. Al igual que con las distintas prioridades de los sectores y los criterios que se imponen en la división del trabajo. En el diseño de la estructura se expresan las diferentes lógicas que actúan en la organización. Es la vigencia de ideas o visiones dominantes, pero no siempre congruentes. También es la brecha entre las lógicas del sistema frente a la presión de grupos de interés aislados. Estas realidades coexisten en la organización compleja, y llevan a condiciones de inestabilidad y dualidades en el sistema.

Así, un hospital no es el mismo o no se entiende de la misma manera según la visión de los médicos, los enfermos, los laboratorios y de los residentes o practicantes. Aunque todos estén vinculados con la compleja relación entre salud y enfermedad, sus posiciones al respecto son diferentes. En esta realidad compleja la especialización lleva a prioridades enfrentadas. También hay exigencias contradictorias sobre aquellos individuos en cuyas tareas las diferentes lógicas se cruzan. Por ejemplo, en el ámbito de las finanzas se cruza la visión del enfermo (necesitado) con la figura del cliente (capacidad de pago). Otro caso son los investigadores, a quienes se les pide rigor científico, pero también resultados prácticos, rentables y en corto plazo, no siempre compatibles.

Hablamos de una realidad compleja por la diversidad de criterios que coexisten en la organización. La complejidad limita la idea de la visión compartida en la organización. En realidad cada grupo está pensando cómo superar presiones, exigencias no articuladas que llegan desde diversos lugares. En un estudio clásico, Paul Lawrence y Jay Lorsch advierten que las distintas áreas se relacionan con entornos diversos. No se trata solo de una cuestión de orden técnico, sino que esta realidad lleva a incorporar intereses y culturas también diversas. Por ejemplo, los directivos del hospital tratan con políticos y burócratas de las oficinas públicas de salud, los médicos se comunican con familiares de enfermos, la farmacia con laboratorios. Las presiones que desde fuera reciben esas áreas no van en el mismo sentido, ni coinciden con los propósitos del hospital.

Además, en lo interno, la división de tareas (especialización) disocia realidades o necesidades, las fragmenta y con ello se pierde la esencia del problema y del conjunto. Por ejemplo, cuando se divide la enfermedad en componentes biológicos, psíquicos y sociales, y cada especialidad médica intenta cubrir una parte de la patología. Todo ello trae problemas de diagnóstico, paradojas y dilemas que terminan por condenar al enfermo, cuando el propósito debería ser curarlo. En este capítulo hablamos de situaciones donde operan lógicas opuestas. Se trata de la "doble atadura", de las exigencias contradictorias. Haciendo un parangón con los efectos clínicos, esto se manifiesta como una neurosis de la organización. Mientras que, en el plano de las estrategias, como un doble discurso de la dirección.

También vemos los efectos disfuncionales de las acciones y decisiones cuando llegan a niveles de saturación en su avance sobre la organización. Hablamos de realidades donde se aplica más de lo mismo en forma creciente, hasta que se produce lo contrario a lo buscado. Allí hay una oposición debido a una lógica exagerada, como suele ocurrir con la búsqueda de eficacia como meta constante. Por ejemplo, la perturbación que surge por la presión exagerada y la frustración generada en los individuos por la excesiva especialización en sus tareas.

El resultado es la coexistencia de la razón y la sinrazón, la sensación del directivo de estar en cierto sentido equivocado y, con otra mirada, estar en lo correcto. En la organización se intenta superar la diversidad de varias maneras. Con más transparencia en las comunicaciones, evitando superponer los roles, creando equipos y enlaces, fijando grados de preferencia o prioridades compartidas, explicitando los valores en juego. Estas diferencias lógicas en los hechos se intentan superar a través de la razón dominante (que refleja las relaciones de poder), como también mediante acuerdos sobre los proyectos que se van a promover o postergar.

En cuanto al mundo de las imágenes y símbolos, existen diferencias en los significados que los individuos asignan a las comunicaciones en la organización. Los "hechos" se entienden de distinta manera, no por desinformación sino por las múltiples imágenes (fantasías, ilusiones) que actúan sobre la realidad (la construyen). Los grupos y sectores internos los entienden desde sus respectivos contextos culturales. Los motivos son diferentes y también las experiencias y estados de necesidad, aunque sean parte de "la misma" organización. Así, los actores les atribuyen un significado desde su posición de dueños, empleados, proveedores, clientes, etc. Este es el marco en el cual se produce la significación y se adjudica sentido a los mensajes en las relaciones de comunicación.

Esta disparidad no es ingenua o imprevista, también existe una lucha por imponer una visión o imágenes para "sacar de contexto" o bien "darle lugar" al mensaje o comunicación. La estrategia es decirle al interlocutor "propongo que lo veamos de esta manera". Esa frase refleja también la estrategia de las organizaciones en cuanto a la formación y divulgación de la imagen corporativa. Pero además, debe advertirse que la estrategia también es controvertida. Para instituciones como los gremios, y también para la población cercana, las organizaciones importan no solo por su producto sino porque son una fuente de empleo y conocimiento. Pero esta visión de la responsabilidad social no siempre es compartida por los inversionistas y accionistas. La diversidad de imágenes sobre la empresa se pone de manifiesto en los momentos críticos.

Es lo que ocurre al tomar deuda, al avanzar con la decisión de invertir en equipos y tecnología o en la negociación de nuevos convenios en un marco de conflictos gremiales.

c) Imprevisión, transición y emergencia

La realidad emergente se refiere a las variaciones imprevistas ante la cantidad de variables en juego. También a la interacción entre variables y sus consecuencias como parte de una trama no visible. De modo que juegan las diferencias entre lo conocido y lo desconocido, entre lo visible y lo oculto, lo controlable y lo incontrolable. Por ejemplo, el impacto interno de las crisis en las bolsas de valores, las variaciones en el precio de las materias primas sustitutas o la dificultad de articular en un mismo proyecto las demandas de usuarios de diferente condición económica y social.

Estos factores inciertos, no controlables y dispersos, componen una realidad o ambiente complejo con un impacto imprevisible en las organizaciones. Afectan a la coherencia en sus decisiones de gobierno. Es también el espacio de límites cambiantes. En ellos la realidad presente no es suficiente para formar expectativas razonables sobre su futuro. Por ejemplo, para un partido político, la incertidumbre de los sucesos en el transcurso de una campaña electoral agresiva. También la cambiante actitud de los competidores, impulsados por la lucha por los mercados, para lo cual enmascaran sus decisiones y buscan desorientar a sus adversarios. Es la realidad del poder utilizado para consolidar posiciones, pero que al mismo tiempo trata que sus estrategias no sean previsibles.

4. Poder y estrategia sustentable

La organización funciona en un complejo marco de orden y desorden, donde ciertas relaciones y procesos movilizan o impulsan los comportamientos considerando las dualidades y tensiones entre las partes.

Uno de esos procesos movilizadores es el poder que está presente en las relaciones humanas, en las comunicaciones y decisiones directivas. Se refieren a la asimetría o desigualdad en las relaciones, y por lo cual quienes son sujetos de poder (individuales, grupales) se proponen y logran imponer su voluntad en cierto comportamiento del receptor o destinatario. Es parte de una relación reconocida o aceptada bajo condiciones también explícitas. El poder moviliza e inhibe, pero la aceptación pone condiciones. En este sentido, el poder es relativo, se ejercita en el marco de una relación de fuerzas, no de una presión unilateral.

Las políticas, como una racionalidad o modo de pensar excluyente, y las estrategias de poder, como una voluntad impuesta, se relacionan con un orden dominante en la organización. Pero así implantados, además implican falta de equilibrio en los poderes y la existencia de intereses que operan bajo relaciones de fuerza, por lo que llevan a relaciones injustas e instalan un clima de malestar y resistencias al autoritarismo. La superación de estas tensiones y conflictos no requiere solamente mejorar la comunicación y negociar los desencuentros entre las partes, sino un cambio sustantivo que tenga en cuenta los principios de la gestión sustentable. Deben considerarse valores y necesidades sociales internas y externas, en el marco acordado de una gestión legitimada de la organización.

El desarrollo sustentable de la organización requiere entender y gestionar las crisis y tensiones como parte de la coexistencia del orden y el desorden. Ello complica pero no inhibe la búsqueda de un acuerdo responsable con proyectos compartidos. Pero el análisis de la complejidad advierte sobre las tensiones y exigencias contradictorias en organizaciones que logran ciertos resultados positivos, a la vez que mantienen cierta desigualdad y con ello afectan a la estabilidad del conjunto. Esto tiene que ver con desequilibrios en el diagrama de fuerzas de la organización, debido a las decisiones de poder y política que solo favorecen a ciertos grupos de interés dominantes. Los resultados se obtienen en un ambiente interno con muchos sectores enfrentados y no comprometidos con la organización que actúan bajo la amenaza del desempleo y aplican el poder en el sentido de conservar o proteger sus posiciones.

El pensamiento puesto únicamente en la eficacia y productividad lleva a resultados concretos pero también transitorios y problemáticos, porque solo atienden aspectos del orden económico y ocultan las consecuencias sociales al interior de la empresa, como también los impactos negativos sobre la sociedad en su conjunto. Una gestión sustentable implica la integración empresa-sociedad. Requiere formas de poder e influencia compatibles con la necesidad de una correcta motivación, la integración de criterios diversos y la actitud comprometida con respecto a proyectos compartidos.

En cuanto a las estrategias de poder en el contexto, lo sustentable tiene que ver con una relación socialmente responsable y una adecuada capacidad negociadora que permita articular iniciativas y proyectos con otras organizaciones, evitando los escenarios de luchas destructivas. Teniendo en cuenta la realidad de la diversidad de capacidades y fines involucrados en las estrategias de mercado y los proyectos de desarrollo, la gestión debe poner énfasis en los aspectos integradores y potenciadores de la inteligencia política de la organización.

La sustentabilidad requiere que las políticas y estrategias de organización incluyan los siguientes temas y capacidades de gestión: a) un modelo de planificación estratégica, con exploración del futuro y de las relaciones de fuerzas en el contexto para sustentar proyectos y políticas acordes con escenarios deseables y no posibles, b) un modelo de organización diseñado en términos de cohesión y flexibilidad para permitir alternativas de adaptación frente a los competidores y contingencias externas, lo que implica alejarse de los esquemas hegemónicos de poder concentrado, y c) un modelo político de alianzas y negociaciones focalizado en reclamos de mayor participación en las decisiones y en la apropiación de recursos, considerando la presión de los fines de distintos grupos de interés e influencias que operan en la organización.

En un contexto incierto, con actores sociales que buscan satisfacer sus aspiraciones y fines cercanos, las organizaciones desarrollan una dinámica donde coexisten el orden y el desorden, la invariancia (la identidad) y las estrategias. La gestión de la organización sustentable (como sistema reconocido y deseable) implica decisiones que atiendan varios frentes a la vez en el marco de la realidad múltiple y cambiante. La dinámica de las organizaciones complejas está influenciada por variables no previstas, como la incertidumbre ambiental (clima), las demandas cambiantes en lo social y las fuerzas de los mercados en lo institucional. Las organizaciones complejas enfrentan en su entorno a fuerzas que no controlan, pero deben cumplir con su responsabilidad social respecto de la comunidad demandante.

En lo interno, la organización opera con estructuras, procesos y relaciones a efecto de conducir y articular actividades diversas. Es un esquema planeado pero también una realidad compleja con cierto desorden o disociación, con diversidad de demandas a satisfacer. Por ejemplo: a) la ambigüedad entre objetivos múltiples de orden social, económico y político provocan tensiones y dualidades en las decisiones de gobierno; b) la diversidad de capacidades y procesos humanos y tecnológicos de difícil integración, y c) la oposición de intereses que llevan a relaciones de fuerza y conflictos entre los grupos participantes. En esta realidad compleja hay un ordenamiento de tareas mediante el planeamiento y el control, pero también la búsqueda continua de acuerdos internos de poder, para superar las divergencias.

5. Poder y criterios de política

La realidad organizacional muestra logros expresados en términos de productos y servicios, como también estados emocionales o convicciones de orden subjetivo. En el plano de las relaciones, la organización opera con una estructura definida desde el poder pero también atravesada por la diversidad, dualidades y dilemas que llevan al orden y el desorden en el marco de una realidad compleja. El desorden es lo impensado, pero también deriva de intentar atender diversidad de frentes a la vez, mediante acuerdos de contenido político. En la compleja realidad organizacional, ello implica reconocer los proyectos diversos, fines múltiples y demandas postergadas. Vistos los objetivos múltiples y las capacidades limitadas, el resultado emergente en el sistema no es un óptimo. Es una realidad productiva donde coexiste la razón y sin razón, lo planeado y lo emergente. Una configuración de proyectos y prioridades, de decisiones negociadas, que operan en el marco de acuerdos voluntarios como también de posiciones sostenidas desde el poder.

La necesaria coordinación en los procesos decisorios, entre factores económicos y sociales, procesos emocionales y racionales, desarrollan capacidades operativas pero también dilemas a superar desde las posiciones de gobierno y dirección. En el plano de las operaciones, los ejecutivos enfrentan fuertes presiones de los mercados, que obligan a renovar los criterios de eficiencia y productividad de los procesos. Una demanda inmediata que lleva a postergar la consideración de factores relacionados con la creatividad y las motivaciones de orden social y cultural. El énfasis en las conductas racionales y la creciente programación de las tareas, que parecen adecuados en términos económicos y administrativos, son también una fuente de inestabilidad, porque afectan la necesaria flexibilidad y creatividad en la operación de una organización sustentable.

La voluntad y las relaciones de poder, en tanto fuerzas desiguales, buscan expandirse en el espacio y también como criterios prioritarios. En esas relaciones se manifiesta la llamada "voluntad de poder", o sea, definir los cursos de acción desde la disposición de fuerzas y capacidades requeridas o dominantes. No es un avance continuo o una tendencia lineal, sino una relación debatida, resistida y negociada. Este proceso refleja, entre otros, los avances de los criterios de política sobre los temas a decidir. También tienen fuerza las condiciones de factibilidad y las capacidades que demandan los procesos productivos; factores que limitan el poder requerido y los intentos de concentración. La realidad múltiple o compleja requiere un modelo de organización que refleje las dualidades y divergencias en su estructura y sus procesos. Las prioridades y limitaciones intervienen en la definición de planes, proyectos y estrategias. Se trata de decisiones de política porque orientan y son racionales, pero también deben considerar posiciones e intereses diversos.

Las decisiones de política no son literales y lineales. Porque deben procesar la diversidad, articular lógicas diferentes y fuerzas desiguales. La visión de la política y el poder desde el gobierno deben atender realidades múltiples. Por caso, resolver las demandas y críticas del mercado, conectarse con diversas fuentes de financiación, procesar los reclamos sindicales y medidas de fuerza, definir los necesarios proyectos de responsabilidad social en un contexto turbulento. De todos modos las decisiones de política están orientadas, no son contingentes. Se enmarcan en la búsqueda de una organización sustentable, que buscar la compatibilidad de los intereses en juego.

Desde una perspectiva política interna, la organización aparece como un sistema con fuerzas diferenciadas, que también deben articular sus proyectos, considerando los diferentes recursos e intereses en juego. En un espacio de fuerzas que requiere ser ordenado desde ciertos objetivos compartidos, pero con capacidades y demandas diferenciadas. La política en el marco del sistema organización tiene que ver con la presencia de pares dialógicos o sea, modos de pensar que tienen sus demandas, pero que también son convocados a construir un proyecto de conjunto. La política positiva tiene entonces un factor ideológico o articulador. Pero que procesa las diferencias, no las impone. Busca articularlas en términos del proyecto de organización. El proceso de superar las brechas es cubierto con relaciones de poder legitimadas por el conjunto.

La realidad compleja refiere a que la política (concertada, no excluyente) opera en zonas cambiantes y temas discutibles, que deben conciliarse. En situación de conflicto reconocer ciertas condiciones necesarias pero no siempre complementarias. Una visión participativa reconoce que hay prioridades, pero sin aplicar una fuerza discriminatoria. En este sentido la política en organizaciones implica una gestión de prioridades, pero sin discriminar o excluir. En este marco democrático la realidad organizacional requiere una visión amplia, no sectaria. Con zonas a debatir para avanzar en situaciones duales o dialógicas. Por caso avanzar con la unidad en la diversidad, la centralización y delegación, las presiones y resistencias, la colaboración y competencia, legitimación y poder. Esto implica que las funciones de gobierno y dirección deben estar capacitadas para arbitrar, negociar y superar diferencias.

La organización compleja tiene capacidades y fuerzas diversas que deben operar en un marco normalizador de la producción y los servicios. Complejo porque la capacidad creativa coexiste con presiones hacia la uniformidad y el volumen. Presiones asociadas con las formas de poder y autoridad. Vistas con amplitud, las decisiones son tomadas con razón y sin razón, impactadas por la diversidad de criterios y propósitos múltiples. Esta es una visión acorde con la obra de Herbert Simon, en cuanto a los alcances del comportamiento administrativo. No al ideal sino a las condiciones de supervivencia. Con sentido crítico dicho autor propone ampliar el esquema racional basado en la relación entre los medios y fines, para también considerar las estrategias que impactan objetivos múltiples incluyendo la cooperación y creatividad. Muestra una complejidad gestionable, basada en la necesidad de procesar tensiones y demandas enfrentadas, entre otros motivos por el peso de los objetivos múltiples de la organización.

La realidad organizacional muestra logros expresados en términos de productos y servicios, como también estados emocionales o convicciones de orden subjetivo. En el plano de las relaciones, la organización opera con una estructura definida desde el poder pero también atravesada por la diversidad, dualidades y dilemas que llevan al orden y el desorden en el marco de una realidad compleja. El desorden es lo impensado, pero también deriva de intentar atender diversidad de frentes a la vez, mediante acuerdos de contenido político. En la compleja realidad organizacional, ello implica reconocer los proyectos diversos, fines múltiples y demandas postergadas. Vistos los objetivos múltiples y las capacidades limitadas, el resultado emergente en el sistema no es un óptimo. Es una realidad productiva donde coexiste la razón y sin razón, lo planeado y lo emergente. Una configuración de proyectos y prioridades, de decisiones negociadas, que operan en el marco de acuerdos voluntarios como también de posiciones sostenidas desde el poder.

La necesaria coordinación en los procesos decisorios, entre factores económicos y sociales, procesos emocionales y racionales, desarrollan capacidades operativas pero también dilemas a superar desde las posiciones de gobierno y dirección. En el plano de las operaciones, los ejecutivos enfrentan fuertes presiones de los mercados, que obligan a renovar los criterios de eficiencia y productividad de los procesos. Una demanda inmediata que lleva a postergar la consideración de factores relacionados con la creatividad y las motivaciones de orden social y cultural. El énfasis en las conductas racionales y la creciente programación de las tareas, que parecen adecuados en términos económicos y administrativos, son también una fuente de inestabilidad, porque afectan la necesaria flexibilidad y creatividad en la operación de una organización sustentable.

6. Cuadro C. Factores de complejidad. Interna, de contexto

FACTORES CRÍTICOS	REALIDADES - SITUACIONES	EFECTOS - RESULTADOS	DECISIÓN - SUPERACIÓN
1. CONTINGENCIAS Imprevistos	SUCESOS. EVENTOS Presiones. Impensado	EXPECTATIVAS Dudas. Oportunidades	ACTUALIZACIÓN Ampliación. Rediseño
2. AMBIGÜEDAD Indefinición	SITUACIÓN DIFUSA Tema borroso	INESTABILIDAD Incoherencia	PONDERAR. ESCLARECER Condiciones. Encuadre
3. DILEMAS Dualidades	CRITERIO CAMBIANTE Doble discurso	AMBIVALENCIA Transgresión	REPLANTEO. ACUERDO Revisar prioridades
4. DIVERSIDAD Diferencia	OBJETIVOS. INTERESES Modelos culturales	SUPERPOSICIONES Tensión. Presión	COMUNICAR. NEGOCIAR Integración. Adaptación
5. DIVERGENCIA Discrepancias	CONFLICTOS. CRISIS Grupos dominantes	RELACIÓN DE FUERZAS Resistencia. Debate	DECONSTRUIR. ALIANZAS El poder negociado

El *Cuadro C* refleja diversos modos en que la realidad cambiante afecta a las decisiones directivas y de gobierno en las organizaciones complejas. Tanto por las razones económicas, considerando los resultados de balance, como también por el aumento del riesgo, los nuevos niveles de tensión y conflictos considerando la organización en su contexto. Nuevas tensiones de distinta intensidad, por desajustes en el clima interno de convivencia y en las relaciones con factores enfrentados en el contexto y que afectan la estabilidad. En el Cuadro se muestran los factores relevantes que hacen tanto a la incertidumbre ambiental como a la realidad interna. Ellos son: a) la contingencia (imprevistos), b) la inestabilidad (discontinuidad), c) los dilemas (dualidades), d) las diversidades (diferencias), e) las divergencias (oposiciones). Cuestiones en el momento del análisis, de evaluar criterios múltiples y en la fase de tomar posición frente a intereses diversos. Situaciones no previstas y que afectan los criterios de selección de alternativas, combinando factores de orden objetivo y subjetivo. Como ejemplos: a) el tema de la discontinuidad en las entregas, sin aviso, por parte de un proveedor importante, que condiciona la producción, b) atender una nueva demanda del sindicato, como parte de las relaciones en crisis, c) ampliar la oferta con nuevos servicios, que mejora la variedad pero también afecta productos ya instalados, d) la disputa entre socios por la mayor participación en las decisiones de gobierno. Lo complejo no se cubre con el análisis de costo-beneficio, no se resuelve con el criterio de optimizar un objetivo, como la producción o ganancias. Hay múltiples condiciones y relaciones críticas, a mantener, en relación. Es La visión compleja del sistema, que implica avances y retrocesos en la elección. Razones y decisiones directivas que cambian, al mismo tiempo, en el orden de lo objetivo y subjetivo, afectan el corto y largo plazo, redefinen la cuestión del posicionamiento. Pero que también traen nuevos riesgos. La visión de una organización sustentable implica considerar no solo costos y ganancias netas desde el poder. La realidad es múltiple y presenta controversias. Hay criterios de estabilidad y continuidad,no solo de eficacia. Implica apreciar el impacto sobre la estabilidad, desde el desorden emergente. Lo complejo enseña la coexistencia de criterios opuestos, pero también requeridos. No basta con aumentar ciertos resultados. La capacidad directiva sustentable implica replantear y no solo elegir entre factores en juego. Evaluar situaciones de crisis es parte del proceso de aprendizaje, considerar las diferencias emergentes.

CAPÍTULO 7

Organización y campo de fuerzas

1. Poder y enfoques de dirección

En su desarrollo, el análisis organizacional ha generado varias perspectivas o enfoques sobre las maneras de conducir, definir y coordinar actividades, programar y controlar tareas, pensando en la eficacia de un sistema sociotécnico productivo. Respecto de la estructura y relaciones de poder, dichos enfoques se han centrado en la importancia de las motivaciones y de las relaciones de trabajo entre los individuos y entre los grupos que constituyen la organización. El poder es uno de los factores y capacidades tomados como referencia para destacar el carácter complejo de las organizaciones.

En las decisiones directivas confluyen variables de orden social, económico y político. En el plano de lo político corresponde definir y legitimar proyectos, negociar prioridades y un orden reconocido para los espacios y fuerzas que operan en la organización. A lo largo del tiempo los estudios sobre estructura, dirección y gobierno en instituciones han trabajado con distintas perspectivas en cuanto al peso relativo de las fuerzas e intereses en un modelo sustentable de la organización compleja. Considera sus propósitos y la dimensión de los recursos requeridos, así como marcar las diferencias entre condiciones y variables en la organización. Al respecto pueden proponerse las siguientes perspectivas y sus prioridades:

a) enfoques deterministas, con su modelo de organización y gestión basado en la importancia de diferenciar y ordenar las funciones de planeamiento, dirección y control de las acciones individuales y grupales para optimizar los objetivos del sistema. O sea, el peso de la gestión;

b) enfoques orgánicos, que estudian la organización compleja como un sistema social que busca el equilibrio de los aportes y contribuciones de sus miembros, a la vez que promueve una relación sociotécnica basada en la motivación, la comunicación y el trabajo en equipo, y

c) enfoques estructurales políticos que diseñan y explican la organización como un espacio de fuerzas, donde el problema de la cohesión y la gestión consiste en integrar, enmarcar y conducir actores y grupos de interés con fines diversos, bajo reglas de juego programadas e instituidas.

A continuación veremos las relaciones de estos enfoques con el tema de la política y el poder.

La visión determinista prioriza la racionalidad basada en la eficiencia, eficacia y adaptación. Es la búsqueda de la congruencia en la relación medios y fines. Explica a los directivos pensando en objetivos, asignando funciones y recursos, programando conductas. Privilegia el concepto del orden impuesto desde la dirección. Se trata de un orden no criticable porque la organización es un grupo despolitizado, sin espacio para la discusión de ideologías o juegos de poder. Una organización basada en relaciones contractuales que fijan derechos y obligaciones a las partes. Las voluntades y capacidades individuales se socializan e incorporan en un diseño de tareas que busca una relación complementaria y un comportamiento colaborativo. La función directiva toma las decisiones en el marco de su autoridad formal, previsible y legitimada.

Con este enfoque, el poder se ubica como capacidad centralizada en el nivel de gobierno y en la función directiva, porque allí se concentran las atribuciones para imponer decisiones de política que regulan los procesos y relaciones en la organización. En el plano de las relaciones humanas, las expresiones de poder se entienden como actitudes de control sobre los comportamientos. Los conflictos de poder entre personas y grupos se toman como muestras de irracionalidad en tanto no se ajusten a normas y objetivos oficiales.

En el enfoque orgánico-funcionalista, la atención está puesta en la búsqueda de consenso y armonía en las relaciones humanas. El poder es tratado a través de los procesos de liderazgo, como una expansión de las relaciones de autoridad. Se trata de superar los límites formales y burocráticos de la autoridad (impersonalismo) para marcar la necesidad e importancia de la motivación y el compromiso de los grupos con la persona del líder y los proyectos compartidos. El poder tiene su espacio como parte de las posibles divergencias interpersonales o grupales en el trabajo. Los conflictos son una imperfección, no compatibles con la idea de un sistema con equipos de trabajo orientados hacia fines compartidos.

En el enfoque orgánico o sistémico, el poder desequilibra, no tiene una función articuladora dentro de un proyecto de conjunto. Está asociado con la politización, que es vista como un desvío. En cambio, el liderazgo es funcional en la medida en que cohesiona. Expresa aptitudes personales diferentes en los jefes (formales o no) que son reconocidas para la conducción de los grupos de trabajo. El poder incluido en los procesos de liderazgo no implica imponer una desigualdad sino una manifestación de diferencias en las relaciones sociales. Es un concepto social aceptable solo si refuerza la integración, como factor movilizador. Se acepta cuando el poder opera como gobierno y es legitimado. También desde el liderazgo, visto como conducción basada en una fuerte influencia de factores emocionales y simbólicos.

En *Sociología de la organización*, Charles Perrow señala que en esta visión funcionalista el liderazgo informal (poder persuasivo) se explica y justifica porque cubre vacíos de la organización formal. Pero el autor critica esta visión simplista porque descuida "la posibilidad de los impactos críticos o negativos de las relaciones informales. La organización informal (con liderazgo) puede también tener aspectos disfuncionales tales como redefinir las cantidades consideradas como producción diaria correcta, y también promover el incumplimiento sistemático de las normas de producción". El tema de la dualidad del poder (movilizar y enmarcar) no se reconoce en los enfoques orgánicos de sistemas. El "poder en sí" es visto como una desviación subjetiva, algo personal y disfuncional para el conjunto.

En el enfoque estructuralista de la organización, predomina la idea de un espacio de fuerzas y una negociación política basada en el poder. Se resaltan los movimientos y negociaciones de ciertos grupos para promover intereses, mejorar sus posiciones o imponer criterios para la apropiación de recursos escasos. Entender esta realidad requiere apreciar la organización como escenario político que determina las actividades culturales y los procesos productivos. La estructura define la división de tareas y ubicación de la autoridad, y además es el marco donde identificar lugares o centros de poder que actúan sobre decisiones relevantes.

En su obra sobre organización y liderazgo, Lee Bolman y Terrence Deal marcan la importancia de utilizar una perspectiva política de la conducción, no solo administrativa. Ellos fijan su atención sobre los lugares de poder, las áreas de conflicto y las coaliciones dominantes. Sostienen que "la visión tradicional de las organizaciones enseña que son creadas y controladas por autoridades legítimas, las cuales se encargan de establecer las metas, diseñar la estructura, contratar y administrar empleados, y asegurar que la organización funcione alineada con sus objetivos". Pero también advierten que no debe omitirse la perspectiva de la realidad política. La organización como coalición de grupos de intereses y de objetivos diversos que no siempre son congruentes. Las autoridades controlan el poder inherente a la ocupación de ciertas posiciones en la estructura. Pero esas autoridades son solo parte de muchos actores que luchan desde otras fuentes de poder para dirigir la organización.

2. Política y sistemas de acción colectiva

Desde la perspectiva del poder y la influencia, las organizaciones formales son la expresión manifiesta, intencional y diseñada, de un espacio más amplio que Michel Crozier y Erhard Friedberg han llamado "sistemas de acción colectivos y concretos". Lo formal apunta a los aspectos intencionales de las estructuras de acción colectivas, productoras de un orden, cuyas reglas de juego resultan de la interacción estratégica y los procesos de intercambio y de poder que ocurren entre los actores o participantes. Según dichos autores, toda estructura de acción colectiva se constituye como sistema de poder. Es un efecto y un hecho de poder. En este sistema las reglas de juego son un mecanismo de regulación. Como sistema concreto de acción, la organización incluye varias dimensiones, y desde las relaciones de poder es un espacio de acción colectiva donde coexiste la competencia entre la cooperación y el conflicto.

La perspectiva política sugiere que las metas, estructura y estrategias de una organización se mantienen como resultado no solo de la racionalidad económica sino también de un proceso continuo de negociación entre los principales grupos de interés, internos y externos. En sus interacciones, la propia organización se estructura como un conjunto de dominio de recursos o capacidades y también como espacios de fuerzas diferenciadas. Una articulación de capacidades diferentes (financieras, ideológicas, sociales, de conocimientos) y condiciones o regulaciones establecidas para los procesos o intercambios. La relación con el contexto (mercados, actores) también puede verse como espacios diferenciados, con sus propios límites y negociaciones.

El gobierno debe enfrentar las dualidades y tensiones propias de un sistema sociotécnico complejo. En este sentido, Jeffrey Pfeffer cuestiona la validez de las perspectivas racionalistas o burocráticas. Afirma que "las organizaciones son coaliciones y los diferentes participantes tienen intereses y preferencias, variados, de modo que la pregunta crítica no es cómo las organizaciones deben diseñarse para maximizar su eficacia, sino más bien cuáles preferencias e intereses han de ser atendidos por la organización". Las estrategias, relaciones y el ejercicio del poder, son relevantes porque ya no se trata de cómo llegar a objetivos de conjunto o proyectos compartidos porque los juegos de poder se utilizan para imponer preferencias particulares. Esta realidad también se refleja en la forma en que dichos directivos intervienen para arbitrar en los conflictos de la organización.

En el espacio más amplio de la organización, surgen posiciones no alineadas, divergencias respecto de órdenes y directivas. Por ejemplo, sobre los criterios para la apropiación de ingresos o justicia distributiva. Ello deriva en tensiones y conflictos sobre las políticas de la organización. En estas luchas internas las estrategias de poder son importantes. Se asocian con proyectos de orden político y social. En el análisis sobre relaciones de poder, debe destacarse que no todo ocurre en el dominio político. También hay divergencias por pautas culturales en situaciones de crisis, cuando pierden vigencia frente al contexto.

Las controversias tienen que ver con la dinámica en el espacio de fuerzas. Hemos visto que las actividades complementarias no excluyen las tensiones y conflictos entre las fuerzas hegemónicas del gobierno (las políticas centrales) y las actividades instituyentes que cuestionan las políticas del poder central. Un resultado de esta dinámica en el campo de fuerzas es el intento en los niveles políticos de lograr cierto equilibrio entre los poderes en juego. El espacio de fuerzas refiere no solo a la imposición del poder centralizado excluyente, sino también a la necesidad de un poder negociador que busca un relativo equilibrio de fuerzas.

En estas referencias a las fuerzas diversas frente a la dirección, una posible consideración normativa es que el ejercicio del poder y la política no deberían aplicarse con el sentido de lograr hegemonías, como parte de las estrategias de dominación. Una visión más razonable lleva a recordar que esta cuestión se plantea en el marco de las organizaciones voluntarias, cuyo desarrollo requiere de la contribución (compromiso) de sus partes y el reconocimiento por el entorno. Esto implica que, además del crecimiento o decadencia de la organización, la función directiva debe monitorear la estabilidad de los grupos internos de interés e influencia. La búsqueda de equilibrios negociados de poder se relaciona con el logro de la necesaria gobernabilidad.

El poder es analizable y opera en un entorno sociocultural, económico y político. Su ejercicio refleja estas diferencias, y la política implica una disposición negociadora e integradora de diferencias. Según el estudio de Bolman y Deal, "la perspectiva política analiza las organizaciones como escenarios políticos activos y manifiestos, conteniendo una compleja variedad de intereses grupales e individuales". La perspectiva política no atribuye a la política el egoísmo, la mirada estrecha o interesada. Esta mirada afirma que las conexiones, como las diferencias, la escasez de recursos y las relaciones de poder, producen de manera inevitable la activación de fuerzas políticas internas en la organización.

Estos autores ofrecen cinco proposiciones que resumen la perspectiva política: 1) las organizaciones son coaliciones compuestas por variedad de actores; 2) existen diferencias perdurables entre individuos y grupos en sus valores, creencias y percepción de la realidad, que cambian lentamente; 3) la mayoría de las decisiones importantes en la organización afectan a la asignación de recursos escasos; 4) por efecto de la desigualdad persistente, el conflicto es central para la dinámica organizacional y el poder es un recurso vital, y 5) en las metas organizacionales y las decisiones directivas intervienen la negociación y la competencia entre los miembros de distintas coaliciones. En síntesis, la visión política enfatiza que las metas organizacionales no surgen por mandato desde la cumbre, sino que requieren de un proceso continuo de negociación e interacción entre los referentes y operadores clave del sistema.

3. Espacios y movimiento de fuerzas

La idea de espacio de fuerzas se refiere a distintas intenciones y presiones que sectores y grupos ejercen en el marco de la organización. Son presiones orientadas hacia las necesidades, fines e intereses de los actores en dichos espacios. Sus temas o contenidos incluyen variables de orden social, económico y político. Por ejemplo, ejercer influencia y superar resistencias para construir un lugar diferenciado de poder, luchas por una mayor autonomía o margen de movimientos en la estructura vigente, mayor participación en el presupuesto, lograr ser reconocidos como referente de grupos, defender posiciones de conducción, acceder a recursos (materiales o simbólicos), avanzar con proyectos o líneas ideológicas dominantes.

Estos movimientos de fuerzas incluyen distintas formas de influencia e intentos de dominación que operan en el plano de lo objetivo y simbólico. Se refieren a la asociación de voluntades, las transacciones con recursos y las consignas ideológicas. En esta representación y explicación de la realidad (una entre las posibles), la propia organización opera como una fuerza de conjunto a través de sus recursos, estructura y posiciones de gobierno. La imagen de esta realidad es compleja, no se reduce a una pirámide sino que se refiere a una matriz, diagrama y redes de fuerzas. El ejercicio y las relaciones de poder son unas de las versiones de las fuerzas que operan. Los medios políticos en este espacio son relevantes, pero no los únicos.

En su obra *Imágenes de la organización*, Gareth Morgan estudia la realidad política mediante la metáfora de los campos de fuerza en los cuales actúan proyectos diversos. Un espacio de acuerdos y divergencias donde operan tramas de intereses, conflictos entre grupos y juegos de poder. Allí explica que "hablamos de intereses para referirnos a un conjunto de disposiciones, que abarca ambiciones, valores, deseos, expectativas y otras orientaciones e inclinaciones que llevan a individuos o grupos en cierta dirección. Vivimos en medio de intereses diversos, vemos a otras personas priorizando los suyos, y en seguida nos ponemos en defensa o ataque para sostener o mejorar nuestra posición".

Según concluye dicho autor, podemos analizar la política en las organizaciones de manera sistemática enfocando la atención sobre las relaciones entre los intereses, conflictos y poderes. "La política en la organización se muestra cuando la gente piensa de formas distintas y quiere actuar de maneras diferentes. Esta diversidad crea una tensión que es posible resolver con estrategias distintas. Y algunas llevan a la aplicación de los medios políticos, asociados al ejercicio del poder". La superación de conflictos se intenta de muchas maneras: en forma autocrática, burocrática, tecnocrática o democrática, esta última en sus versiones de participación directa, cogestionada o representativa.

La elección de los modelos de acción política no implica un aislamiento de las otras variables que operan en la organización, como las influencias desde el marco jurídico, las pautas culturales o las tendencias ideológicas. En la base del concepto político está la idea de la lectura, en un contexto ampliado, de los propósitos, los fines focalizados y sectoriales. Las voluntades incorporadas a un proyecto político en la organización no son análogas al ejercicio excluyente del poder. Consideran consignas sociales, como las mejoras en las comunicaciones y condiciones de trabajo, la posibilidad de aprendizaje y desarrollo profesional, el acceso a grupos afines con sus motivaciones personales.

Las razones "de orden político" intervienen para atender las tensiones, crisis y conflictos derivados de la interacción entre esta diversidad de variables que movilizan la organización. Son problemas que requieren ampliar la lectura y aplicar una actitud superadora.

En este sentido, Tom Burns y George M. Stalker destacan que en las organizaciones modernas existen relaciones de fuerza junto con acuerdos o consensos. "La organización está diseñada como un sistema de competición y colaboración simultáneas. La gente debe colaborar en la realización de un proyecto común, aunque a menudo se enfrentan y compiten con otros por recursos limitados, como también en la lucha por ascender en su carrera profesional". El concepto de espacio de fuerzas indica una organización compleja, donde las necesidades y motivos compartidos en el sistema coexisten con motivaciones particulares de contenido profesional o ideológico, que son particulares. Es un proceso de construcción de acuerdos. Existe una zona de interacción o búsqueda de acuerdo con respecto a los comportamientos que la organización, como conjunto, requiere para seguir operando.

En su obra *El comportamiento administrativo*, Herbert Simon escribe sobre la resistencia y un "área de aceptación". Esta idea se relaciona con la actitud amplia o reducida del receptor para aceptar decisiones de su superior cuando no están previstas o especificadas, pero que son realidades en el marco de la relación laboral. Dicho autor afirma que "para mantener la relación, es importante tanto la moderación del superior como la obediencia del subordinado". Los modernos escritores sobre administración han puesto de relieve la necesidad de esta moderación, recomendando, cuando sea posible, el empleo de medios de influencia que conduzcan a la convicción en vez de la autoridad, que lleva solo a la sumisión.

Cabe recordar que también Chester Barnard, en su clásico texto sobre *Organization and Management*, utiliza el concepto de "zona de indiferencia" para designar la buena disposición del receptor a cumplir con las órdenes, en tanto provengan de una posición directiva, en el marco de su relación contractual. La disposición se enfrenta con la realidad de relaciones donde prevalece la idea de un espacio de fuerzas. Bajo estas condiciones es imaginable que la amplitud de la zona de indiferencia (mayor o menor disposición del receptor) también tenga que ver con la forma concreta de poder aplicada por los directivos.

4. Alianzas y grupos de interés

La relación entre individuos y grupos en una organización compleja resulta tanto de acuerdos negociados como de consensos voluntarios de conjunto. Los distintos grupos de interés e influencia se reúnen sobre la base de propósitos amplios, pero también reconocen diversidad de intereses propios. En *Teoría de las decisiones económicas*, Richard M. Cyert y James G. March proponen considerar la organización como coalición de individuos y grupos diversos. Diferente de la idea de comunidad o armonía de propósitos o intereses. Y permiten destacar la diversidad de visiones y posiciones, aunque también preocupados por el desarrollo de la organización. Entre los miembros de dicha coalición se encuentran los directivos, administradores, obreros y trabajadores, accionistas, proveedores, clientes, abogados, órganos reguladores. Es decir, actores internos y externos (*stakeholders*) que están involucrados con los objetivos y el desarrollo de la organización, aunque con perspectivas también diversas.

En su importante obra *Management cooperativista*, Peter Davis y John Donaldson aportan su definición del término *stakeholder*, para hacer referencia a los participantes externos pero afectados por la organización. "El concepto expresa las preferencias de los grupos que tienen determinadas aspiraciones correctas relacionadas con la organización. Esas aspiraciones están identificadas, pueden discutirse y ser opuestas al interés especulativo de los negocios". Se refieren a personas, estructuradas en grupos o no, pero con una preocupación común por la marcha de la organización. Con una mirada amplia, los autores incluyen la influencia de quienes ven sus derechos afectados por las organizaciones. Es lo que ocurre con los grupos sociales cuya salud se ve afectada por la contaminación de las fábricas. La empresa dispone de poder, pero también responde por las consecuencias sociales y económicas de sus decisiones ambientales.

En este marco, la presencia de conflictos sin resolver no siempre es una señal de la irracionalidad directiva o de cierta contradicción en las decisiones de conducción. Es un rasgo esperable en organizaciones complejas que tienen una composición diversa en cuanto a la diversidad de actores, en sus fines y demandas. Se trata también de un sistema sociotécnico que negocia y opera en entornos inciertos y cambiantes. Ello aporta a la visión de un modelo explicativo de los múltiples fines de la organización, que debe buscar una estrategia de viabilidad y no una solución que optimice resultados. Todo ello ante el evidente potencial de conflicto interno inherente a toda coalición de individuos y grupos diversos.

Los citados autores cuestionan la existencia de fines comunes compartidos por todos los miembros. Afirman que "en la raíz misma del concepto de coalición se encuentra la idea de que los miembros individuales de la organización pueden tener ordenaciones de preferencias (fines individuales) muy distintas de uno a otro grupo". Según este modelo, los fines buscados por las organizaciones no están articulados en una escala de preferencias conjunta. El empeño en definir fines internos compatibles hace difícil construir una teoría positiva de la decisión. La organización debe continuar intentando fines distintos a un mismo tiempo.

En el marco de las coaliciones surgen elementos para utilizarlos en el planeamiento. Pero también hay negociaciones continuas sobre el destino y contenidos de los llamados pagos colaterales (además de la relación entre aportes y retribuciones). Por ejemplo, los empleados aceptan como propios ciertos fines de la organización, a cambio de su retribución. La negociación también lleva a definir compromisos políticos. Ello se refleja por la inclusión en la agenda directiva de temas prioritarios que son alianzas de gobierno. En la estructura, las transacciones se reflejan por la creación de centros de poder y de influencia que reconocen dichas transacciones.

La realidad indica que estos acuerdos entre las partes no son definitivos, por varios motivos. Porque no pueden atenderse las demandas en forma simultánea, lo que lleva al proceso de atención secuencial de los objetivos. La existencia de prioridades y urgencias también implica la decisión de postergar las demandas, ya que a lo largo del tiempo cambian los niveles de aspiración de las partes. Y en lo externo, los procesos de negociación están afectados por los cambios en las condiciones y regulaciones ambientales. Para que ello no afecte a la estabilidad y continuidad de la organización, las alianzas y negociaciones incluyen la búsqueda y mantenimiento de un cierto "equilibrio de poderes", con acuerdos de base, sobre un proyecto político compartido.

Con una perspectiva política de la organización, las coaliciones serían ejemplo de fuerzas que actúan en un espacio de lucha donde se intenta avanzar con fines e intereses de modo que ellos estén presentes en los planes de conjunto. Para lograrlo aplican estrategias y dispositivos de poder. Al mismo tiempo, estas fuerzas actúan como un fin en sí mismas, para preservar los espacios y recursos logrados por cada grupo en el tiempo. También desde el poder las fuerzas no solo se proponen obtener recursos sino además imponer voluntades y controlar los movimientos de otros grupos en la misma organización. Esto último está más relacionado con la dominación de las personas.

En todo caso, la metáfora del campo de fuerzas donde los grupos hacen alianzas y buscan prevalecer es solo una de las versiones de la realidad. En esa realidad hay otras fuerzas y condiciones propias de una organización voluntaria, no sometida a presiones del poder. Habrá lugares conflictivos, pero la condición de una organización de base voluntaria (hospital, fábrica, escuela, periódico) es la existencia de reglas aceptadas y cierto compromiso con un proyecto que también es reconocido en su contexto (sociedad civil). Hablar de relaciones de fuerza se refiere a la intencionalidad, a la voluntad puesta en promover ciertas ideas. Pero esas ideas no necesariamente aluden a la desigualdad y la exclusión.

La versión del espacio de fuerzas donde se produce una lucha excluyente es solo una posibilidad. Pero nos advierte sobre la importancia de la gestión política y los problemas que ella debe enfrentar debido a la composición diversa de la organización, los conflictos de intereses y la escasez de recursos. Pero la decisión política no es todo, no constituye un criterio excluyente. Es parte de una pluralidad de criterios, presentes y necesarios en el marco más amplio y complejo de las relaciones humanas y los modelos de gestión directiva. También son políticas las decisiones que promueven las formas de poder constructivo, porque permiten superar conflictos y favorecer las relaciones de cooperación y colaboración en la organización.

CAPÍTULO 8

La construcción de poder

1. Poder y racionalidad limitada

El enfoque racional de las organizaciones indica que los directivos deciden pensando en los objetivos más amplios de supervivencia y desarrollo, por encima de las presiones del corto plazo, las posturas individuales o las demandas transitorias de ciertas áreas en particular. Ello implica tomar distancia de los enfoques simplistas y normativos, basados en la búsqueda de eficiencia y eficacia en las operaciones. Las decisiones se toman asumiendo las tensiones y dualidades entre objetivos diversos, fijando la atención en las condiciones que le dan continuidad y desarrollo a la organización. La voluntad racional tiene sus limitaciones porque la organización enfrenta presiones sostenidas y diversas en un contexto inestable y competitivo. Los propios directivos son parte de una trama de acuerdos que los mantienen en el poder.

Deben satisfacer compromisos con grupos de interés que los sostienen en la función de gobierno. Deciden en una realidad con procesos contradictorios.

Que se declaren propósitos generales y se hable de la misión de la organización no significa que el rumbo tomado haya considerado todas las fuerzas en juego. En especial cuando no existe un proyecto compartido sino un grupo propietario que controla los recursos y designa a los directivos que lo representan. En esta situación siempre hay sectores o temas que son afectados o sacrificados con el argumento (discurso) de los propósitos del sistema, cuando en realidad se trata de cumplir con las condiciones de un poder no negociable. Por ejemplo, con el argumento (discurso) de la renovación tecnológica, los directivos pueden desarmar grupos sociales o equipos de trabajo que ha llevado años construir. Son decisiones críticas porque limitan la construcción del capital social de la organización.

Quienes estudian las decisiones en las empresas reconocen que hay problemas ambiguos, que admiten acciones razonables para cierta mirada sesgada, pero contradictorias para el sistema. No es cuestión de recursos o información, son espacios de ambigüedad porque la organización debe recurrir a criterios no congruentes; problemas de indefinición no por falta de información, sino por las propias dualidades de la organización. En su reconocido estudio sobre la teoría de las decisiones, Richard M. Cyert y James G. March advierten que "el conflicto entre objetivos no queda totalmente resuelto dentro de la empresa. Para tomar sus decisiones bajo un sistema de objetivos, no siempre compatibles entre sí, la política de la empresa se basa en descentralizar las decisiones, atender cada objetivo en forma secuencial y dejar que ciertas elecciones sean una solución indefinida". La diversidad de fines y su falta de congruencia (junto a factores emocionales), lleva a la existencia de acciones no explicables desde el proyecto de empresa.

Podría pensarse que la irracionalidad tiene un límite que está fijado por el peligro de fracturar la organización o afectar a su continuidad.

Es lo que ocurre con los médicos obstinados en hacer operaciones costosas; llegado un momento instalan la posibilidad de poner en crisis a los centros de salud que contratan sus servicios. Negociar conflictos de intereses es una tarea prioritaria y continua para la función de gobierno. En términos políticos, cuando los grupos, debido a su diversidad, no ven satisfechos sus intereses pueden romper el acuerdo y retirarse de la coalición. La complejidad (orden y desorden) es la expresión de relaciones de poder y juegos de intereses que, en algún punto, no son complementarios. También pesa que la organización debe avanzar en un medio social y mercados donde operan sus competidores, además de fuerzas e influencias contradictorias.

El problema del sinsentido en la organización, focalizado pero vigente, no solo se relaciona con la diversidad de demandas, razones e intereses. En el modelo de la racionalidad, las actitudes y fines personales están acotados por los dispositivos de control que cuentan con reglas para detectar y corregir desvíos. Estas definiciones se complementan con los límites derivados de los sistemas de recompensas y sanciones, del ejercicio de la autoridad y la vigencia de los procedimientos oficiales. Sin embargo, si bien estos dispositivos fijan condiciones para la acción, no aseguran los comportamientos ni los hacen previsibles porque el diseño de los instrumentos de control responde a cierta visión sesgada de la organización, limitada por las presiones del poder. Un ejemplo típico de irracionalidad es el intento de poner orden, fijar normas o disciplinar las conductas, al mismo tiempo que se declara promover la motivación y creatividad en el trabajo.

2. Redes de saber e influencia social

En el marco de la organización compleja que busca ser sustentable, las funciones de conducción van más allá de las limitadas formas jerárquicas. Requieren una configuración de relaciones en la cual se articulen los conceptos de poder, autoridad e influencia. En la visión compleja de la realidad, con distintas fuerzas e intereses que operan en un entorno cambiante, se requiere considerar la cuestión de la inestabilidad que emerge de la propia organización. No son desviaciones sino factores derivados de la diversidad de actores e intereses, y también de la ambigüedad en los objetivos múltiples que requieren de los miembros una actitud no rígida sino adaptativa. El poder desigual y sus tendencias centralizadoras llevan hacia la racionalidad dominante y a la disciplina que uniformiza, como también a conflictos y tensiones en las relaciones. La gestión de la organización compleja requiere capacidades de motivación e influencia para articular diferencias y favorecer la interacción en el marco de proyectos compartidos.

Las organizaciones constituyen un espacio de interacciones sociales, y una de sus manifestaciones es la influencia interpersonal en las redes no solo de trabajo, incluso las de saber colaborativo. Personas e interacciones que orientan las conductas a través de la comunicación en el marco de la estructura formal, así como a través de la actividad de compartir saberes, creencias y actitudes de conjunto. Esta relación incluye la figura de actores influyentes, cuya imagen es reconocida y su opinión es aceptada, lo que ayuda al esfuerzo constructivo y compartido. La influencia se basa en la imagen de conocimiento, credibilidad y respeto por ideas fundadas, no solo por la posición en la jerarquía de mando. La influencia de ciertas personas es una capacidad que ellas poseen, y hace que sean reconocidas como referentes activos en la red de saberes y lazos de comunicación.

El concepto de influencia se refiere a los motivos que orientan el comportamiento antes que al control de recursos o a las sanciones físicas. En su obra sobre psicología social en organizaciones, Daniel Katz y Robert Kahn definen "la influencia como una especie de fuerza psicológica. La base es una transacción interpersonal en la que alguien actúa de tal modo que logra en otro el cambio de conducta que se había propuesto". No es una fuerza ocasional sino continuada. Tampoco se trata de imponer una desigualdad en una situación concreta; son actos consentidos en el marco de una relación amplia y aceptada. Es una versión de los procesos de coordinar actividades a través de un marco de expectativas o acuerdos previos que inducen y permiten suponer ciertas respuestas requeridas para el funcionamiento de la organización.

La influencia de carácter asociativa difiere de la relación desigual y de carácter obligatorio que busca solo la eficiencia. Se trata de una relación de orden racional (laboral) pero también basada en el saber compartido y el entendimiento (no solo la jerarquía). La influencia lleva a la construcción de un clima de colaboración y expectativas de continuidad en los proyectos. El saber y modo de pensar del sujeto influyente orienta las elecciones de los destinatarios por razones de confianza, credibilidad y creencias coincidentes. No es una relación de fuerzas o forma de poder oculta, sino un tema de conocimientos e ideas compartidas. Implica una relación con personas que se estiman en un marco grupal. Al referente no se le adjudican intereses o prejuicios ocultos, por lo tanto no intimida, es confiable. Su discurso tiene una connotación socioafectiva (emocional), además de un aporte técnico-instrumental para el avance en la relación laboral.

La lectura sociológica de la influencia destaca su función en el marco de un sistema de comunicación basado en saberes, códigos, imágenes y símbolos compartidos. Se explica como forma de conocimiento compartido, de construcción de sentido, no como relación de fuerzas que tratan de imponerse para hacer algo concreto y específico. En su estudio sobre distintas formas de poder, Niklas Luhmann señala que la influencia es "una relación que se sostiene en una orientación significativa compartida", en premisas antes que en órdenes, dejando un margen de alternativas al comportamiento, sin cerrar los caminos.

Sobre las influencias interpersonales, Jeffrey Pfeffer destaca que "en ellas operan factores emocionales y simbólicos, que satisfacen las necesidades sociales y el reconocimiento de los actores en su grupo de referencia". En un marco de influencia, los modos de pensar que prevalecen, satisfacen sentimientos grupales y son parte de un clima de trabajo basado en la persuasión y el diálogo, bien distinto del orden establecido desde la disciplina y la amenaza de sanciones. La influencia, además de ser emocional, tiene sus razones, tales como satisfacer esperanzas y expectativas, y la búsqueda de entendimiento y colaboración.

La influencia es parte de la actividad directiva en el plano de las comunicaciones. No es un esquema rígido sino adecuado a las condiciones de distintos contextos y temas laborales. Pero hay una idea básica que consiste en motivar, comunicar e interactuar recurriendo al discurso y a factores emocionales. Resulta difícil lograr funcionar de forma cohesionada sin un compromiso compartido. Cualquiera fuera el lugar, la influencia no se entiende como forma de conseguir ventajas o defender privilegios, ni tampoco como una forma de imponer decisiones, sino el medio para construir y practicar un clima de confianza y colaboración. No se trata de una relación ingenua, porque es efectiva mientras el discurso sea confirmado en la gestión.

Las posiciones, los centros y redes de influencia también son una fuente de información sobre la actualidad, de difusión de opiniones y del conocimiento que requiere el trabajo en equipo. Las redes también cumplen una función cultural porque las personas influyentes, a través de su relato, mantienen la vigencia de códigos, creencias y leyendas que hacen a la cohesión y colaboración en el sistema y la cultura. Desde allí contribuyen a construir la imagen que diferencia e identifica la organización en su contexto. Dichas personas no solo son difusoras o mensajeras; cuando toman posición pasan a ser parte del entramado sociocultural y político, al menos en sus consecuencias ideológicas (ideas y creencias dominantes).

Los lugares de influencia resultan de la interacción social, y desde allí se relacionan con la realidad política de la organización, como realidad construida antes que como diseño o modelo predefinido. Los centros de influencia son factores de comunicación en la gestión de nuevos proyectos o novedades que afectan a los individuos. No actúan como voceros del poder sino que aportan razones sobre el momento y la necesidad de los cambios. De modo que los centros de influencia (personas, posiciones) son activos. Están relacionados con ciertas formas de pensar (ideologías) y también pueden comunicar (explicar) los intereses de distintos grupos de la organización. Las posiciones influyentes y su poder de convocatoria son parte de los procesos de cambio al movilizar voluntades hacia proyectos renovadores.

3. Relaciones de poder y liderazgo

El liderazgo puede ser visto como una de las formas de orientar las relaciones humanas hacia el proyecto de empresa o institución. El liderazgo no es solo dirección, sino también un proceso social que se desarrolla en los grupos críticos que se oponen a ciertas derivaciones del proyecto originario de la empresa. En este marco vamos a analizar tanto las posibilidades como los límites del liderazgo emergente, cuando enfrenta las estrategias de poder de otros actores. En el plano de lo emocional y simbólico, el liderazgo está asociado a la presencia de cierto carisma en la relación. Alude a la existencia de un lazo emocional, sostenido, entre los seguidores y el líder, que influye en las comunicaciones y aporta a un clima de credibilidad.

La capacidad de liderazgo opera en el ámbito de grupos humanos, no reducido a situaciones aisladas o relaciones individuales. Como estrategia directiva, el vínculo carismático indica un nuevo recurso o capacidad gerencial para generar actitudes de lealtad en los grupos. La idea es convencer al personal sobre la importancia de ir más allá de sus intereses personales, priorizando la misión de la organización. El propósito de conquistar mercados es considerado no solo económico sino parte de la misión trascendente de la empresa.

En este enfoque, la cultura organizacional se considera como un recurso que se diseña y se instala para condicionar voluntades. En este marco se propone enseñar a los gerentes sobre las formas de enmarcar y orientar los recursos humanos. La cultura es una realidad social, pero también parte de la estrategia directiva que se propone controlar los procesos de construcción grupal. En el sistema se promueve la idea del liderazgo como la forma más "natural" de hacer respetar el orden instituido y mejorar la productividad del sistema. Este manejo ideológico incluye la reducción del conflicto interno o entre grupos, como parte de las estrategias de recursos humanos. La versión oficial e interesada del liderazgo se refiere a la necesidad de reconocer a los conductores cuya influencia mejora el compromiso con la organización.

Las políticas de personal pueden hacer un uso especulativo de estos procesos o tendencias emocionales en los grupos. Son procesos que se ponen de manifiesto cuando los participantes buscan el reconocimiento o la inclusión para escapar de las tensiones cotidianas. Desde el análisis social, Emile Durkheim destaca los aspectos naturales de estos procesos de inclusión. Él afirma que: "el hombre no puede vivir sin apego a un objeto que lo trascienda y lo sobreviva". Las actitudes de lealtad o sacrificio son peligrosas para la salud de los individuos cuando ellos son movilizados en el marco de un proyecto autoritario.

Desde el liderazgo, como interacción social o relación emergente en los grupos sociales, hay enfoques del poder que intentan manejar de forma deliberada las influencias. Es decir, trasladar la orientación de las lealtades hacia un proyecto o interés particular no declarado. Los participantes o integrantes del grupo son convertidos en seguidores para lograr en ellos un mayor nivel de autoexigencia y compromiso con el trabajo. En esta conversión no hay un acuerdo de voluntades declaradas, sino el manejo de elementos que pertenecen al orden de lo emocional y simbólico.

El análisis dialéctico de las relaciones de poder advierte que existe un final abierto o incierto porque las fuerzas no operan en un solo sentido. Las partes tienen necesidades y no son sujetos pasivos, manejables. No todo es controlable desde los propósitos del poder. El líder debe vencer resistencias, atender demandas y dialogar con fuerzas que no controla. Esta ambivalencia en la interacción es congruente con la visión dialéctica del proceso social. En su obra *Carisma*, Charles Lindholm dice: "Se trata de una dinámica poderosa y ambigua, muy deseada pero también muy temida. Moralmente se habla de ella como la cima del amor altruista, y también como el abismo del fanatismo violento".

Desde una misma posición, el líder puede cumplir funciones contradictorias respecto de los seguidores (ilusiona, pero también inhibe). Esto trae conflictos en las relaciones y respecto de los sentimientos de los miembros. Desde la psicología institucional, Ricardo Malfé comenta su experiencia en el Servicio de Rehabilitación de un hospital: "Dentro de ciertos límites el líder signa la relación de los miembros con aquello que queda recortado de lo real, como tarea del grupo (...) el líder cabal de un grupo instituye las características que tendrá la represión al disponer en sus manos, como interlocutor privilegiado y denominador común del deseo de los miembros, de la mitad de la llave que les permite a estos, bajo su influjo, el libre acceso al pensar". Debe además analizarse cómo la organización se presta y es compatible con estos desvíos. La relación se entiende en el marco de un orden donde opera lo ideológico y lo político, tal como se explica a continuación.

4. Formas de poder responsable

Todo sistema político, es decir, con estructura de poder y forma de gobierno reconocida (no informal o transitoria), contiene también un sistema de valores, creencias, imágenes y otras formas de comunicación simbólica que justifican, orientan y controlan las decisiones de conjunto. En este sentido, existen tendencias y formas de cultura política que incluyen modelos ideológicos que las diferencian. Esta descripción es aplicable al mundo de las organizaciones sociales. Al respecto, Denys Cuche distingue entre:

188

a) la cultura e ideología asociadas a la disposición de la autoridad formalizada, con estructuras de relación que llevan a un pensar centralizado, hegemónico o autoritario;

b) la cultura política e ideología descentralizadas, basadas en la fuerza de ciertos grupos de interés y de poder internos que sostienen sus diferencias y demandas de autonomía, y

c) la cultura e ideología de participación, con carácter pluralista, que reconocen la diversidad de posiciones que aportan e influyen en la organización.

El poder político suele llevar asociado un discurso ideológico, en el cual se posterga la praxis cotidiana para instalar el uso de la metáfora, los símbolos y las consignas para motivar y dar argumento a las decisiones de gobierno. Y también para darle una apariencia de transitoriedad a las consideradas realidades injustas, que deben ser superadas. Desde el poder se habla de la "virtud de la obediencia", de que "los líderes nacen, no se hacen" y se llama a respetar el "libre juego de las instituciones" (orden establecido). También se hace ideología cuando se mencionan las "necesidades del sistema" (como organismo), "la selección del más apto" (metáfora de la evolución), el "sistema eficiente" (metáfora mecánica), la "salud de la organización" (metáfora clínica).

Analizado desde la cultura organizacional, el concepto de ideología o sistema de ideas y creencias vigentes en la organización se refiere a una explicación compartida, propuestas que le dan sustento conceptual de orden sociopolítico a proyectos y decisiones directivas. Aluden a principios y modelos ideales de comportamiento, no a los medios eficientes de producción. En un sentido socialmente positivo, es la preferencia de la colaboración y solidaridad antes que el modelo de la lucha individual competitiva. En la definición de proyectos, es la supremacía de los valores sobre la eficacia definida en términos de resultados materiales. Por tratarse de una construcción social, las ideologías no surgen del planeamiento formal, sino de la convivencia bajo pautas culturales derivadas de procesos de enseñanza y aprendizaje en la organización.

El sistema de ideas y creencias es un relato de convicciones con su propuesta sobre lo deseable. Admite una versión desde el gobierno y otras desde los grupos críticos. Como descripción, incluye los factores y fuerzas que actúan en la organización y su entorno, sus orígenes, su dinámica. En el lenguaje de la organización se dice "es nuestro modo de pensar aquí". La ideología abarca un saber basado en ideas conocidas y compartidas, habla de un pensar colectivo, no limitado por los intereses inmediatos de un grupo en particular. Como propuesta, indica caminos o líneas de acción deseables para el desarrollo de la organización, con inclusión de las necesidades de la comunidad. Un camino que no depende de usar la autoridad sino de las ideas compartidas en la organización a través de los acuerdos de base. Lo negativo o destructivo es pensar en términos de dominación o exclusión social.

En su aspecto positivo o constructivo, el sistema de ideas es una explicación compartida que otorga argumentos de razonabilidad a los comportamientos y decisiones de la dirección, sin recurrir a la presión del poder o la obligación de aceptar el mensaje. Por ejemplo, la idea y convicción construida en el tiempo sobre la necesaria solidaridad y colaboración como base de la organización. En su aspecto negativo, el sistema de ideas deriva en el sesgo ideológico. Por ejemplo, el discurso que privilegia la autoridad y relativiza las críticas de los empleados. Hablar de un sesgo no implica que estos discursos deben evitarse, sino a la necesidad de una instancia previa de discusión para explicitar sus premisas y no darlas por legitimadas. Esta distinción entre aspectos negativos y constructivos de la comunicación ideológica es importante a la hora de pensar en una organización sustentable, que incluye la superación de las dualidades vigentes.

El sistema de ideas y creencias incluido en el mensaje directivo no es un conocimiento "neutral", sino una teoría aplicada que busca orientar y articular los comportamientos en un sentido también explicitado. Como característica, las afirmaciones y creencias contenidas en el sistema de ideas se proponen como conceptos compartidos, camino a la convivencia y el desarrollo. No se trata de verdades demostradas sino de conceptos explicados que se intentan trasladar al plano de las relaciones en el trabajo y con el contexto. Como las ideas asociadas al modelo "el fin justifica los medios" o, en cuanto a los comportamientos, sostener que la motivación principal para el empleado debe ser la remuneración por su trabajo.

La ideología implica un sistema de ideas y creencias que intentan darle razonabilidad o sustento a las decisiones directivas en el sentido de que se presentan como un pensar colectivo antes que como una opinión individual. Adoptan la forma de una posición que desde la dirección se hace pública y se propone para ser reconocida por los grupos. Las ideologías pueden evaluarse en pares duales, por áreas de interés, como el individualismo frente a la cooperación, la fuerza del poder frente a la búsqueda de consenso, las autonomías frente a la fuerza centralizada, la autoridad indispensable frente al reclamo de libertades, los valores espirituales frente al materialismo, la inclusión social frente a la exclusión de minorías, la lealtad hacia la empresa por sobre los fines particulares, los principios frente al pragmatismo, la relación humana por sobre el utilitarismo. De aquí surge el debate entre el discurso ideológico y las metas operativas del plan de negocios.

Los ejemplos son diversos, y se refieren a las diferencias entre prioridades e ideologías, y entre las ideologías relacionadas con el mundo político, sociocultural y económico. El componente cultural está formado por las ideas y creencias, algunas razonables, otras pertenecientes al orden de lo simbólico y lo mítico. Adoptan una forma de divulgación voluntariamente sometida al diálogo, pero también se manifiestan como expresión del poder. Detrás de las ideas-fuerza o ideologías existen valores que se dan por sentados, buenos en sí mismos desde la mirada de sus defensores. En el marco de un proyecto político, estos sistemas de ideas representan o son funcionales a los grupos de interés.

5. Poder y dispositivos de persuasión

Las creencias y valores, tomados como ideas compartidas en lo implícito de la vida de relación, son componentes destacados de la cultura organizacional. Como parte de un proceso de construcción, las creencias se afirman en el tiempo y en ciertos ámbitos a través de la interacción y la comunicación. Ocurre en los grupos sociales donde la educación incluye experiencias y expectativas comunes, factores diferentes del conocimiento técnico que tienen un fuerte contenido de subjetividad bajo la forma de convicciones y sentimientos. Implican una posición respecto de lo deseable y amenazante, importante y secundario, justo e injusto. Son formas de pensar, modelos mentales que influyen sobre las relaciones en la organización.

Según Alfred Schultz las creencias hacen a la comprensión del "mundo que se da por sentado". Ideas tomadas como normales o inéditas, preferibles y amenazantes, correctas o criticables hacen a la significación y subjetividad interpersonal en las relaciones sociales. Un mundo de premisas, supuestos y prejuicios no declarados, pero presentes y que mueven las acciones sociales. Lo importante de estas ideas es su influencia sobre la conducta como pautas culturales implícitas, que derivan en actitudes personales compatibles o enfrentadas con los objetivos de conjunto en la organización. En el plano de las creencias, en una organización se comparten ideas (a favor y críticas) sobre la competencia y colaboración, el nivel de los salarios, los convenios laborales, la prioridad del derecho por sobre la fuerza, el respeto a la autoridad legítima, la libertad de expresión o la actitud colaborativa en el trabajo.

En las organizaciones sociales, en cuanto a las estrategias y dispositivos de poder, se produce una "interpretación o adecuación" de esas ideas más cercana a los intereses de los grupos dominantes. El poder basado en las creencias se refiere al dispositivo de posicionamiento ideológico en las imágenes y modelos mentales de los integrantes de la empresa. Se basa en una campaña y difusión que atraviesa la organización con el objetivo de convencer o persuadir a los individuos y grupos de la importancia de ciertas ideas "fundacionales", no criticables, que deben adoptarse como principios en el comportamiento y en la relación con el trabajo.

La característica del dispositivo persuasivo es que en su manejo existe cierto grado relacionado con lo implícito; es decir, que se mantiene en el orden de las ideas y no declara su relación con un proyecto de poder. Como señala Norbert Lechner, en esta realidad debe hablarse de un proceso de influencia, visto como "la capacidad de un individuo o grupo de modificar el comportamiento de otro en la dirección deseada (...) sin que el receptor perciba esta adaptación como una relación de poder-obediencia". La influencia a través de la continua difusión de ideas funciona como máscara de la voluntad o búsqueda de poder. Así, una minoría activa puede influir sobre una mayoría silenciosa.

Las creencias se refieren también a las imágenes de la organización, a los modos de pensar sobre los procesos que la fortalecen o debilitan. Y ciertas imágenes son más funcionales al poder directivo, refuerzan la importancia de la conducción y la centralización de las decisiones. Al respecto, Gareth Morgan, en sus estudios sobre la organización, ha explorado la influencia que las metáforas tienen sobre el razonamiento de individuos y grupos. Por ejemplo, promover la idea de la "organización como máquina" con tareas programables, lleva a sostener y legitimar la importancia del planeamiento y el control, y la consideración del factor humano como mero recurso e instrumento en el marco de un proceso productivo.

El factor persuasivo en el poder busca instalar un pensamiento hegemónico en la empresa, basado en la prioridad de los resultados financieros por sobre los beneficios sociales, con el argumento de continuidad y estabilidad, omitiendo las crisis derivadas de esa posición. Pero se toma como idea no discutible, como condición. De la misma manera que pensar que la empresa solo asegura empleo si hay transacciones que lo permitan. En la organización, desde el poder, las creencias también se personalizan; o sea, se orientan (legitiman) en la figura de los directivos. La intención es reconocer cierta capacidad natural de liderazgo en sus decisiones, posición que los asocia con figuras ejemplares, más allá del bien y del mal. En los hechos, estos manejos del poder enfrentan las resistencias expresadas por líderes informales en los grupos de trabajo.

La difusión del pensamiento hegemónico incluye el manejo de símbolos e imágenes en la organización. Esta maniobra ideológica también lleva a presentar el poder como una continuación "natural" de la figura del empresario. No se trata de un proceso unilateral, aceptado sin resistencias. Las técnicas de ilusión y persuasión tienen el límite de las necesidades concretas de los individuos, y el malestar hacia un orden cuyas reglas y condiciones son cuestionadas. A la estrategia comunicativa oficial se le oponen imágenes de marginación y desigualdad que desaniman a los actores, quienes quedan sin expectativas y solo sometidos a las reglas de la relación de poder.

En la relación humana, la dirección desarrolla una "estrategia de la ilusión", maneja los signos (Umberto Eco) y construye la imagen corporativa interna. Con el lenguaje de las imágenes, los directivos avanzan sobre el mundo de lo simbólico para reforzar el modo de pensar que conviene a la conducción (no siempre lo logran). Buscan instalar "una visión compartida" como forma de aumentar el compromiso de los integrantes para persuadirlos e incorporar alicientes no materiales a la relación. Las imágenes suelen ser simplistas y no compatibles con la dura realidad de las condiciones laborales que los integrantes deben enfrentar. Estas dualidades en el manejo de la imagen proyectada llevan a un clima de tensión y disociación entre individuo y organización que debe entenderse en el marco de una organización compleja, pero que también intenta ser sustentable.

CAPÍTULO 9

Cultura, ideología y política

1. Cultura, ideología y política

El concepto de ideología se refiere a un sistema de ideas que ofrece un marco conceptual y una visión de la organización deseable. Marco que incluye valores, creencias e ideales que se proponen para fundamentar y orientar proyectos de conjunto. En esta obra nos interesa la ideología como sistema de ideas que sustenta a la organización que calificamos como sustentable. En particular los temas referidos a la cultura organizacional, las relaciones sociales, procesos políticos y formas de gobierno. Con mirada amplia, se trata de ideas y razones que se comprenden en el ámbito de la relación deseada entre organización, Estado y sociedad, y que aporta a la cohesión el sentido de la organización y la responsabilidad social en su contexto.

La ideología implica además una toma de posición en cuanto a la orientación, las preferencias o prioridades del tema involucrado o sustentado. Existen visiones cerradas de la organización, por ejemplo, centradas en ciertos fines y prioridades de los inversionistas, o por el contrario en las necesidades de la sociedad. En esta versión, el sistema de ideas opera como forma de legitimar y sostener ciertos actores y factores de poder que operan en el gobierno. En cuanto a los contenidos, Zygmunt Bauman distingue entre los conceptos positivos y los críticos de la ideología. La versión positiva está relacionada con los marcos cognitivos que operan como condición del conocimiento debatible, lo que aporta un marco de sentido para las descripciones y propuestas.

Desde una perspectiva crítica, los conceptos asociados con el modelo ideológico no aluden a la ampliación del conocimiento verificable o razonable. El sistema de ideas, como propuesta relacionada con el poder político, connota y representa cierto prejuicio, poder o interés oculto, no declarado, que está operando a favor de la propuesta. En el caso de las organizaciones empresarias, proponer como marco cognitivo la idea (necesidad) de concentrar las decisiones de gobierno, definir la autoridad como una capacidad excluyente del nivel directivo, bajo la unidad de mando y la relación jerárquica. Este sería un modo de pensar que prioriza el orden planeado y formalizado para conducir la organización, modelo que privilegia el pensar centralizado y la racionalidad directiva, no la creatividad o el debate de ideas.

En un sentido positivo, otras visiones se basan en los principios de carácter participativo y colaborativo, con la idea del desarrollo asociado a la interacción y crecimiento conjunto con el contexto. Un sistema de ideas o cultura política que construye las decisiones desde la consideración de valores sociales y derechos humanos, que reconoce los aportes críticos e innovadores de los integrantes y el desarrollo en el trabajo con un pensamiento abierto. Son conceptos asociados con la ideología que supone una organización pluralista y democrática. En su visión constructiva, el sistema de ideas es una explicación compartida que legitima y otorga razonabilidad a los comportamientos y decisiones de conducción. Los fundamenta en términos de conceptos aceptados por la organización, como la solidaridad y la colaboración en las tareas.

El sistema de ideas y creencias en la gestión de la organización no es un conocimiento "neutral" o emergente, ni un esquema objetivo o verificable. Se construye con el tiempo, como expresión del pensamiento sobre la existencia y posibilidades de las organizaciones en un contexto de objetivos y necesidades sociales. Pero no se trata de una teoría abstracta, sino de un modelo que se supone relacionado con propósitos de desarrollo o superación de conflictos en la sociedad. No como expresión personal sino como reflejo de ideas compartidas.

Son ideas conectadas con una visión global que se articulan para ofrecer un marco de sentido que busque explicar y promover las formas de mejora en la convivencia. No se trata de verdades demostradas sino de prioridades que se comunican como sustento o razones para mantener las relaciones y prácticas cotidianas. Como ideología, este sistema de ideas también representa intereses e influencias desde la diversidad de grupos en la organización, con una visión integradora. Aportan a una visión comprometida, junto con razones y convicciones. Por ejemplo, la necesidad de modelos cooperativos, de equidad distributiva, de concentración o de distribución del poder social, de regulación o libertad de expresión y comunicación.

En una obra anterior (Jorge Etkin, 2003) se señala que "la ideología se ofrece a los integrantes o participantes de la organización, como una conciencia colectiva y una percepción acerca del ambiente social compartido. No solo para ilustrar o esclarecer, sino para que ellos adopten ciertas prioridades en sus razonamientos". Ideas compartidas que hacen a la subjetividad de los comportamientos en la organización, no como recurso estratégico para conquistar voluntades. Dada la voluntad colectiva en un grupo o institución, para avanzar en sus fines y coordinar conductas sostienen e impulsan este sistema de ideas y creencias como algo reconocido que debe compartirse. En el plano de la comunicación, se trata de una difusión de creencias, preferencias y juicios de valor de la organización.

Desde la ideología como creencias compartidas, también los servicios y productos finales se toman como una forma de cristalizar voluntades. Se plasman en objetos simbólicos como mitos, leyendas, historias. Por ejemplo, en un hospital la idea de la enfermedad como si ella fuera "una invasión" de agentes externos; en una escuela, la del orden basado en la disciplina y la sumisión a la autoridad; en un negocio, la adoración del cliente como fuente exclusiva de atención, por encima de los motivos y necesidades del personal de la empresa.

El sistema de ideas "propio" de la organización o institución está relacionado con su particular historia, personajes y leyendas que se hacen trascendentes, no con historias personales. En este sentido, la ideología es también una conexión de la organización con su medio, con un orden institucional que excede a sus propósitos específicos. La organización es influenciada por enunciados ideológicos que vienen del contexto político, de los procesos culturales, de los medios de comunicación, del aparato estatal, del marco jurídico y de las instituciones económicas. En la temática del sistema de ideas encontramos entonces elementos del orden institucional y también referencias a la autonomía, a la construcción de creencias propias de la organización.

Las ideologías reflejan el orden instituido, pero también construcciones vinculadas con la identidad de la organización concreta y con el diagrama de fuerzas que está operando. Por lo tanto, no hay un "menú fijo de ideología" del cual elegir, como si fueran temas inmutables. Se trata de formas de influencia. Así, el autoritarismo o la democracia son fuerzas ambientales que se hacen ideología en organizaciones de acuerdo con sus condiciones concretas, la voluntad, conocimientos y espacios para su difusión. Las fuerzas, temas y formas de influencia en las organizaciones son diferentes, según se trate de corporaciones o proyectos reducidos.

En el marco de las relaciones de poder, cuando la ideología se entiende como un dispositivo de control directivo no otorga margen creativo a los destinatarios. La relación entre ideología y política tiene que ver con la búsqueda de adhesiones o compromisos. Desde esta perspectiva del poder, lo ideológico lleva la construcción de un clima de fondo; un discurso cuyo tono y connotación se refiere a lo prescriptivo, no opinable. Como estrategia comunicativa además permite referencias a sanciones para quienes la cuestionen. La ideología suele relacionarse con razones de orden superior, como la supervivencia o el crecimiento de la organización. Es esta una extensión ideológica del concepto de la cohesión necesaria, la articulación de esfuerzos como una de las condiciones para sostener la continuidad de un sistema social organizado.

La dimensión ideológica se comprende en el marco del orden simbólico y la subjetividad en la organización. No se trata de un análisis de los actos visibles sino de las significaciones que mueven dichos actos. Si el poder es una relación de fuerzas, lo ideológico tiene que ver con los símbolos de esa relación, con su representación. Es un discurso que se forma con predicciones y juicios de valor de los promotores. Como parte del discurso del poder, los ideólogos avanzan sobre los receptores hablando de una misión trascendente. Por ser un discurso unificador poco dispuesto a la crítica, la rigidez genera conflictos y tensiones en la organización, en particular para los innovadores y disidentes. Daniel Bell dice que el avance de las formas participativas y la necesidad de sincerar el poder también lleva hacia "el fin de las ideologías" (doble discurso). Cuando la voluntad política es construir un proyecto basado en la convicción y el compromiso, la ideología es fuente de debate para los participantes, no una cosa juzgada.

Como mensaje al exterior, las ideologías se expresan como una capacidad que identifica a la organización, que le permite ocupar un espacio y lograr que la diferencien. Hacia dentro, y como forma de autoridad, ciertas corporaciones definen una declaración de principios a la cual los integrantes deben adherir. Cuando se trata de un mensaje impuesto, en él se refleja el orden de las ideas dominantes, y el hecho de cuestionar esta ideología implica también poner en duda a la propia organización. En este sentido, el orden ideológico es esquemático, tiene una forma cerrada y resistente a la discusión. Opera como una decisión del poder instituido y no admite alternativas. Ocurre en los casos donde la conducción asume el "monopolio de la opinión legitimada" en la organización.

En el contexto de nuestra explicación, la ideología es entonces una base y expresión de la racionalidad dominante en la organización. Lo que la caracteriza es que actúa como un aparato conceptual con tendencias centralizadoras, ya que los grupos de interés y de opinión quieren establecerla como algo excluyente. Al diagrama de fuerzas o a la trama de poder en la organización le corresponde una red ideológica. Pero en los hechos, la diversidad es también un rasgo activo en las organizaciones, porque deben enfrentar desafíos también cambiantes. De modo que no siempre es la única orientación conceptual en la que los miembros disponen qué es lo considerado deseable o legítimo en la organización. En el caso de asociaciones voluntarias, que se sostienen sobre la base de una convocatoria ampliada, suelen coexistir múltiples corrientes de pensamiento sobre lo pensado, requerido y factible para el sistema.

Los discursos en que se expresan las ideologías informan a sus miembros (y a la comunidad) la importancia que esa organización reconoce a valores y a relaciones tales como la figura del fundador, la autoridad, la búsqueda de la verdad, la competencia, la solidaridad, la calidad de vida, la protección de la ecología, la idea de la evolución, la libertad de los mercados, la igualdad de oportunidades para todos, la supremacía del sistema por sobre los individuos, la obediencia como norma, etc. Encontrar "la traza ideológica" requiere reconocer la conexión de estos valores y principios con la trama de intereses vigente.

En los hechos, hablar de un sistema ideológico significa que no todas las creencias y valores tienen igual peso relativo a la hora de actuar en una organización determinada. Dicho sistema reduce la variedad de cursos de acción posibles, y marca a los actores ciertas pautas para interpretar qué es lo deseable para la organización. Pero además las ideologías se construyen y operan como una fuente de datos para sostener los lineamientos de los discursos oficiales y movilizar a los integrantes mediante consignas de conjunto. A la hora de tomar posición, permite una lectura de los cambios ambientales, desde la óptica de la organización.

2. Enfoques descriptivos y propositivos

Como construcción social o aparato conceptual colectivo, la ideología no opera como fuerza directa (sería el rol del poder) porque requiere argumentos creíbles o compartibles. No es un esquema volátil o flexible, aunque requiere cierta adecuación temporal, relacionado con los problemas compartidos. De manera que no puede estar desactualizada respecto de la realidad cotidiana, al punto de no explicar nada o sostener injusticias evidentes. Cuando no existen razones para el orden dominante que se proclama, cuando las explicaciones pierden sustento o son contradictorias, aparece en la organización la llamada "crisis de legitimidad" (Jürgen Habermas). Se trata de una crisis asociada con la falta de razones o argumentos, desde la perspectiva de la organización, por el predominio de intereses puntuales o sectoriales. Esta forma de crisis se hace visible cuando en la conducción de la organización se impone la fuerza y el crudo pragmatismo; creer solamente en aquello que funciona o genera resultados.

En su versión constructiva, como aporte al conocimiento de conjunto, la ideología incluye un modelo de pautas presentadas como parte del análisis de la cultura organizacional. Pero también como una propuesta y orientación para los proyectos, relaciones y procesos sociales, económicos y de poder en organizaciones e instituciones. Es decir, un sistema de ideas con un rol explicativo y legitimador de las decisiones de política. En su versión crítica, se trata de una estrategia destinada a explicitar las contradicciones en la organización, marcando los intereses en juego y su influencia en el conjunto. Como estrategia discursiva, la ideología es un modo de utilizar las formas de significación que llevan a entender y justificar ciertos propósitos como prioritarios (el desarrollo, la solidaridad, la competencia). En el sentido de su aplicabilidad las ideologías no son correctas o erróneas sino que se expresan como adecuadas a la organización en su contexto, al compararlas con el esquema de poder interno que la sostiene. Revela un conocimiento que admite fines descriptivos y propositivos; una visión y la toma de posición.

El conocimiento ideológico puede ser parte de un espacio de esclarecimiento, donde se trabajan (debaten) los aportes y críticas expresados como juicios de valor asociados a creencias o preferencias. A partir de un modelo de la organización considerado viable, es posible analizar el impacto de la complejidad de fuerzas y debatir las desigualdades injustas en las estructuras y relaciones humanas. El sistema de ideas propuesto tiene connotaciones autoritarias cuando no se consolida mediante el consenso, la enseñanza y el aprendizaje, sino desde el poder operando a través de juegos de palabras, la persuasión y el doble discurso.

En su versión manipuladora (no declarada), los promotores de la ideología pretenden que su forma de pensar, producto de sus intereses, se tome como verdad natural y generalizable. Buscan que su propuesta se convierta en una premisa implícita para toda la organización, como que el poder es un factor "natural" no discutible, y se la asocia con ciertas capacidades que disponen los directivos. Constituye un marco conceptual uniforme y establecido, al cual los participantes deben acomodar sus finalidades; un conjunto de ideas que se busca incorporar a la cultura organizacional, como un hábito normalizado para el pensar cotidiano. En este marco, la ideología es un saber esquemático o visión cerrada que refuerza el orden dominante.

No se trata de limitar la pertinencia del concepto de sistemas de ideas en el marco descriptivo de la cultura organizacional. Además de explicar sus fuentes normales (la educación, la comunicación y la convivencia) corresponde mostrar sus relaciones con el orden instituido en la organización. En *Ciencia política*, Manuel Pastor destaca los peligros del pensamiento oculto en grupos y organizaciones. Afirma que "la ideología es una filosofía política popularizada, dramatizada, simplificada, sacralizada y desrealizada". Esta es una lectura de la influencia política en lo ideológico que también ocurre con las comunicaciones y decisiones, con el encuadre y las limitaciones derivadas de estrategias directivas no declaradas y su inclusión en el esquema de pensar, no compartido sino dominante.

Respecto del par conceptual ética-ideología, Jorge Wagensberg sostiene que "bajo ciertas condiciones, puede ser un proceso social constructivo, en particular de las regulaciones sociales. Nuestra noción de ideología es un simple sistema moral que debe ser compatible con los sistemas económicos y sociales en que se manifiesta". Como puede verse, dicho autor se aparta de la visión de la ideología como racionalización para justificar o disfrazar lo destructivo de una realidad social (sentido que le dan los pensadores marxistas). Destaca la ideología como saber positivo, debe sostenerse como saber o creencia orientadora, sin pretensión de obligación o legalidad ni tampoco como propuesta dogmática, y por ende, irracional.

La visión positiva rescata el papel esclarecedor que tienen las ideologías cuando funcionan como sistema de ideas y no como estrategias de ocultamiento. Para Michael Foucault: "Llegamos a una noción muy embarazosa de la ideología presentada como un elemento negativo, porque la relación del sujeto con la verdad, o la relación de conocimiento, es velada, perturbada, oscurecida por las relaciones sociales o las formas políticas impuestas desde el exterior". Según este autor la ideología sería la marca, el estigma de estas relaciones políticas o económicas aplicado a un sujeto que, por derecho, debería estar abierto a la verdad. "Debemos mostrar cómo las condiciones políticas y económicas en la existencia cotidiana no son un velo o un obstáculo para el sujeto de conocimiento, sino aquello a través de lo cual se forman los sujetos y las relaciones de verdad."

En síntesis, la ideología se muestra como construcción cultural que implica una orientación y búsqueda de aceptación voluntaria. Vista en términos políticos, desarrolla versiones funcionales a los proyectos de poder, pero como sistema de ideas es un componente de la cultura y el saber de conjunto, transmitido en la organización. De manera tal que la ideología no es perversa o virtuosa como valor absoluto. Como expresión de los grupos de opinión o interés, las ideologías pueden llegar a tener efecto cohesivo, aunque también parte de los procesos disruptivos.

La conclusión no es la censura o legitimación anticipada de los contenidos ideológicos. Se trata de advertir sobre los peligros de su aceptación como construcción acordada, cuando en la realidad forma parte de fines estratégicos no declarados. Para ser constructiva, es necesario que la ideología no promueva dogmas, prejuicios e intolerancia; que brinde la posibilidad de mostrar su falsedad cuando se la desplaza de su contexto de enunciación. Y también advertir sobre la necesidad de evaluar tanto su relación con la cultura organizacional como con el orden instituido, la estructura de poder vigente.

3. Premisas ideológicas y modelos mentales

Las ideologías tienen conceptos explicitados, formas de pensar sobre los fines deseables para el sistema en su contexto. Pero en sus contenidos también influye el nivel de lo subyacente, de lo aceptado en la organización como supuesto o principio; los modelos mentales de los individuos que operan en la base de la cultura de los grupos, como premisas del comportamiento deseable. En términos de Peter Senge, son "imágenes, supuestos e historias que los integrantes comparten en lo implícito y que influyen en sus actos". Por ejemplo, considerar a los competidores como una amenaza, que los opositores deben ser desplazados del mercado o pensar que cada uno es solo responsable de su propio trabajo, y por lo tanto no debe preocuparse por la tarea de los demás. O creer que la mentira está permitida cuando se trata de promover transacciones comerciales (la llamada mentira convencional). Mientras que en un entorno cooperativo es la idea de la solidaridad como base de las relaciones humanas, es la que opera como premisa, como idea cristalizada, no como criterio a discutir.

En este mismo sentido, Edgar Schein afirma que uno de los elementos de la cultura (como ideas y creencias) son las "presunciones subyacentes" en el grupo y que operan en su nivel más profundo, como la idea de que toda nueva tecnología trae desempleo a la empresa. Estos modelos mentales también tienen una connotación educativa o formativa para los miembros. Al respecto, Chris Argyris se refiere a las "teorías en uso" en las ideologías, como base no declarada, pero legitimadora de la acción concreta. Menciona supuestos implícitos que orientan la conducta y enseñan a los miembros del grupo la manera de percibir, pensar y sentir las cosas. Es diferente de la teoría expuesta, de las razones que se utilizan en el discurso externo. En las ideas sobre poder y control en las relaciones, es pensar que solo el control y la amenaza del castigo hace que los individuos se preocupen por no cometer errores en su trabajo.

Estas menciones a los modelos mentales no implican que deban ser negados o suprimidos como concepto. Ellos son componentes normales del conocimiento de los individuos y grupos. No es que impidan conocer, sino que definen la manera como se conoce. Entre ellos hay modelos abiertos, pero también conservadores, que llevan hacia al cierre en las comunicaciones, al rechazo de las novedades y a una reducida disposición al cambio. Las partes se cierran en lo que cada una piensa o supone y no hay voluntad de tratar el tema con un sentido crítico (autocrítica). Para darle creatividad a las decisiones es necesario explicitar o dar a luz estas creencias o prejuicios. Por lo tanto, una importante tarea educativa consiste en mostrar el trasfondo de lo obvio, el mundo que las partes dan por sentado y que no se discute. Y que marca la relación comunicativa.

Desde la sociología, Alfred Schultz ha señalado que significamos y construimos nuestros ámbitos de sentido "porque la realidad está constituida por el sentido de muestras experiencias personales inmediatas, y no por la estructura ontológica de los objetos"; es decir, no "por la cosa en sí misma". Los modelos mentales se forman y se entienden en un contexto de influencias. Como reconoce dicho autor: "Si bien la definición del mundo del individuo surge de la subjetividad o de su propia perspectiva, se trata de un ser social enraizado en una realidad intersubjetiva, también construida con otros". Eso explica por qué los modelos mentales tienden a ser congruentes con las ideas dominantes en la organización.

Lo mismo ocurre con la propia experiencia de los actores, las posiciones personales que ellos van construyendo con el tiempo. En la comunicación hay un componente de carácter perceptivo o de apreciación que es personal, pero en las formas de expresión hay un sentido asociado al lenguaje, y esto es cultural. De manera que diversas fuentes interactúan en el proceso de significación. Aquí se trata de destacar las ideas que están fijadas o cristalizadas y que hacen al esquema o modelo mental.

Son diferencias que importan a la hora de analizar acciones conjuntas, porque los miembros se hacen fuertes y defienden sus posiciones, consideran incorrecta una conducta basada en otras premisas. Los modelos a los cuales nos referimos son "imágenes, supuestos e historias que los integrantes comparten en lo implícito y que influyen en sus actos" (Peter Senge, 2005). Son también las creencias que se comparten sin hablar de ellas, que en lo cotidiano se toman como válidas y no se cuestionan. En este sentido, constituyen "el trasfondo de lo obvio" que se asume y no se discute. En tiempos de cambio, la defensa de los esquemas mentales, lo que es comprensible, es también un factor que afecta a la posibilidad de entendimiento entre individuos y grupos. El problema con los esquemas es que suelen ser tácitos, operan por debajo de los razonamientos y las prácticas cotidianas. No es común que sean objeto de crítica porque ofrecen alguna seguridad frente a las dudas ambientales. Al respecto, Chris Argyris habla de la conducta defensiva (mantener lo conocido) como la forma en que los individuos creen dominar las circunstancias o lo imprevisible.

Los modelos mentales tienen un importante rol en las relaciones sociales, son como una base o un conocimiento sedimentado. Pero también pueden dificultar la comunicación con el resto de la organización. Los grupos pueden tener posiciones encontradas debido a premisas no declaradas, que no entran en la discusión. Un ejemplo es cuando los obreros de una fábrica creen que deben ocultar de la supervisión las fallas o roturas porque significan una muestra de incapacidad y pueden originar sanciones. O la idea de que toda nueva tecnología afecta a la remuneración o la continuidad en el trabajo. En el marco de una conversación, cuando hay intereses en juego, también opera un nivel no expresado de ideas. Se comparte el mismo lenguaje, pero el malentendido es posible debido a la diferencia de los supuestos de las partes. El jefe puede entender que es prioritario vivir para la empresa, mientras que sus empleados (e interlocutores en la relación comunicativa) piensan que lo importante es cobrar lo más posible por su trabajo. Si hay un "mal" entendido, no es un error, es el peso de la diversidad, pero también la influencia de posiciones ideológicas diferentes.

Los modelos mentales operan como filtros o lentes utilizados en la lectura de la realidad. También tienen la función de reducir la ansiedad de los individuos en su trabajo. Permiten disponer de una respuesta anticipada sobre lo existente o lo deseable, llevar tranquilidad de lo conocido a quienes deben decidir o enfrentar dualidades. En un banco, los gerentes están convencidos (no solo "saben") que un deudor debe pagar, que las deudas no se reducen y los atrasos se compensan con intereses. Los gerentes no viven sus esquemas rígidos o cristalizados, como una limitación porque, en los hechos, desde el poder se aplican y funcionan. Y además les sirven para armar un razonamiento frente a situaciones nuevas. En la oficina, frente a la llegada de un nuevo empleado, es natural informarle cuáles son los modos de pensar en el grupo y en la organización. Además, es cierto que en una realidad cambiante en algún momento los esquemas resultan ineficaces, entran en contradicción. Por eso, los modelos mentales operan "en el mientras tanto".

El trasfondo o base cognitiva tiene elementos que surgen de la relación cotidiana en el trabajo o bien se toman del contexto y de instituciones (como la escuela o la familia). Otros elementos son parte de una estrategia directiva que avanza sobre los modos de pensar; por ejemplo, la idea de "vencer o morir en la lucha competitiva". De manera que la base cognitiva incluye modelos del mundo que comparten los miembros y que se establecen y comunican a través de la interacción social (no por razones políticas). Pero también en esos modelos existen elementos ideológicos que promueve la organización a través de procesos intencionales, tales como el diseño y difusión de la imagen corporativa, los rasgos que identifican a la organización y los procesos de socialización.

Las bases cognitivas de la organización o trasfondo de lo conocido se refieren a una dimensión profunda en el análisis de las comunicaciones. Es lo que ocurre cuando cierto saber no discutible por las partes se instala como una conclusión, un factor rígido, de orden estructural y cultural. Ante cambios en el entorno y la necesidad de innovación, el desafío es "desaprender" las costumbres que limitan la creatividad. Leonardo Schvarstein, desde el análisis organizacional, señala que cambiar hacia "la comunicación mutativa" es una necesidad "para dar idea de la radical transformación que requieren los procesos de significación y también los significantes utilizados cuando se refieren a contenidos portadores de novedad". Un cambio que involucra a las políticas de dirección. La organización debe entrar en un tiempo de autocrítica y superar sus propios modelos de conducción y comunicación. Avanzar así en el tema de la transparencia en la función directiva para evitar la hipocresía y dejar de premiar la obsecuencia y la obediencia debida.

La organización, a través de la reflexión o de las crisis, debe superarse y avanzar sobre los supuestos no exteriorizados que afectan a las relaciones de poder y comunicación, con consecuencias sostenidas en el tiempo. Se trata de cambios que van a influenciar un amplio espectro de conductas en el futuro, y no solo los temas técnicos o de coyuntura. A este proceso crítico y constructivo se lo conoce como "aprender a aprender" (Ernesto Gore), e implica superar las condiciones (prejuicios) culturales. Es un proceso que aumenta la capacidad creativa porque remueve los esquemas subyacentes que impiden razonar con amplitud, y que lleva a una organización cerrada o rutinaria hacia una "organización inteligente", con capacidad para aprender a partir del reconocimiento de sus errores. Una capacidad de aprendizaje que colabora en la dinámica de la organización.

En este marco de ideas y razones compartidas (o propuestas), el concepto de ideología se refiere a un modelo de pensamiento que incluye la explicación y el mantenimiento de las prioridades de política en la organización. Significa dejar de lado el argumento de la fuerza, y considerar el peso de los principios, valores y creencias sociales como base para el análisis y las decisiones de gobierno. También como elementos de juicio, razones y proyectos integradores, así como superadores de las dualidades y divergencias en la organización. De modo que en el modelo ideológico operan factores explicativos y normativos que aportan respaldo y orientación a las propuestas de gobierno. La ideología incluye razonamiento en cuanto a los procesos sociales, no proyectos personales. Por ejemplo, es tomar una posición sobre la necesidad de colaboración, de solidaridad e integración en la organización a través de propósitos compartidos.

4. Ideología y proyecto compartido

En un sentido constructivo, los aportes de la cultura a los modelos ideológicos de la organización no son abstractos o neutrales. Implican cierto orden de preferencias del poder legitimador, brindando cierta coherencia en el plano de las idealizaciones. Tal como afirma Gareth Morgan, "las ideas acerca de la organización siempre se basan en imágenes o metáforas implícitas que nos hacen ver, entender y manejar las situaciones de un modo particular". Aunque también son una fuente de distorsión porque al crear maneras de ver las cosas, crean igualmente maneras de no verlas. Y ese es el peligro de manejar una sola teoría "para todo propósito". Por ejemplo, la visión mecanicista de la empresa que interpreta todas las actividades y relaciones como parte de un proceso productivo, una relación entre medios y fines.

El definir y difundir imágenes que van a operar como esquemas mentales o contextos de significación es negativo cuando se trata de "hacer creer lo que no es" demostrable o sostenible como parte de una ideología o proyecto de poder cuyos fines no son declarados. Es esta una desviación no deseable y ocurre cuando se instalan ficciones e ilusiones interesadas, o metáforas incorrectas. Estas imágenes se formalizan, expresan y representan a través de los símbolos corporativos. De manera que el análisis de las fuentes de estos signos y símbolos es un camino para poner en evidencia la intención política presente en la construcción de ciertos significados colectivos. Por ejemplo, cuando se instala y prioriza la imagen de la lucha en los mercados para relegar los modelos cooperativos, basados en principios y valores solidarios.

El imaginario puede también reflejar la intención de postergar o desviar la atención respecto de las desigualdades o injusticias vigentes en las relaciones concretas. A pesar de estas tendencias a priorizar la apariencia por sobre la verdad, y la búsqueda de idealizar o dar primacía a las funciones productivas, también es cierto que los individuos y grupos necesitan en su trabajo sentirse parte de un proyecto creativo, relacionado con sus ilusiones y esperanzas. No como un mero ejercicio retórico sino como parte de un proceso de cambio. De modo que la preocupación por lograr imagen y significación compartidas es vital para el modelo de organización y para la función directiva.

En su versión constructiva, los conceptos del marco ideológico contribuyen al contenido sociocultural de las relaciones laborales, a las ideas de equidad, colaboración y respeto de la libertad de pensamiento en las relaciones individuo-grupo-organización. Relaciones que hacen a la sustentabilidad del proyecto y a que los integrantes de la organización sean considerados no como medios o recursos sino como fundamento y fines del sistema. En esta propuesta, el poder opera como una construcción de conjunto, con sus alcances asociados a la dignidad de la condición humana. Una visión del poder basado en ideas compartidas que lo sostengan, incluyendo conceptos de integración y participación, no de postergación y dominación. Esto supera el discurso autoritario y prioriza el contenido responsable de la relación aceptada.

Los principios que acompañan a la definición ideológica, en este caso del poder, recuerdan que sus objetivos y relaciones tienen que ver con "el deber ser"; es decir, como parte de un proyecto compartido. Según la orientación del poder (conservador o renovador), dicho orden puede referirse a la actualización del mismo sistema vigente o a su renovación. Por ejemplo, si se considera el modelo cooperativo en lugar de la figura de empresa privada como objetivo del cambio propuesto. En la comunicación del proyecto importa la transparencia del discurso para poner en evidencia la importancia del sistema de ideas, valores y creencias compartidas. Pone de manifiesto una relación de poder en un marco legitimado y sustentable, expresado con un mensaje motivador y participativo.

En la comunicación de la ideología, los códigos cuentan. Se trata de hacerla entendible en una cultura compartida, no en un orden impuesto. Los términos del mensaje son parte del lenguaje en uso; es decir, deben seguir las convenciones. Pero cuando consideramos los intereses y preconceptos en juego, vemos que el texto también es parte de la estrategia discursiva elegida por los ideólogos. Las ideologías conservan el sustento propio de su época de origen, una connotación histórica (como el credo o tradiciones) que se arrastran en el tiempo. También en ese discurso se hallan rastros de mitos, utopías y otras fantasías grupales. No todo el discurso de la ideología puede construirse a través del razonamiento; se matizan con la narrativa, el relato y mitos conocidos. El mensaje incluye entonces componentes racionales y emocionales, que se conjugan en la comunicación cotidiana de las organizaciones.

Una de las formas de introducir ideología en el dominio de lo lingüístico es utilizar la metáfora en las comunicaciones y también en la formación de la imagen corporativa, hacia dentro y en el contexto. La metáfora permite asociar una consigna con elementos de otras realidades que son apreciadas o preferidas por el ideólogo o los grupos de interés. Por ejemplo, promover un discurso que presenta la escuela como extensión de la familia, la empresa como un espacio de desarrollo personal o el periódico como un proyecto de libre expresión de ideas. También la idea de convencer a los operarios que son soldados de una causa, no solo trabajadores. No se trata de una analogía creativa sino persuasiva, que busque sacar a los individuos de la presión de su realidad cotidiana. Según el sesgo ideológico, las consignas pueden llevar a movilizar a los integrantes tras un proceso de cambio o, en el otro extremo, a reforzar los componentes represivos de la organización.

Una característica del discurso ideológico es que trata de expresar las condiciones y explicar las diferencias de ideas en la organización. Se trata de articular dichas diferencias, en el marco de una concepción de conjunto. No decimos que en la organización exista "una" ideología porque tampoco existe "un solo poder", sino que incluye un diagrama de fuerzas. Pero el discurso ideológico, por su carácter articulador, también tiene una orientación centralizadora. Por definición, no es una fuente de dispersión de ideas. Se trata de un metamensaje que aporta y condiciona. Con sus líneas directrices y las razones derivadas. Vista como un sistema de conceptos rectores para optar entre ciertas preferencias (cooperar-competir, humanismo-tecnocracia), la ideología es un marco para ordenar, criticar y priorizar líneas de pensamiento.

Es lo que sucede con la idea de un "Estado protector": constituye un sesgo ideológico que forma parte del discurso de ciertas empresas ineficientes que viven del subsidio público. En el ámbito de la salud, hablar del "derecho a la vida" para mantener a un paciente en estado vegetativo puede ser una intención de formato ideológico cuando los laboratorios utilizan dicho concepto para mejorar la venta de medicinas en las clínicas. Del mismo modo, la referencia al derecho de responder en "defensa propia" o la idea de la "legítima defensa" pueden ser utilizadas desde el poder para justificar los abusos y la represión arbitraria. La "supervivencia del más apto" es una idea que también intenta legitimar el uso de la fuerza por parte de los vencedores. Desde esta mirada, la comunicación está asociada no a lo socialmente deseable sino a un juego de intereses.

El análisis de la dimensión ideológica en las comunicaciones implica poner atención sobre los espacios de la organización donde opera la estrategia de los textos o consignas. Por ejemplo, en la gerencia de finanzas donde se predica y difunde que "todo tiene un precio". También es lo que ocurre en la dirección de redacción de un periódico, donde se comunica la línea temática y editorial de esa publicación pensando en los resultados. A ello se refiere la idea de "bajar línea" desde la dirección, entendida como opción política y prioridades ideológicas. De manera que en las organizaciones también se definen ciertos discursos orientados hacia las reglas que dan sentido a lo simbólico de las comunicaciones de fondo.

5. Racionalidad dominante

Hemos visto 2cómo el diagrama de fuerzas en la organización presiona sobre las políticas que intervienen en las decisiones de gobierno. Más precisamente, hemos identificado a la llamada racionalidad dominante que informa sobre las lógicas y fuerzas que los directivos deben seguir en el marco de los planes y políticas de la institución. Un modo "objetivado de pensar" sobre el tema de las preferencias o prioridades en el orden de las ideas directivas. Por ejemplo, la definición de las alianzas deseables con otras entidades e instituciones y la calificación positiva o bien crítica sobre los temas que pueden negociarse. También los criterios prioritarios en los procesos de selección de personal o los modos directivos de razonar al decidir sobre las inversiones y la distribución de recursos en la estructura y en los proyectos de la organización.

En este marco, para desarrollar el tema de las ideologías es posible distinguir tres enfoques sobre las formas de pensar y los criterios sostenidos desde la función de dirección y gobierno. El primer enfoque es de base racional y determinista. Se caracteriza por explicar el funcionamiento y desarrollo de la organización a través de ideas que priorizan conceptos sobre los objetivos de producto y servicios finales. Es un pensamiento que razona en términos de desempeño y logro de resultados planeados; racional en tanto que los directivos deciden considerando la relación entre medios y fines, costos y beneficios, insumos y producto, inversión y rentabilidad. Determinista en cuanto a que las decisiones son reflejo de prioridades fijadas desde el poder; vienen definidas por las metas de eficacia y alianzas en el gobierno.

Un segundo enfoque es la visión sociocultural. Posición ideológica que prioriza el factor humano, motivada y sustentada por los derechos humanos, y que contribuye a la construcción del capital social y la responsabilidad de la organización en el desarrollo comunitario. Un sistema de ideas que entiende la organización como basada en sus conocimientos, valores y principios de equidad en las relaciones. Constituye un modelo de relación cooperativa en el trabajo de conjunto para vincular a la organización con las necesidades y demandas de la sociedad. Un enfoque para vincular los acuerdos de voluntades por sobre las relaciones de poder dominantes. No ignora las metas de producir bienes y servicios, pero desde la idea de proyectos compartidos. Es la búsqueda de sustentabilidad a partir del reconocimiento y legitimación del sistema en su contexto. Actitud distinta de la decisión de "poner orden" desde las estrategias de poder que intentan quienes controlan los recursos de la organización a favor de sus propios intereses. La visión sociocultural destaca la importancia de la voluntad, cooperación y compromiso de los integrantes con respecto a la organización.

Un tercer sistema de ideas considera la organización como un sistema complejo. El gobierno como función superadora de las demandas contradictorias y de las dualidades en una realidad donde confluyen factores de orden social, económico y político. En ella deben atenderse fuerzas y capacidades diversas, no uniformarlas. La idea de la complejidad se refiere a gestionar el orden en la diversidad, en la diferenciación e integración de las capacidades, en la estabilidad y el cambio en los procesos, en planes de conjunto que integren demandas individuales, en el poder legitimado y en las resistencias a los proyectos complejos de la organización, considerando la diversidad de intereses en juego junto a los valores que deben ser sostenidos. El sistema de ideas basado en la complejidad de las organizaciones se manifiesta ante la necesidad de avanzar en varios sentidos a la vez, teniendo en cuenta la necesidad de cambio, así como la estabilidad y los acuerdos en cuanto a valores y principios. Se busca que la interacción sea constructiva en el sistema.

En la visión compleja de la organización pueden citarse ejemplos de pares duales críticos o de fuerzas divergentes que coexisten en una trama cambiante en función de las tensiones, a saber: a) la relación dual entre tecnología y estabilidad laboral; b) el pensamiento hegemónico y la diversidad de significaciones desde la propia lectura de los participantes; c) la identidad de la organización como invariancia frente a las adaptaciones que requiere la estrategia competitiva y las demandas de cooperación; d) la relación entre la necesidad de resultados en lo inmediato y las consecuencias no deseadas en el largo plazo, y e) la interacción entre las condiciones de los objetivos de conjunto y las demandas derivadas de los motivos y voluntades personales.

6. Complejo y gobernable

La idea de gobernabilidad apunta a construir organizaciones sustentables, con capacidad para superar conflictos y tensiones en un entorno con distintas exigencias, un medio en donde operan múltiples actores sociales, grupos de interés y de influencia. Los participantes (*stakeholders*) se relacionan con la empresa, aportan a ella y la necesitan. En esta concepción de empresa, Peter Davis y John Donaldson dicen que no se trata de cambiar el sentido de la fuerza, sino de instalar un ambiente democrático porque "ninguna organización debe atender los intereses de solo uno de los grupos participantes o *stakeholders*". A su vez, el enfoque cooperativista propone buscar el factor común o esfuerzo articulador en la diversidad, lo que implica promover valores sociales y principios reconocidos, que además son aplicados en proyectos compartidos.

La idea racional determinista de "el fin justifica los medios", limita la posibilidad de gestionar las complejidades interna y externa al impactar sobre las reglas de juego y condiciones de la relación laboral. Una gestión que pone las metas y el desempeño de la organización por encima de los fines individuales. En la organización compleja, opera la dialógica; es decir, razones diversas pero coexistentes, porque deben aplicarse en forma conjunta. Por ejemplo, la necesidad de tener capacidad competitiva en los mercados al mismo tiempo que desarrollar lazos de integración y cooperación. También es complejo porque para ser sustentable la organización necesita respetar las diferencias internas y la voluntad de articular esfuerzos; es decir, el trabajo en equipo y la cooperación al igual que la capacidad competitiva y la mejora continuada. La dualidad aporta complejidad, pero también ideas de gobernabilidad y sustentabilidad.

Para operar en un entorno complejo es prioritario repensar la organización como sistema, buscando construirla desde la idea del contrato social, no solo como un equilibrio de aportes y contribuciones. La organización como acuerdo de voluntades es un proyecto compartido sobre principios de equidad y participación. La cuestión es: ¿por qué los directivos aceptarían este cambio de base ideológica, pasar de la racionalidad del poder desigual a los principios de colaboración y responsabilidad social? Existen factores de orden ideológico que requieren un debate previo para construir una voluntad política, no se trata solo de discutir la factibilidad de un enfoque. Debe debatirse sobre las relaciones, la interacción entre la eficacia asociada al poder político y las condiciones de la sustentabilidad social.

El enfoque de la complejidad supone una actitud distinta de la decisión de "poner orden" desde las estrategias de poder. Un modo de pensar que defina la gestión y dirección en términos de prioridades y también de límites en las postergaciones. Significa buscar un equilibrio ponderado que contemple las demandas de los distintos grupos de interés, en lo que tengan de legítimas. Pero también plantea condiciones respecto del concepto de la viabilidad en la organización. Un modelo de organización viable que considere la tríada de fines compartidos, la justicia y la equidad en las relaciones.

Es una posición ideológica constructiva con sus rasgos propios, que busca un acuerdo de prioridades tras evaluar las capacidades y los momentos de la organización en su contexto. Considerar la complejidad no quiere decir imponer una desigualdad desde el poder político, sino que es una construcción de proyectos que atiendan en el tiempo las demandas necesarias para operar una organización sustentable.

En una realidad compleja, la dirección y el gobierno se encuentran frente a relaciones y procesos que requieren ser complementarios, pero también con situaciones contradictorias de carácter estructural. Un ejemplo lo vemos en la dualidad que plantea el cambio tecnológico, cuando la incorporación de nuevos equipos también genera ansiedad y desempleo. Desde la visión mecanicista, la explicación indica dilemas en la evolución, en los procesos de mejora continua o en la necesidad de racionalización en un entorno desafiante y competitivo. Desde el sistema social no existe una mirada resignada sino proactiva. Se enfrenta la dualidad buscando decisiones que limiten y compensen los efectos de marginación o desempleo. Decisiones que consideran el crecimiento de la empresa al igual que sus efectos sobre el estado emocional y compromiso del personal. Políticas de empresa que traten de compensar los efectos del cambio tecnológico sobre el tejido social de la organización.

7. Gráfico 3. Políticas y estrategias. La dinámica en contexto

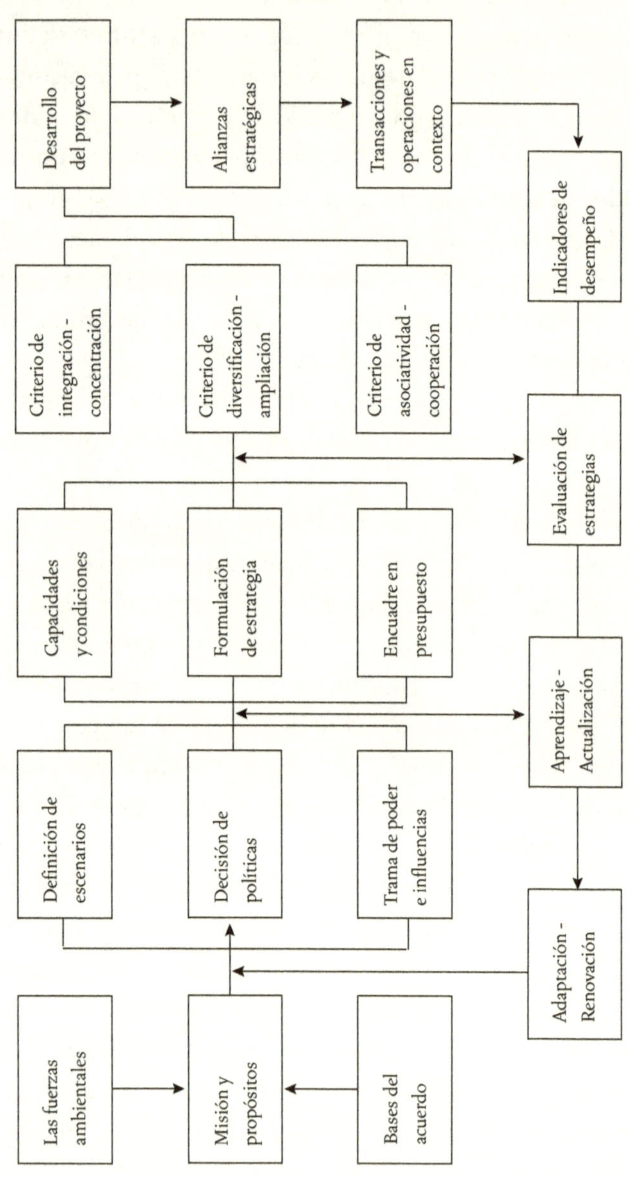

El *Gráfico 3* destaca las relaciones entre políticas y estrategias en la organización compleja. Una imagen que destaca las interacciones de decisiones asociadas con las funciones de Gobierno, Dirección y Gerencia, en el contexto global donde la organización realiza sus transacciones. Muestra una secuencia de decisiones, que son redefinidas de acuerdo a los cambios en el entorno del proceso y la revisión de los criterios de gobierno. Por ejemplo los ajustes en la interna del poder o en la estructura societaria que afectan los propósitos o los planes de negocios. Pero la idea de empresa sustentable también destaca el peso de los límites o condiciones de viabilidad de la organización, las bases sobre las cuales el sistema opera. Las políticas operan para priorizar las decisiones estratégicas operativas. En la macropolítica (gobierno) también se definen las necesarias visiones de conjunto, las prioridades. El gráfico refiere a tres estrategias básicas. Ellas son: hacia la concentración, la diversificación y la cooperación, como diferentes formas de organizar, dirigir y apropiar los recursos. En la concentración opera el interés de reunir fuerzas para concentrar la oferta y avanzar en el control de variables en los mercados. En la diversificación, la decisión es trabajar en varios frentes a la vez, por caso ofrecer productos para demandas y espacios diferentes, con unidades que disponen de cierta autonomía y descentralización. Es también la visión de avanzar con un enfoque de poder compartido. En la asociatividad, la referencia es al tipo de organización, por caso el enfoque y las formas cooperativas de producción y distribución. Muestra cómo los resultados son evaluados en un proceso que incluye la confirmación, como también el replanteo de las decisiones, considerando las nuevas prioridades de orden directivo y estratégico. El gráfico muestra los procesos de planeamiento de la organización en su versión dinámica, en contexto. Destaca las interacciones y relaciones con actores diversos. Las políticas y estrategias implican límites pero también la definición de criterios y márgenes de maniobra para atender situaciones críticas. Ello incluye la finalidad de promover ciertas decisiones, pero también los espacios para operar en un entorno competitivo e inestable. Las políticas y estrategias limitan el desorden, la desorientación. El gráfico refiere a una visión amplia de la gestión directiva, en un sistema no burocrático. Con capacidad de renovarse. Políticas y estrategias en el marco de los procesos de estabilidad, transición y transformación.

CAPÍTULO 10

Poder, comunicación y discurso

1. El discurso ideológico

El discurso ideológico en una organización se refiere a las comunicaciones con propuestas sobre las formas de pensar y las conductas que se consideran deseables, como modelos ideales. En el presente estudio brindaremos una posición y propuesta realizada y promovida desde la visión directiva relacionada con los propósitos de la organización. Contiene argumentos que no se fundan en comprobación científica, sino en creencias y convicciones que se hacen públicas con intención de darle un valor genérico. Opera como un sistema de ideas para tomar decisiones de política en lo referido a juicios de valor. Por ejemplo, si el Estado debe ser considerado como actor obligado a regular la actividad económica o solo tiene la función de definir la legislación y políticas públicas.

En algunas versiones del discurso ideológico existe un efecto de disociación. Es lo que ocurre cuando se separa el mundo de las ideas (la voluntad) del dominio de la praxis (lo practicado). Los límites de la ideología son la falta de capacidad de convocatoria y de realización, el quedarse en el plano del voluntarismo. De allí la frase: "cambiar un poco de todo (apariencias) para que todo siga igual (el sistema)". La disociación tiene que ver con la relación entre la ideología y la estrategia de poder no declarada, diferente del discurso transparente orientado a plantear una relación de fuerza explícita que debe ser superada.

¿Qué hay en la forma de expresión o discurso ideológico que permite la persuasión de los seguidores? En la visión constructiva de la ideología, como búsqueda de ideas compartidas, los emisores o difusores parten de las razones y convicciones, se supone que no los mueven intereses ocultos. En la comunicación de una ideología transparente, la idea prioritaria es posicionar un mensaje aunque también lo es lograr credibilidad. La ideología busca la adhesión basada en: a) la aceptación de los argumentos del emisor o comunicador, y de las creencias compartidas; b) el impacto emocional de la comunicación, los aspectos simbólicos asociados con la propuesta, y c) los efectos de la narrativa o la fuerza del relato, como cuando el mensaje incluye también referencias a experiencias compartidas.

El discurso de la ideología también se destaca por sus particulares reglas de sintaxis, o sea, por los modos de construir el texto, su redacción. En la versión política, su forma es plantear contenidos y actores en términos de coincidencias y divergencias. En el marco del debate, a los miembros que rechazan dichas ideas se los llama transgresores. El discurso ideológico plantea al receptor consignas que recuerdan las premisas o trasfondo del mensaje. Quien elige y opera con esos relatos transmite el mensaje, y a la vez recuerda su sentido, su rol en una estrategia. Un llamado a la unidad, bajo la forma de "ellos o nosotros", diciendo que "quienes no están a favor, están en contra". Con respecto a los espacios, el discurso llama a "una toma de posición", comunica que "no hay alternativa" (a ese planteo), y "así debe entenderse la realidad".

Un rasgo crítico del discurso ideológico (como estrategia de poder), es el fijar condiciones o silenciar las diferencias de ideas en la organización. O bien tratar de cohesionar la diversidad detrás de una concepción dominante. No decimos que en la organización exista "una" ideología porque tampoco existe "un solo poder" excluyente. Ella actúa en el marco de un diagrama de ideas y fuerzas. Como rasgo, el discurso ideológico de los directivos implica cierta tendencia reforzadora del poder vigente. Parte de una estrategia cuyo metamensaje es una orientación centralizadora. La ideología, como estrategia, interviene en la interpretación de otras ideas y símbolos aplicados en la comunicación y la gestión directiva de la organización.

Este discurso ideológico no es una representación ingenua porque induce y presiona a tomar posiciones o fijar prioridades excluyentes. Además distingue y compromete a los predicadores respecto de lo dicho y sus consecuencias. En su estudio crítico *L'Opium des Intellectuels*, Raymond Aron escribió: "las ideologías mezclan siempre, con mayor o menor fortuna, proposiciones de hecho con juicios de valor. Ellas expresan tanto una visión sobre el mundo como la voluntad dirigida hacia el futuro". Son profecías activas y buscan ser creíbles en el marco de sus prioridades y limitaciones.

En cuanto a la deformación del proceso ideológico, se manifiesta a través del decir falso, mediante la hipocresía y el doble discurso. En su obra acerca de los sistemas totalitarios Hannah Arendt reconoce que la ideología (como representación) forma parte orgánica del conjunto social. En un sentido crítico, señala que se trata de un "instrumento de acción, pero de una acción carente por esencia de humildad, que lleva a la deformación y trituración de la realidad". Dicha autora plantea la cuestión de la credibilidad y el consenso si el propósito es hacer del discurso ideológico una fuente de compromiso. Pero el análisis crítico requiere diferenciar si el discurso está orientado hacia un sistema de ideas o de creencias reconocido, o solo es parte de una estrategia de poder.

2. Las fuerzas del lenguaje

La comunicación del poder mediante el discurso directivo indica una relación donde la intención es establecer la primacía de cierta voluntad, pero no de manera unilateral sino en el marco de un proyecto de conjunto que incluya la receptividad (aceptación) de los participantes. En la medida en que se requiere cierta coincidencia o aceptación por parte del receptor, el discurso desde el poder se emite y recibe en una relación reconocida, no de sometimiento o dominación. Este marco incluye la posibilidad de enfrentar oposiciones y superar críticas emergentes de la relación laboral. Como referencia conceptual, es posible hablar de la dialéctica del poder como uno de los marcos para la explicación de los procesos (dinámica) de la comunicación entre los participantes.

En el dominio de las comunicaciones y el discurso, podemos imaginar a la organización y sus directivos tratando de avanzar con un mensaje cohesionador y las resistencias que ello trae. En cuanto a su aplicación, lo hace mediante la definición de signos, códigos, procesos de enseñanza o significación, para la formación de imágenes compartidas. Es un intento de darle un sentido a mensajes y criterios diversos, para que se vean según los propósitos de la dirección. Desde la función directiva se influye sobre la relación entre el significante (lo expresado) y el significado (contenido) reconocido para ciertos mensajes críticos en la organización.

En los filósofos antiguos, la dialéctica es definida como un método de pensar y exponer las ideas en el marco de las comunicaciones. Se basa en extraer consecuencias por la vía de presentar tesis contrarias entre sí, hasta llegar a una conclusión. Para cada proposición en el argumento, el expositor debe también mostrar y enfatizar su contraria. La dialéctica también incluye la actitud de radicalizar una posición (llevarla a un extremo) hasta el punto en que resulte contradictoria; o sea, produce resultados opuestos a los buscados. El método dialéctico no es reflexivo o silencioso sino que necesita que las ideas sean expresadas o representadas. No solo como un ejercicio de la retórica, sino para reducir la validez de tesis abstractas al aplicarlas a ciertas condiciones concretas de tiempo y lugar. Así como la tesis es una afirmación general, con pretensiones de ser universal, la síntesis, en el método dialéctico, es una solución ajustada a las condiciones de la realidad específica.

En términos de Roland Barthes, "la dialéctica es el arte del discurso viviente, del discurso entre dos. El diálogo es agresivo, una batalla de silogismos, y se lo define como el debate o coloquio de opositores. Acerca de un tema, un dilema o tesis se reúnen los testimonios contradictorios; el ejercicio pone cara a cara al emisor y el opositor". Por ejemplo, la afirmación de que el pago por pieza producida lleva a un aumento en la productividad, o que incrementar el control físico y personal sobre los empleados lleva a mejorar su rendimiento. Los puntos de acuerdo sobre la exposición se van construyendo a través de esta relación circular o dialéctica que consiste en cuestionar la fuerza de los argumentos. Si el mensaje no deja margen a la crítica, la relación es de dominación.

La dialéctica lleva a confrontar con el discurso dominante, que los directivos tratan de presentar como correcto o aceptable. En la medida en que el poder implique una relación resistida, la comunicación incluirá también la intención de desarmar los argumentos de la contraparte, mostrar su falta de consistencia. En la versión más amplia de la dialéctica, el debate lleva a cuestionar aspectos de orden social, político y cultural, tales como los fines, razones e intereses que están operando en la construcción y difusión del mensaje.

En el marco de un debate, se trata de reducir la brecha o llevar el mensaje hacia una formulación aceptable, o sea, que considere el contexto concreto y los intereses en juego. En esa situación se espera que el orador o expositor de una tesis proceda a reformar sus argumentos para no contradecirse y lograr ser creíble. Pensamos aquí en realidades sociales donde se trata de convencer con argumentos y no de imponerse por la fuerza (la violencia). El proceso dialéctico, como concepto, tiene aplicaciones en el dominio del lenguaje, los diálogos, la conversación. Las explicaciones donde el tema en discusión es la verdad, con respecto a quienes la proponen, sostienen y critican. Un ejemplo son los debates públicos, con oradores e interlocutores que se enfrentan para exponer y sostener sus respectivas posiciones. No se trata de relatos o la mera retórica; la dialéctica requiere contrapartes. Es el uso de la palabra como defensa o ataque a posiciones frente a escuchas que deben ser convencidos, o que piden explicaciones suficientes.

En este sentido, desde la visión dialéctica, tanto los grupos como la organización no implican estados estables. En diversas organizaciones, como bancos, fábricas, hospitales, escuelas y oficinas públicas, no corresponde la metáfora o analogía con las ideas de organismo o del cuerpo social. Porque en los organismos sus componentes se explican por la función o la interacción en el sistema, mientras que en las organizaciones sociales también cuentan las libertades, las expresiones y motivaciones personales de sus integrantes. Las relaciones no se "reproducen" sino que se construyen; existen propósitos, hay intencionalidad y fines personales.

La dialéctica enseña que esas definiciones también niegan otros sentidos; por ejemplo, que las afirmaciones ocultan los contrarios. El poder, en la relación comunicativa, implica la intención de utilizar "la fuerza del lenguaje". Los receptores saben que utilizar ciertos códigos es también renunciar a otros sentidos. En el marco de la comunicación del poder las partes intentan ubicar el signo y la significación dentro de sus propias prioridades o preferencias. Saben que la utilización o reconocimiento de signos y símbolos va a condicionar sus posteriores diálogos y lecturas de la realidad. La significación de los mensajes es entonces el resultado de un proceso y no de una lectura literal. Hay una lucha por las formas de expresión y por lo que ellas representan.

El clima laboral no es uniforme, y los participantes expresan tanto actitudes de rechazo como grados de aceptación. Ello tiene que ver con las especificaciones y condiciones laborales, el grupo de referencia, las formas de conducción y los estados emocionales derivados de las biografías personales. Cuando se trata de un discurso autoritario no hay lugar para consideraciones individuales o pensamiento innovador. Existe una estrategia comunicacional fuertemente orientada a los fines del emisor que se instrumenta en varios niveles, como la construcción del mensaje, las connotaciones o representaciones, el escenario y la imagen corporativa proyectada.

El discurso autoritario es una puesta en práctica de una relación desigual derivada del orden jerárquico y las reglas de juego. Cuando la estrategia comunicacional del poder se basa en la imposición, el emisor trata de aislar, sacar las situaciones de su contexto sociocultural, para que el receptor no pueda reflexionar sobre temas sustantivos y solo se ocupe de la decodificación del mensaje. En esta situación el receptor procede a constatar la legitimidad de la fuente y la claridad literal de la orden o instrucción, y desde allí procede en consecuencia. Desde la autoridad se trata de evitar que el receptor conecte lo sugerido con la situación de desigualdad más amplia en que opera la relación o los intereses no declarados que sustentan la acción encomendada.

Debe destacarse el efecto perverso de lo retórico cuando se utiliza como el arte de la palabra fingida, de los rótulos que son calculados con el propósito de persuadir, sin otra intención o consideración moral. Las formas retóricas buscan efectividad mediante el uso de los tópicos o lugares comunes que son incluidos en mensajes de rutina. Se trata de mensajes reiterativos dirigidos a reforzar la evaluación ya existente en el receptor. Es un modo de asegurarse (el emisor) que el contenido sea creíble. Son lugares comunes, temas que la vida social reafirma en lo cotidiano. Los tópicos funcionan como una reserva o memoria colectiva, de la cual se recuperan o se toman argumentos con efectos previsibles porque ya han sido probados. Es a esa memoria colectiva a la que se recurre cuando se habla de la imagen de la empresa o la misión de la organización.

El orden dominante en el contexto social es el marco institucional, como también una fuente de autoritarismo en el sentido de que orienta y establece límites a los discursos internos. Ese orden define qué debe callarse y distingue entre los que pueden y los que no pueden hablar. Michael Foucault explica cómo el orden dominante (en el contexto cultural) establece reglas de decencia y dice a los ciudadanos cuáles son las palabras y los gestos que pueden usar en sus relaciones. Habla de la "policía de los enunciados y del vocabulario utilizado". La fuerza del lenguaje no significa que los empleados permanecen indefensos frente al discurso de la empresa o afectados por la necesidad de utilizar frases o un léxico que no les son propios. Porque también el lenguaje les permite ser reflexivos o críticos respecto de sus propios actos.

Además del discurso, opera la llamada fuerza de los hechos, las evidencias o la experiencia de las partes. Más allá de las palabras, los receptores viven la intensidad en la carga de trabajo, el nivel de sus remuneraciones y la calidad de las relaciones con sus colegas. Es posible imaginar la fuerza del lenguaje como parte de una acción motivadora y creativa, como también verla utilizada como un mecanismo de defensa, en sentido crítico. En la práctica deben analizarse los mensajes directivos no solo desde la posición del directivo sino también en el marco de una relación de fuerzas.

3. Códigos y mensajes del poder

En el plano de las comunicaciones, la organización en marcha implica lenguaje, códigos y símbolo2s que generan y dan sentido a los mensajes. En nuestro caso, los relacionados con la ideología y el poder político; factores que operan junto a la subjetividad propia de los procesos de significación. El proceso de comunicación incluye las dimensiones de lo literal (lenguaje) y de lo connotado (símbolos e imágenes). En la organización sustentable importa que las convenciones no solo sean impuestas sino también reconocidas, derivadas de los procesos sociales de enseñanza y aprendizaje. En la realidad, calificada como compleja, se destaca el peso del poder sobre la significación y las redes en paralelo. La red oficial (de la autoridad) que sigue los canales formales, y otra "alternativa", asociada a los juegos de poder y política.

En términos de Roland Barthes, la organización es una red de comunicaciones y opera mediante un "contrato significante", bajo reglas y códigos conocidos y aceptados. Se trata de un contrato en el sentido de que no puede desconocerse, aunque no todos los individuos o grupos internos están en igualdad de condiciones para criticarlo o modificarlo. Aceptar o compartir el contrato es condición tanto para la comunicación social como para la activación de las relaciones de poder. Para quienes participan de la organización, los sentidos de los mensajes se relacionan con temas pero también con las reglas de la estructura establecida, las posiciones desiguales que ocupan emisores y receptores en los procesos de comunicación.

La organización puede explicarse desde la visión de un acuerdo constitutivo expresado en objetivos y políticas compartidas. Otra lectura es considerar la organización como un campo de fuerzas diversas, donde los actores buscan imponer temas relacionados con sus intereses, no siempre compatibles con el desarrollo de conjunto. Una visión más amplia, es la imagen de un sistema sociocultural donde las conductas y decisiones son influenciadas por la comprensión y cierto sentido asociado a los mensajes. En el plano de la comunicación política debe destacarse la importancia del entendimiento compartido sobre lo correcto, compartido y prioritario, no solo la eficiencia en la aplicación de recursos y decisiones. Importan no solo los resultados, sino también la trama de relaciones anunciada o asociada con la acción comunicativa.

En su obra sobre poder en el marco sociopolítico, Niklas Luhmann destaca su importancia como código reconocido en la comunicación y aplicado en el trabajo en conjunto. Los códigos del poder son las formas que expresan la relación desigual, porque el mensaje del directivo es tomado como instrucción y no como una posibilidad. Los códigos del poder suponen que la relación incluye seguir el curso de acción requerido, aplicar el sentido del mensaje. Códigos que se refieren a una obligación para el receptor, incluida la resistencia superada por la relación.

En el plano de la comunicación social, existen definiciones en cuanto a las formas y medios de expresión reconocidos y compartidos. Al respecto, los directivos suelen afirmar que en la empresa "todos debemos hablar el mismo idioma". Esta comunidad discursiva se refiere a que: a) los integrantes deben denominar y calificar del mismo modo los hechos en sus relaciones y actividades cotidianas, y b) debe existir una interpretación aceptada acerca de lo importante y lo deseable en la organización. Esta búsqueda de poner en sintonía a diferentes grupos a través de formas de expresión (en lo manifiesto) y de sentidos compartidos (en lo subyacente) es una condición para la adecuada coordinación entre actividades.

Aquello que los mensajes directivos "quieren decir" no es cuestión técnica o literal. No se limitan al diccionario. Existe intencionalidad en la comunicación, un intento de marcar el peso de la autoridad además de una advertencia sobre lo prioritario y lo que se posterga. El discurso directivo tiene información y argumentos, pero también connotaciones e inducciones, una producción del sentido deseado desde el poder. El sentido o "querer decir" del mensaje deriva de una estrategia directiva para enmarcar las posibles disonancias del mensaje. La estrategia de poder en el mensaje busca advertir sobre la sensibilidad de ciertos temas ("de esto no se habla") o por el contrario, que "son vitales".

La dualidad en la comunicación directiva también se manifiesta en la utilización de mensajes opuestos. Los directivos predican el pensamiento innovador, pero al mismo tiempo piden que se respete el orden y no se cuestione la autoridad instituida. No es solo mala praxis de la empresa, de sus directivos o voceros; es decir lo que corresponde, hablar de un modo razonable, a pesar de que se sepa que ese modo no corresponde estrictamente al mundo de las acciones. Lo dicho no responde a una intención de engaño, se trata de un juego lingüístico, un rito o ceremonia vinculada al uso de los términos y códigos. Se supone que quien escucha también está en condiciones de entender la diferencia entre discurso y realidad.

El esquema *a priori* de las comunicaciones se actualiza a través del planeamiento y la actualización que plantea la propia realidad de la organización. La actualización está relacionada con los cambios culturales, las nuevas tecnologías de información y de producción que irrumpen con sus propios códigos y los sentidos asociados a ellas. Son hechos que llevan a incorporar nuevas denominaciones (lo literal) y significados (lo connotado). Las nuevas formas y medios de expresión y comunicación son factores de cohesión, pero en esta construcción de significados también pesan las luchas internas que enfrentan a los grupos en la organización. En la realidad organizacional actúan diversas fuerzas e intereses, internos y externos, de manera que no todo es manejable o previsible, incluso la dinámica de las comunicaciones.

Dentro de la comunicación organizacional, en el plano de la retórica, la dirección habla de los elementos de un modelo de empresa y de mercado que actúan para generar producción y satisfacer necesidades. No estamos haciendo un análisis crítico del modelo, sino señalando sus aspectos meramente declarativos. Se crean figuras y términos que no responden a actividades posibles, sino al objetivo simbólico de cubrir las brechas del esquema. Para darle un toque de naturalidad al modelo empresarial se habla de mejora continuada, la búsqueda de la excelencia, del espíritu competitivo, la visión compartida y otras citas convocantes y atractivas.

Los juegos de poder movilizan, aunque también estabilizan o ponen límites a los movimientos directivos. En cuanto a las relaciones humanas se declara la importancia de la motivación y la lealtad del personal, pero no por ello deja de imponerse una relación transitoria y flexible. La contraparte de los empleados no es la empresa, sino la desocupación. La remuneración ya no tiene que ver con la dignidad del trabajo, sino con los resultados tangibles, económicos y financieros. Se recita el credo de la delegación, el de la política de dar recursos para decidir quiénes están preparados. En realidad, se pasan los problemas y no los recursos, inclusive como medio para debilitar a los ejecutivos no alineados con el poder. Se delega para poner presión y termina por valorarse a los jefes solo por su capacidad de disminuir los gastos o trabajar con menos personal que el necesario.

De igual manera, se enfatiza en el rol de la capacitación, pero el tema está más condicionado por la necesidad de aumentar los rendimientos que por el desarrollo personal. Se brindan oportunidades a jefes y empleados solamente con la intención de actualizarlos en las nuevas técnicas vinculadas con el aumento de la productividad. Algunos programas de capacitación convierten las aulas o los talleres para gerentes en un lugar de observación. No preocupa tanto educar como pensar quiénes van a quedar en la empresa y quiénes serán despedidos. Prevalece la visión de los integrantes como un recurso, antes que como una capacidad. Se difunde el discurso del pluralismo, pero en los hechos la diversidad de opiniones es considerada como un desorden, según las visiones de las funciones de control.

La comunicación es un campo de fuerzas. En la construcción del mensaje se enfrentan las necesidades sociales con ciertos intereses no declarados. Los directivos sostienen en público que es vital ser responsables y elevar la calidad de vida de la población, principios que hacen "al credo" declarado por la organización. Dicen ser principistas, pero al tomar decisiones esos mismos directivos son invadidos (y presionados) por una fuerza pragmática que los lleva a pensar que todo es relativo o negociable.

Como afirma Jacques Le Mouël, en un contexto "eficientista", aquello que funciona y genera resultados en la organización también se asocia con lo verdadero. El éxito aparente se exhibe como una demostración de capacidad, sin constatar otros efectos de orden sociocultural más amplios. Con una visión pragmática, mediante los procesos de comunicación la dirección también busca unificar el discurso; el objetivo es que todos "hablen el mismo idioma". Se trata de un eufemismo, porque en el fondo se intenta promover el pensamiento único o hegemónico. La tendencia a concentrar información en las posiciones de conducción está relacionada con la intención de definir también en ese nivel los temas de la agenda de cambios prioritarios.

4. Connotación y efectos de sentido

Los mensajes de la dirección cuentan con cierta intencionalidad: que los individuos y grupos receptores representen la realidad de modo compartido, para articular sus posiciones. Se trata de que la significación sea congruente con el proyecto de conjunto y los intereses de la conducción. En un modelo esquemático y centralizado se conduce en un marco normativo que opera como un orden establecido, no cuestionable salvo lo imprevisto. El margen para la crítica y otras propuestas no es abierto, y los mensajes directivos circulan en este marco, "con este sentido" o significación acorde con el orden establecido. La obligación de cumplir instrucciones y normas en forma literal es válida en un contexto autoritario, mientras que la posibilidad de interpretar el sentido desde la perspectiva del receptor en su situación concreta, es parte de un modelo amplio, con delegación y mayor libertad relativa.

En realidad, aun dentro del orden declarado, la información no es "objetiva" o neutral sino parte de una estrategia comunicativa desde la dirección. Por ejemplo, el uso de un lenguaje informal no cambia los contenidos pero brinda una imagen de libertad y amplitud en las comunicaciones. Los estrategas tratan de definir y manejar la comprensión de los hechos a partir de la perspectiva de la organización. En un modelo competitivo, para la dirección, una huelga debe verse como un daño para la empresa, y el mercado como un lugar de lucha, no de oferta calificada. Desde una lectura compleja, deben marcarse los efectos del sentido de los mensajes. No solo las palabras utilizadas sino el contexto del mensaje, la figura del emisor, el momento y los medios que son utilizados.

Con los resultados del sentido dado a los mensajes y la comunicación se busca inducir o disuadir a los receptores. Enmarcarlos en el sentido propuesto por el discurso ideológico o persuasivo, pero no solo lo literal o visible es importante. Los signos del discurso se seleccionan en función de las imágenes que pueden evocar en el receptor. Entre los signos o referentes se prefiere el que mejor connota para instalar entidades imaginarias. El proceso de significación por parte de los receptores no es pasivo, no se trata de una respuesta mecánica a la estrategia comunicativa. Los efectos de sentido son un proceso circular en el cual intervienen el momento, la experiencia y las necesidades de los receptores.

Una versión de organización (del griego *organon*) la presenta como "aparato para no cambiar". No como una definición rígida sino como explicación del vínculo entre: a) la continuidad que permite identificar al sistema, que opera junto con, b) las transformaciones en un contexto cambiante. Lo orgánico se refiere a la existencia de un núcleo recursivo o de invariancia, con sus funciones asociadas. Las funciones de dirección y control en la organización requieren que los integrantes tomen dicho núcleo como sostén del marco cultural que dé significado y sentido a los mensajes compartidos. Eso implica una base de entendimiento de los conceptos críticos, y vale tanto para los mensajes en sentido literal como para las connotaciones aceptadas. Este enfoque de la organización la muestra como un sistema de ideas diferenciado.

En el plano de la subjetividad (significación, motivación), presente en individuos y grupos, surgen las diferencias. Desde la psicología social, Leonardo Schvarstein señala que la organización no se limita a ser un conjunto de recursos y capacidades, sino también de mensajes y sus representaciones compartidas. La organización implica una "puesta en escena" de un orden simbólico, con sus factores de subjetividad. "La eficacia social y cultural de los sistemas semióticos de la organización reside en que su efecto discursivo se despliega en buena medida al margen del reconocimiento consciente de los sujetos sociales." No es solo lo manifiesto o expresado.

El discurso ideológico, como expresión de un esquema mental que promueve la dirección, se instrumenta con distintos medios de comunicación en la organización. La estrategia del comunicador es lograr coherencia expresiva, sostener los mismos conceptos a través de múltiples medios que refuercen el mensaje de la dirección. Estamos haciendo referencia al lenguaje, pero las imágenes proyectadas por la ideología se integran con otros signos no discursivos. Signos tales como los espacios físicos, los objetos, los ritos y ceremonias, las imágenes gráficas, los símbolos o formas de armar los eventos sociales. Los comunicadores también recurren al lenguaje figurado con textos que evocan imágenes, alejados de las formas lógicas o intelectivas. Por ejemplo, el mensaje recurrente cuando dice que el mercado es un infierno, que la empresa está en una guerra santa, que los competidores son la figura del demonio y los vendedores, soldados de la causa.

El lenguaje en las organizaciones es más que un medio de expresión. Es creador de un contexto de significación, orienta las ideas, marca lo importante y lo intrascendente. Se eligen las palabras no solo para representar con fidelidad las ideas, también pueden ser elementos dentro de una estrategia de poder. Desde la conducción, los directivos buscan que los integrantes entiendan, pero además que acepten seguir las políticas. La diferencia entre lo literal y lo connotado marca la distancia entre la intención de la comunicación y lo declarado en ella. Cuando el gerente habla de remuneración sugiere que retribuye una tarea al mismo tiempo que es un pago sujeto a su decisión. Son efectos de sentido que maneja el emisor; no como imposición, sino como parte de una relación comunicativa.

Una desviación perversa en la comunicación directiva es el manejo del discurso y las imágenes para imponer una racionalidad dominante, por sobre los aportes críticos e innovadores del personal. La relación de poder tiene que ver con el pensar y hacer, pero también con el decir y las apariencias (el "como sí"). Hay poder también en lo no dicho, en la posibilidad de ocultar, censurar o hacer callar. A través del lenguaje y los símbolos el poder se introduce en el discurso de la organización. Existen condiciones expresadas a través de la comunicación directa. Y también pesan los factores culturales. Por ejemplo, los que hacen a la imagen corporativa, a través de los mitos y leyendas divulgados por la propia organización.

En *La violencia de Estado*, René Kaes y Janine Puget se refieren al modo de construcción del discurso autoritario, no únicamente como un modo arbitrario, sino también como una forma de trivializar la relación, de quitarle lo que pueda tener de creativa. Afirman que "en su búsqueda de un orden determinado, el discurso autoritario opone en forma maniquea el infantilismo con el estado adulto, la obediencia ciega a la responsabilidad, la verdad absoluta a la creatividad, la información oficial al aprendizaje. Es un discurso que cercena la inteligencia y la creatividad, y determina a los seres humanos, que de esta manera pierden su condición esencial".

El uso de la fuerza en la relación individuo-organización se opone a la salud y a la positividad del vínculo. Una relación sana se basa en la libertad de expresión, el respeto por los demás, el reconocimiento de la personalidad y los méritos de quienes disponen de autoridad. Al respecto, Erich Fromm dice que "la historia humana comienza con un acto de desobediencia y es probable que termine por un acto de obediencia". En el contexto del desarrollo e integridad de las personas, los temas referidos a la disciplina, jerarquía y necesidad de obedecer se instalan en las organizaciones como un orden extraño. En realidad es un orden instituido. La estrategia directiva de buscar una relación sumisa priva a los integrantes del derecho de poder desarrollarse como personas y autodeterminarse.

5. Ideología y comunicación política

El conocimiento y la toma de posición sobre las formas de organización y gestión incluye afirmaciones de orden descriptivo y luego propuestas normativas. Es decir, una visión sobre la realidad confrontable, con referencias a las relaciones de poder y decisiones políticas; por ejemplo, los factores de complejidad en la organización. De la misma manera, en el plano de lo ideológico se ofrecen propuestas con modelos deseables, basados en valores y creencias para sustentar los proyectos de cambio o superar las diferencias políticas en la institución. Los conceptos de la ideología son una base para sostener un proyecto y también para enmarcar los cambios deseables en la gestión de gobierno, lo que no solo tiene que ver con el cambio en las relaciones de fuerzas sino también con nuevos criterios en la gestión directiva.

La ideología está presente en la intención de sostener o dinamizar las decisiones de política, con argumentos de base, no propuestas técnicas o sobre la eficiencia en la disposición de los recursos. El conocimiento ideológico tiene su pretensión explicativa, no es instrumental. Sucede con los principios relacionados con la vigencia de los derechos humanos en el trabajo, o con la contaminación desde la visión ecológica. Pero aquí estamos viendo su relación más cercana a las relaciones y procesos de poder, y a la política en la organización. La ideología supone un conocimiento sostenido en términos de premisas, creencias y valores de orden sociocultural considerados deseables para la organización. Así ocurre con la propuesta fundada en principios y valores de cooperación, con políticas de gestión que fomentan la colaboración con organismos del Estado y alianzas con otras fuerzas solidarias en el contexto.

Según explican Robert Eccleshall y Vincent Geoghan en *Ideologías políticas*, a través del tiempo, una versión prioritaria del pensamiento de base ideológica se ha orientado hacia temas asociados con la construcción y el ejercicio del poder, tomados como variables críticas para la gestión de instituciones, junto con la cuestión de las formas de legitimación de los órganos de gobierno. Lo que es normal, ya que la organización compleja opera con diversos grupos de interés y visiones diversas sobre las prioridades de conjunto. Las diferencias no se refieren solo a la apropiación de recursos y espacios en la organización entre los grupos constitutivos, sino que además están relacionadas con el proyecto de organización y las formas sustentables de gobierno.

En su aplicación, el poder no es neutral, ya sea por los intereses en juego como por el cristal ideológico usado por los directivos en sus decisiones. El análisis crítico del modelo de gestión incluye el explicitar los supuestos de las decisiones y sus prioridades, lo que abarca temas básicos como el pluralismo en el gobierno, los criterios críticos para gobernar y la consideración de los principios de justicia, equidad y libertades reconocidos en la relación laboral. La ideología en la organización es constructiva si permite un modelo participativo, con equidad distributiva, sin concentraciones de poder, ni preponderancia de intereses de ciertos sectores sobre el proyecto de conjunto. Estos aportes implican la posibilidad de evaluar las consecuencias sobre el proyecto y dichos principios en forma explícita, no oculta.

La evaluación del sistema de ideas y creencias que sustentan a las definiciones ideológicas es vital en la propuesta del cambio sustantivo de carácter sociocultural y no solo en los temas asociados con la eficacia o la productividad. Por ejemplo, en las propuestas de transformación de la lucha competitiva en modelos de solidaridad, del pensamiento único a la pluralidad de opiniones, del utilitarismo a la vigencia de principios sociales, del cierre en el gobierno a su apertura, de la discriminación a la inclusión, de la desigualdad a la equidad distributiva. Cambios estos que involucran modelos mentales y sistemas de ideas que deben ser debatidos y sostenidos en público para dotarlos de legitimidad como bases del proyecto.

Sobre el componente imaginario de los procesos sociales, Karl Mannheim llama la atención respecto de la diferencia entre utopía e ideología. Dice que ambos conceptos se refieren a visiones del mundo y trascienden las situaciones concretas. Dicho autor advierte sobre ciertas tendencias de las posturas ideológicas de los directivos puestas en evidencia al mantener actitudes o mentalidades conservadoras y legitimadoras del presente. Tendencia que es congruente con los intereses actuales de los grupos en el poder. El doble discurso y la falsedad política son utilizados para promover un uso consciente de la ideología, no como elementos de juicio en un proceso crítico de cambio, sino como estrategias de comunicación basadas en fines e intereses de grupo.

El análisis de la ideología como factor de complejidad debe analizarse en el sentido de sus aportes cuando su transparencia permite el debate, además de sus aspectos ocultos o no declarados, relacionados con los intereses que condicionan la comunicación. Respecto de su orientación, decimos que la ideología tiene connotaciones autoritarias cuando se impone por el manejo del poder asociado a la comunicación. Lo constructivo es que la ideología sea un espacio de interacción y no un esquema determinante del pensamiento permitido. En ambas versiones (de acuerdo y debate) importa mantener abierta la comunicación, no reservarla al nivel directivo. Generar ideología como sustento de proyectos compartidos y no como instrumento de poder.

Tanto en su versión constructiva como en la manipuladora (no declarada), los promotores de la ideología pretenden que su forma de pensar se tome como prioritaria y superadora. Quieren que su propuesta sea una premisa para la organización, que sirva para que los participantes construyan y legitimen su experiencia, y la incorporen como un hábito en su pensar cotidiano. En este sentido constituye un saber esquemático, un aparato conceptual. En los procesos ideológicos está el peligro de la visión cerrada por parte de los promotores, tema relacionado con el sesgo en los modos de entender lo correcto y deseable en las relaciones. El cierre opera como un límite intelectual. Impide que sus promotores noten cómo sus proyectos e intereses personales condicionan las ideas propuestas.

No se trata de negar o ignorar el concepto de sistemas de ideas en la cultura organizacional, sino que, además de explicar sus fuentes normales (la comunicación y la convivencia), queremos mostrar sus deformaciones y sus vinculaciones con un orden dominante. En *Ciencia política* de Manuel Pastor se destacan los peligros del pensamiento oculto en los grupos y organizaciones. Se afirma que "la ideología es una filosofía política popularizada, dramatizada, simplificada, sacralizada y desrealizada". Esta afirmación es solo una lectura (política) de lo ideológico. También es posible considerar su rol constructivo, como imagen o aparato conceptual (limitado) para guiar las conductas cotidianas. Sus limitaciones existen y vienen dadas por su carácter de pensamiento impuesto y esquemático.

La visión constructiva requiere que la ideología no lleve a prejuicios e intolerancia. Que sea posible mostrar las incongruencias fuera de su contexto de enunciación. Que exhiba sus premisas o condiciones de producción para permitir que sea explicada y comprendida, que pierda su carácter dogmático y la secreta pretensión de eternidad o generalización.

La visión positiva destaca el rol esclarecedor de la ideología como sistema de ideas, no como estrategias de ocultamiento. Para Michael

Foucault: "Llegamos a una noción riesgosa de la ideología presentada como un elemento negativo cuando la relación del sujeto con la verdad o conocimiento es velada, perturbada, oscurecida por las relaciones o las formas políticas impuestas desde el exterior". La ideología sería la marca o estigma de estas relaciones políticas aplicadas a un sujeto que, por derecho, debe estar abierto a la verdad. "Debemos mostrar cómo las condiciones políticas y económicas en la existencia cotidiana no son solo un velo para el sujeto de conocimiento, sino que también implican un aporte a la formación del sujeto y las relaciones de verdad".

La ideología en sentido constructivo es parte de la cultura organizacional como factor de cohesión interna. Su desviación ocurre cuando se convierte en el argumento o sustento del poder impuesto. Tomado como estrategia o instrumento de la dirección, el discurso ideológico prioriza la relación de "poder-política" antes que la de "poder-saber". Hemos visto que la ideología de la organización no es análoga a los modelos y sesgos mentales de los directivos en sus luchas por el poder y supervivencia de la organización. En procesos de cambio o transición los grupos sociales construyen ideologías "autónomas" en el sentido de emergentes, no manejadas. En estos procesos de poder se instala la ambigüedad de ideas (no una ideología) en la comunicación directiva, utilizadas con fines propios, diferentes de los compartidos.

El Gráfico 4 muestra posibles desviaciones en la comunicación directiva y destaca la diferencia entre la transparencia y el doble discurso en las relaciones de poder. Las dualidades en el discurso ejecutivo se refieren a la aplicación de la hipocresía y la falsedad ideológica. Se trata de destacar la diferencia entre el sistema de ideas construido socialmente y el esquema inducido por el poder directivo desde la estructura de poder. Existe dualidad en el discurso directivo cuando la realidad muestra diferencias entre el pensar, el decir y el hacer; incoherencias entre prédica y realidad. La doble moral lleva a un ambiente inestable y afecta a la credibilidad y confiabilidad de los directivos.

6. Gráfico 4. Poder político. Discurso y doble moral directiva

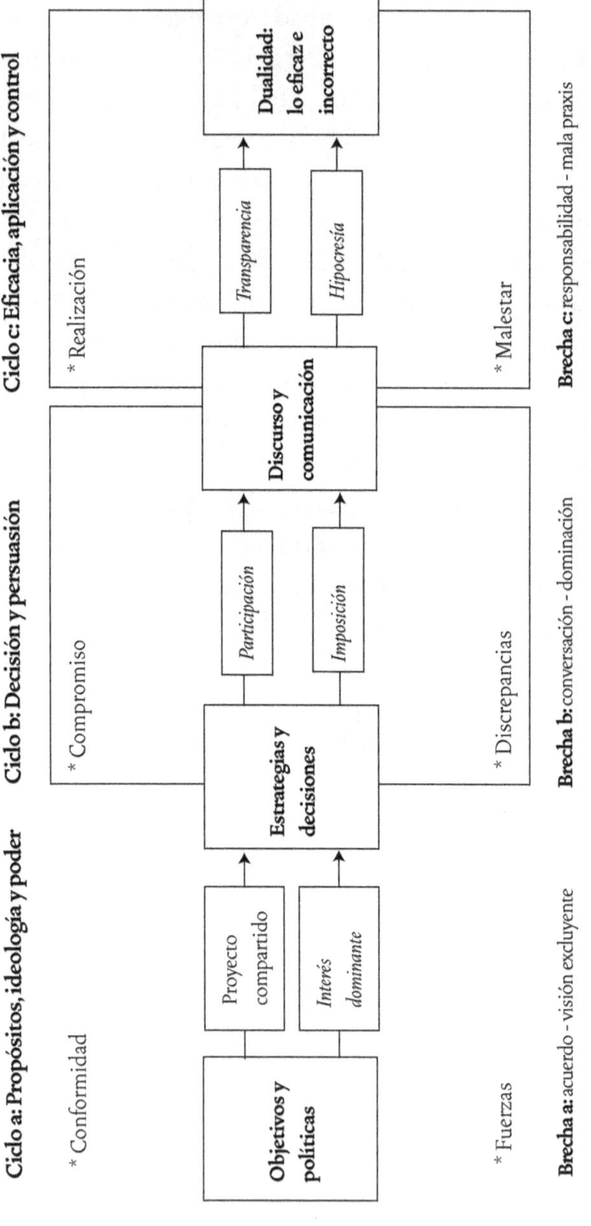

El *Gráfico 4* refiere a las relaciones entre la integridad deseada y el doble discurso en la función directiva. Es el tema de la vigencia de valores de orden social y cultural en la realidad de la organización sustentable. Tema que excede la búsqueda de eficacia para lograr resultados crecientes. El concepto de organización sustentable es válido, bajo ciertas condiciones en cuanto a las relaciones humanas. Respecto de la función directiva implica la consideración de criterios de libertad, equidad, justicia, igualdad, cooperación y responsabilidad. Tanto en relaciones internas como en las transacciones de contexto. El gráfico se focaliza en la integridad de los directivos, destacando tres áreas temáticas: a) propósitos y poder, b) decisión y comunicación, c) eficacia y control. Muestra como se llega al doble discurso desde distintos momentos del proceso directivo. La realidad compleja de las organizaciones destaca la existencia de dualidades y discrepancias que llevan a brechas en las relaciones entre lo deseable (sustentable) y lo practicado. En el gráfico se destacan las brechas derivadas de la exclusión de ciertos objetivos, dominación en las decisiones, falsedad en comunicaciones. La versión pragmática piensa en los intereses locales y de corto plazo. Brechas disimuladas en la doble moral, tomando los valores sociales como negociables, operando la realidad oculta a través del doble discurso directivo. Esta complejidad en la línea de dirección y las comunicaciones, omite la necesidad de los valores sociales, como condición para disponer de un marco de expectativas compartidas. El gráfico destaca que la doble moral deriva en el malestar organizacional y falta de credibilidad. La idea constructiva es que las dualidades y divergencias se procesan para lograr acuerdos. No es el malestar derivado de la doble moral. Se señalan las diferencias frente a la dirección responsable de las organizaciones, pensadas para crecer bajo criterios de sustentabilidad reconocidos.

CAPÍTULO 11

Poder, tensiones y oposiciones

1. Dialógica en organizaciones complejas

En las organizaciones se definen estructuras, funciones y procesos que están pensados y diseñados para operar en el marco de lo planeado, del orden y la continuidad. Pero también hay demandas derivadas de lo imprevisto y de la diversidad de fuerzas e intereses que intentan avanzar en el marco de una realidad tensionada hacia adentro, y en las relaciones con el contexto. Tensiones recurrentes que se intentan procesar, por ejemplo, mejorando las comunicaciones, acercando posiciones, nuevas formas de colaboración (capital social) y ampliando las bases de sustentabilidad a través de negociaciones desde el poder legitimado (la gobernabilidad).

Debemos destacar que la organización define o establece esquemas o diseños que se prefieren a otros y que se mantienen a través de la persuasión y el poder. De forma que siempre existen ideas o conceptos reflejados en la estructura, mientras que otros proyectos o criterios son postergados, a pesar de continuar presionando por ser reconocidos. O sea, un dominio de lo manifiesto reconocido que coexiste con proyectos y lógicas en pugna o latentes. Por ejemplo, las materias y conocimientos que se enseñan en una escuela implican que otras han sido postergadas o se ignoran en forma deliberada. Los mensajes elegidos para la comunicación también implican dejar de lado otros temas, por razones de recursos, de tiempo o estratégicas.

La indiferencia o el silencio no equivalen a la ausencia o ignorancia. Son actitudes que también tienen un sentido, que movilizan y llevan temor a los afectados cuando interpretan lo oculto como una amenaza. Lo silenciado, postergado o inhibido contiene un mensaje oculto, es callar algo que es conocido. No hablar de esos temas no significa que carezcan de fuerza, o no se recuerden. Los temas que subyacen en la comunicación no empiezan a existir solo cuando se hacen visibles; si son críticos operan como una tensión conocida aunque no resuelta. Las rutinas de inspección impositiva, aunque normales, también constituyen una amenaza para quien está en falta. De la misma manera, los sistemas de retribución con incentivos conllevan la idea de sanción para quienes no cumplen con las metas.

En el momento de dar prioridad a algunos criterios, la opción se hace para determinar cierto marco de referencia. Eso no implica excluir el criterio silenciado sino que se lo posterga, no es el primero pero importa. En el proceso decisorio, opera entonces una relación entre conceptos que es complementaria y antagónica al mismo tiempo. Es lo que ocurre entre el propósito de maximizar beneficios y el criterio declarado de brindar la mejor calidad en salud en un centro privado de medicina. En la realidad, las soluciones en la organización no son del estilo "todo o nada", excluyentes. Entre otros motivos, por la presencia de intereses contrapuestos. Lo mismo se manifiesta en la definición de ciertas condiciones mínimas para los resultados buscados. No son las óptimas. Es la idea de racionalidad dominante, no excluyente, con demandas antagónicas.

En *Diseño de la organización*, Leonardo Schvarstein explica que el momento del diseño se refiere a los criterios de articulación, las formas de especialización y coordinación. En ese momento, quien conduce toma la decisión de acuerdo con las versiones disponibles así como con los intereses en juego. Considerando entonces, razones, fuerzas y factibilidades. Los criterios de diseño no son binarios, un polo no anula el otro. El autor destaca que se trata de una relación dialógica porque "se necesitan mutuamente, son dos caras de la misma moneda". Como la autonomía y la dependencia en el diseño de los roles, y lo genérico y lo particular en las funciones.

En toda organización existe un diseño, esquema o articulación predefinida, y ese modelo hace que algunas fuerzas queden en un estado virtual de latencia o inhibición, pero listas para emerger en forma de crisis o discusión. Por ejemplo, las motivaciones y capacidades de los individuos que deben subordinarse en el corto plazo a los requisitos del cargo. Se trata de un factor que actúa como una demanda, como una advertencia o posibilidad que pugna por salir de una situación impuesta (el orden). Esta tensión problematiza, pero también dinamiza la organización, instala una actitud crítica hacia las decisiones oficiales y es una vía para la búsqueda de nuevas propuestas.

La dialógica es un concepto que indica la diversidad en los modos de pensar respecto de los procesos en la organización, por razones internas y de contexto. Al respecto, Elliot Jaques destaca que en nuestra experiencia de la realidad vemos conceptos opuestos, pero en forma conjunta. Ambos polos se alternan en la escena. "Este proceso de alternancia o de oscilación es un rasgo cotidiano de nuestra vivencia. No hay río sin márgenes, cielo y horizonte, cuadro y marco, lo impreso y la página, el sí-mismo y el mundo circundante, y cualquier otra figura con su fondo. Ambos miembros de cada par se demandan recíprocamente para existir en nuestro razonamiento. La dialógica nos lleva a pensar en lo omitido, lo impensable, lo silenciado en la organización (y no por eso, menos real).

La moral también constituye una relación dialógica entre lo permitido y lo censurado, la compatibilidad respecto de códigos y creencias. En el plano de lo moral, Paul Watzlawick y otros hablan sobre "lo malo de lo bueno" porque es difícil separar valores éticos que de hecho coexisten. Esto impide llegar a lo mejor, como el caso de los medicamentos que disminuyen las defensas o crean dependencia. Del mismo modo los directivos, en el momento de elegir, pueden sentirse atrapados por una doble atadura, ya que pensar en cierto valor significa quitarle la prioridad a otros. En el caso de un despido: ¿debería elegirse respetar la antigüedad en el empleo (valorar su lealtad) o considerar la situación familiar del empleado (priorizar sus necesidades)?

En términos de Bradford Keeney : "Lo real es la conjunción del orden y del desorden, relación que incluye los antagonismos". Llama dialógica a la compleja relación de los procesos en la organización, relación que puede ser complementaria, pero además paralela o antagónica. Lo negado, aunque quede en el plano de lo implícito, también influye y orienta los comportamientos. Por ejemplo, los redactores deben conocer los términos no permitidos por el manual de estilo de un periódico, tanto por lo que el manual afirma como por lo negado. Dialógica significa que hay factores virtualizados o postergados que luchan por ser reconocidos. Se hacen sentir en los problemas de motivación o en el reclamo de una mayor participación en la asignación de los recursos del sistema. En definitiva, las alternativas, demandas o cursos de acción no son excluyentes, emergerán como razones prioritarias bajo otras condiciones. Mientras tanto, son tensiones no resueltas.

2. La tensión, individuo y organización

Desde el enfoque de la organización como sistema, las relaciones entre ella y los individuos incluyen diferencias que se procesan en el marco de propósitos más amplios. La complejidad de los procesos en la organización enseña que la realidad emergente aporta nuevos desafíos y también aspectos controvertidos. La dirección avanza en el sentido de la cohesión, pero coexiste con la disonancia en los modos de entenderse en una realidad donde operan actores y fuerzas en tensión. En *Diseño de la organización*, el citado Leonardo Schvarstein explica que la relación individuo-organización es de carácter complementario y antagónico al mismo tiempo. "No es posible lograr ciertos objetivos y satisfacer ciertas necesidades sin el esfuerzo conjunto de todos los miembros de la organización; pero también existe antagonismo porque el sujeto debe remitirse al cumplimiento de las normas, las políticas y las condiciones que le impone su organización, aun cuando no sean de su agrado."

La tensión entre autonomía y dependencia puede verse en el marco de una empresa competitiva que demanda de sus miembros un esfuerzo creciente y continuado. Si bien es una presión también los lleva a superarse a sí mismos. No solo por decisión de sus directivos sino debido a las demandas de los grupos de interés que operan en su contexto. En este modelo competitivo, el éxito requiere eficacia en el desempeño, eficiencia en la aplicación de los recursos y además una rápida adaptación a las exigencias de los clientes. En este modelo, la lógica es que el individuo crece en la medida en que demuestre aptitudes para generar resultados. En cierta medida (requerida), su capacidad se aplica al crecimiento de la organización. Existe una base de acuerdos, pero también de resistencias a las presiones del sistema. Los participantes viven el dilema de estar en una organización a la cual deben someterse si desean ser reconocidos y compensados. Situación que se vive con distintas intensidades en función del compromiso y visión de los actores.

Dentro del sistema, se pide a los individuos que colaboren entre sí, integren sus esfuerzos y trabajen en equipo, aunque al mismo tiempo se los capacita y moviliza en el sentido de la lucha competitiva. En cierto punto, hay irracionalidad en el contenido de las comunicaciones y en el propio discurso directivo. Según Gregory Bateson los individuos quedan atrapados en una relación de "doble vínculo". Para ser razonables, realizan acciones que al mismo tiempo los convierten en transgresores para la propia organización. Deben comprometerse y motivarse con factores que también los limitan debido a la presión del poder y la autoridad. Las dualidades llevan hacia la llamada "empresa neurótica", con individuos y grupos que sienten temor y ansiedad por efecto de exigencias crecientes y ambiguas, imposibles de satisfacer en forma razonable.

Otras dualidades en la relación con la realidad compleja de las organizaciones derivan de las diferencias explicadas por Erich Fromm, quien distingue entre las afirmaciones basadas en las lógicas del ser y del tener. Estos criterios permiten distinguir, por ejemplo, entre la necesidad de una cultura solidaria distinta de la surgida por las presiones de la competencia. En el modo tener, el individuo es reconocido por las cosas que logra: "es lo que tiene". Con este criterio objetivo, importa ejercer el poder para subir en la pirámide y lograr tener más cosas; los comportamientos son interesados, orientados a lograr algo externo. La cultura organizacional distingue y premia a los triunfadores, de acuerdo con sus resultados materiales y por la gente que consiguen controlar, sin valorar los medios usados.

En cambio, en la lógica del modo ser se plantea la necesidad e importancia de la motivación personal, los deseos e ilusiones de los individuos en su trabajo. La integración entre sus motivos más profundos (convicciones) y las tareas que formalmente está obligado a realizar. "El modo ser" considera la disociación como un problema existencial, un componente ajeno a su desarrollo personal, para nada relacionado con las cuestiones de la estrategia de empresa. En términos del citado Erich Fromm : "El modo ser tiene como condición la libertad, la razón crítica y el estar activo, no por la tarea externa, sino por la actividad interior. Por el uso productivo de nuestras facultades, del talento y la riqueza de las cualidades presentes en toda persona".

De manera que el "modo ser" como forma de vida significa estar activo, no en cualquier proceso, sino en un modelo que expresa cierta capacidad humana. Cuando el individuo es parte de un trabajo alienado siente que está activado por fuerzas ajenas o extrañas. Este modo también reconoce la presencia de motivos profundos en la actividad, y no sus máscaras o apariencias. No hay separación entre las razones por las cuales el individuo trabaja y la naturaleza de la tarea que realiza. Es innecesario recurrir al ocultamiento y el doble discurso para justificar los resultados de su tarea. En el plano de las relaciones, "el modo ser" tiene que ver con la actitud solidaria y de cooperación. Para su desarrollo, los individuos necesitan el reconocimiento de los demás, y no solo las relaciones basadas en la obligación, la conveniencia, el interés y el poder.

El problema de las empresas ultracompetitivas o de excelencia es que manejan el poder con una lógica que prioriza el modo tener. Ellas operan en un medio incierto y bajo reglas de juego muy duras, poco amigables, más inclinadas a premiar los resultados y a sancionar los errores que a las consideraciones humanas. Es posible que en el discurso esas empresas se declaren preocupadas por el individuo y sus motivaciones, pero esta sensibilidad desaparece cuando se pasa a la práctica, en el momento de la acción, donde lo que importa es el desempeño y los resultados.

En su obra *El coste de la excelencia*, Nicole Aubert advierte que las empresas competitivas también se refieren "a la perfección, la moralidad, la mejora continua, el progreso. Pero aun así, ellas se encuentran en el centro del dilema entre ser y tener". El resultado de esta dualidad, propia de una organización compleja, es que las personas se "sienten bien y mal a la vez, y sufren a la vez tanto frustraciones como quemaduras internas". Se dan cuenta de que ellos (como personas) están pendientes, no de sus propias capacidades sino de las amenazas externas que pueden hacerles perder lo que tienen. De allí que se sientan obligados a un esfuerzo creciente interminable. Es una fuente de ansiedad y de temores permanentes (estructurales).

Ciertos autores clásicos en administración (y sus continuadores), han hecho una clara distinción entre el sistema y sus componentes.

Ellos hablan de la empresa con su propia lógica y sus propias razones. En este esquema, las opiniones del individuo, su pensamiento, son una complicación. Para ellos lo que cuenta son los fines comunes y la supervivencia de la empresa, no el nombre de quien ocupe el cargo de presidente o sus opiniones personales. Los aspectos personales solo cuentan en la medida en que sean compatibles con la racionalidad del sistema, con sus metas. El principal acto de la organización es la toma de decisiones bajo normas de racionalidad.

Un ejemplo de este razonamiento impersonal lo encontramos en la obra de Chester Barnard sobre las funciones del ejecutivo. Allí define la organización formal como algo no personal, un campo de fuerzas. Con este enfoque "las personas no son miembros de la organización, son partes en el espacio de la organización, en un contexto social más amplio". La acción de la empresa es racional en tanto que utilice una escala de medios a fines que nada tiene que ver con las elecciones personales de sus miembros. Advierte que "cada persona que participa en una organización debe ser considerada con una doble personalidad: la de la organización y la individual".

El resultado de esta oposición entre individuo y organización es diverso, considerando que no son factores mecánicos. También pesa el contexto en el que operan, las regulaciones y libertades. Pero queda planteado el dilema como un tema inherente al diseño de la estructura o bien a las demandas y oportunidades del ambiente; no depende solo de la filosofía gerencial. Al inicio, la idea de corporación llevaba hacia el burócrata, hacia el "hombre organización", según William Whyte. Un modelo de persona que actúa por educación y conveniencia se conforma con cumplir las normas de su carrera y desempeñar el rol prescripto. La empresa lo hace impersonal, lo trata como un código y le limita las emociones, para así cubrir un lugar en la estructura.

Con el tiempo, analizando la empresa competitiva desde una visión sociológica, ha tomado relevancia el concepto del "hombre dividido". Según K. de Vries se trata de un individuo que trabaja en organizaciones neuróticas, que se incorpora a la filosofía de la lucha y a la adaptación, pero también sufre los efectos de la "sobrecarga". Es un sujeto que acepta postergar sus aspiraciones personales para sobrevivir en un sistema productivo bajo cuyas reglas de juego solo cabe ganar o ganar, ante la primacía del desarrollo organizacional y la eficacia. Quienes pretendan otro tipo de incentivo y satisfacción deben buscarlo en las instituciones socioculturales.

La respuesta a este dilema no admite fórmulas excluyentes. Es importante la naturaleza de la organización, su prioridad ideológica (cooperación, competencia), e influye tanto la voluntad como el compromiso que deseen asumir los integrantes. Edgar Morin dice que se trata de un dilema propio de la realidad compleja: "En el límite, un sistema que no tuviera más que libertades y muy poco de orden se desintegraría, a menos que, como complemento de esa libertad, exista una solidaridad profunda en los miembros". La solidaridad práctica es lo único que permite aumentar la complejidad y atender los desafíos del mundo exterior; por ejemplo, para tratar las libertades de los médicos, enfermos, familiares y directivos en un hospital. Por tratarse de un dilema, hace falta salir del egoísmo y colocar la relación en un contexto más comprensivo que los fines individuales.

3. La deconstrucción: con razón y sin razón

En las organizaciones existen diversas racionalidades que sostienen una afirmación o mandato, y son utilizadas para advertir que cierto pensamiento o decisión debe ser aplicada. Respecto del poder también implica que existe una fuerza o influencia expresada en el discurso o los hechos que sostiene dicho mandato. Pero no se trata de una razón lineal, porque admite cierta resistencia. Hay diversidad de bases en la relación de poder, como las referidas a lo político. Ello tiene que ver con la existencia de múltiples intereses y finalidades. En el caso de un hospital, se refieren a las prioridades de las funciones de curar, educar e investigar, así como las presiones de los distintos grupos de interés, con sus fines particulares, y la lucha por ocupar espacios en la estructura. Además de las negociaciones con los prestadores y otros demandantes personales e institucionales de atención médica.

Los esquemas racionales, en los hechos, son afectados tanto por las contradicciones internas como por la incertidumbre o la falta de información precisa, lo que afecta a los resultados esperados. Debe señalarse que no siempre funciona en la organización el esquema racional o la relación de los medios con los fines. Porque hay decisiones directivas que se disparan en múltiples sentidos y afectan a varias metas a la vez. Al respecto, Herbert Simon afirma que los administradores deciden aplicando una "racionalidad limitada" o acotada. Eso supone la utilización de diferentes métodos al reconocer distintos riesgos e incertidumbres en cada situación, al igual que la evaluación de consecuencias múltiples en distintos proyectos.

Desde el afuera, en el papel de diseñador o de planificador, es posible imaginar una misión o propósito común en todo el sistema. Pero la organización, aun cuando se integre y oriente en forma voluntaria a partir de objetivos y contratos, avanza en varios sentidos al mismo tiempo. Este es un tema que va más allá del plano técnico o instrumental y tiene que ver con la realidad sociopolítica del sistema. En este ambiente de coherencias planeadas y de incongruencias prácticas (mayor o menor, según los casos concretos) es donde funciona la organización compleja. Y a ello se refiere la explicación de "con razón y sin razón", como una relación no complementaria, pero sí necesaria.

Una organización es, en alguna medida, un modo compartido de pensar y entender lo que pasa. Se rige por un modo de razonar (mínimo) que se comparte, se conoce y se acepta como parte del orden establecido. Por debajo de ese mínimo no habría organización sino dispersión. Esas razones cohesionan, pero también crean problemas porque a ellas se llega por caminos complejos, no siempre mediante el consenso.

Este mínimo es un punto de encuentro, un cruce o coincidencia entre variados argumentos, donde también se acuerdan qué temas quedan postergados. En estos acuerdos, sobre lo que se actualiza o se posterga, el ejercicio del poder directivo es importante.

Nos referimos al contrasentido o irracionalidad cuando es necesario calificar las acciones que no siguen normas reconocidas, un método predefinido o un propósito aceptado por el grupo de trabajo. Los conceptos de racional e irracional se utilizan para hacer referencia a las acciones en conjunto, para diferenciar el trabajo normalizado de las situaciones no previsibles. Son evaluadas en cuanto a su relación con los objetivos y proyectos de la organización, o son el resultado de consideraciones emocionales o personales. La "sin razón" es criticada como actitud no previsible, y también es una "sin razón" el uso del poder en sí mismo, como condición de existencia. Y esto es válido en lo personal, porque el poder de la organización se presenta como parte de las reglas de juego.

En las decisiones de la organización operan múltiples razones, visibles y ocultas, que implican razonar con criterios diversos, que también afectan a varios objetivos al mismo tiempo. No se trata de un drama, sino parte de la gestión en complejidad. Cuando se analiza la solicitud de un crédito por una institución social endeudada, el tema presenta ciertas dudas visto desde lo financiero. Pero tiene una connotación política, desde donde es posible apoyarla con una racionalidad que no es administrativa. Puede discutirse la calidad de la decisión, y los técnicos podrían pensar que no existen argumentos para aprobar esa gestión. Entonces, será una decisión con razón y sin razón. El directivo analiza los problemas en el marco de los criterios dominantes, no solo los pertinentes.

A medida que las organizaciones se van cerrando en el plano de las ideas y repiten sus formas de razonar, sus cambios son más bien tecnológicos y no sustantivos. Es posible que quienes dicen tomar decisiones en realidad lo que hacen es aplicar lo ya probado y factible a los nuevos problemas que se van presentando, sin utilizar un razonamiento o análisis particular. Quienes deciden en un ambiente incierto pueden seguir una rutina que se sobreimprime o se impone sobre los hechos. Se enfrentan a una realidad cambiante, pero ellos la simplifican al trabajar sobre la base de lo ya probado o conocido. Es actuar con una razonabilidad aparente.

En la realidad de las organizaciones complejas las situaciones imprevistas se mezclan con rutinas y procedimientos que la organización tiene disponibles para atender problemas conocidos. A veces hay tiempo para razonar e innovar, pero en lo cotidiano se buscan respuestas ya escritas. Respecto de esta realidad problemática, Cohen y March propusieron la figura del cesto de papeles. No porque los temas no importen, sino porque existen en forma desordenada. Ellos ven la organización como "un conjunto de elecciones en búsqueda de problemas, situaciones de decisión buscando un marco o espacio donde puedan ser discutidas, asuntos en espera de soluciones, ejecutivos en busca de trabajo".

Con la idea de un cesto o recipiente desordenado, la organización se imagina como lugar donde se hace lo que se puede, según la experiencia, no solo cumplir metas o propósitos. Muchas veces los temas se resuelven según la persona que los enfrenta. En las organizaciones se pueden seguir tomando decisiones y sin embargo ciertos problemas persisten en el "cesto", porque las elecciones no resuelven dichos temas en particular. Aunque se pida a los gerentes que sean innovadores, la presión del tiempo hace que intenten repetir lo que saben. De modo que dejan cierta cantidad de cuestiones sin resolver mientras sean "soportables". Aplican lo que Edgar Schein llama las "rutinas defensivas", actitudes que tienen que ver con el tratamiento de la ansiedad en el corto plazo.

La metáfora de la organización como un cesto o recipiente que acumula papeles usados (pero también "guardados") es una imagen que conlleva cierto mensaje en cuanto a la complejidad, la coexistencia del orden y el desorden. Nos sugiere que la realidad de la organización no se ubica en algún lugar dentro de un orden o un plan predefinido. Es más bien una mezcla de problemas aislados (no estructurados) que se mueven impulsados por fuerzas o movimientos que actualizan "el receptáculo". Sobre ese desorden actúan los gerentes probando sus programas, ofreciendo explicaciones sobre lo ya sucedido, para encontrarle un sentido, para así ordenar los hechos. Las respuestas también operan como estabilizadores de la mezcla.

Los gerentes introducen las rutinas en el cubo o recipiente (organización compleja) con diversidad de objetivos, no siempre coherentes, pero que son parte de ciertos planes. Esto significa que los llamados objetivos también son parte de un fichero desorganizado y cambiante por el peso de la política y de las relaciones de poder. En este sentido, Charles Perrow, al informar sobre la indefinición de las organizaciones, dice: "Durante siglos hemos construido un mundo que pensamos organizado sobre principios racionales. Un mundo donde lo sucedido se había querido que sucediera, donde las interacciones son aisladas y el progreso es constante. Este enfoque se está revisando y a ello refiere la tarea de deconstruir (reconsiderar) la complejidad".

También están las diferencias de ideas y las luchas por el poder que operan en la base de los llamados "puntos ciegos" de los directivos (Max H. Bazerman y Ann G. Tenbrusel, 2012). Temas asociados con los juegos de intereses y relaciones de poder, que operan en el momento de fijar la agenda y decidir. Situación difícil de superar porque los actores son partes interesadas en el problema, lo que lleva a instalar en la organización una racionalidad o forma de pensar dominante, cercana a los que mandan y no siempre congruentes con la misión original. Estas presiones sobre los centros de decisión hacen que la organización vista desde fuera sea un "despropósito". No tanto porque cambia su orientación original, sino porque funciona con modos de pensar contradictorios. Con razón respecto de un tema dominante (mantenerse en el gobierno), y sin razón respecto de otros (el consenso). Luchas que tienen más que ver con las relaciones dialécticas, antes que con la "sin razón".

Pero en el tema de las razones, de las diversas lógicas o modos de pensar, no solo opera el antagonismo, sino también la coexistencia de diferentes premisas sobre la verdad o lo deseable, según desde donde se mire la realidad. Porque la organización, en tanto sistema complejo en libertad, avanza sobre varios frentes a la vez. En la deconstrucción se discute si una empresa está para dar empleo (visión desde el sindicato), generar dividendos (para el accionista) o aplicar tecnología (para los proveedores). No es buscar el proceso por el cual llegar a una síntesis o a una instancia superadora. Se trata de sacar conclusiones, con aportes y limitaciones respecto de las diferencias. Se discuten las proporciones y los criterios de prioridad.

Tampoco las razones circulan libremente en un contexto de fuerzas que se oponen. Entonces alguien se apropia del modo de pensar (lo hace depender de él) y lo incorpora a su grupo de interés. Entonces es posible que la organización se desnaturalice y pierda su sentido social. Por ejemplo, cuando en el partido político triunfa la línea que busca ganar elecciones a cualquier precio, o cuando la dirección del periódico elige como criterio publicar solo las notas que apoyan al gobierno. Vemos aquí cómo se pierden las ideas rectoras del partido o la independencia de criterio del periódico. Con razón para ciertos grupos, y sin razón desde la organización (su misión no cambia).

En la compleja realidad organizacional las razones no se arman en forma piramidal ni dependen unas de otras porque tienen cierto grado de autonomía; es la llamada lógica de la diferencia en los procesos y actividades. En la realidad coexisten los dominios de: a) los objetos y métodos productivos (las máquinas, técnicas y procedimientos); b) las relaciones humanas (en el sentido de relaciones de poder, autoridad y persuasión), y c) los signos, símbolos e imágenes compartidos. Estos mundos diferentes se conectan, en la medida en que se influyen mutuamente. Una revolución tecnológica también influye en el cambio de configuración entre las normas del grupo social existente, según las condiciones de los nuevos procesos sistematizados.

En las prácticas cotidianas y modos de pensar de los actores vemos avances y retrocesos de un dominio respecto de otros. Ello no siempre produce coherencia en cuanto al sistema, también crea nuevas tensiones por el avance de la racionalidad económica por sobre el sentido humanista del trabajo. La lógica de la productividad también afecta a las relaciones sociales en el trabajo. Esta dualidad genera una sensación de incoherencia que los directivos suelen disimular diciendo que la realidad tiene sus condiciones y así son las nuevas reglas de juego. En otros casos, se aplica el doble discurso o la hipocresía. Se utiliza una cierta razón o argumento para persuadir, y otros criterios para el momento de la decisión.

4. La subjetividad: emoción y compromiso

La actividad política requiere relaciones sustentables entre individuos y grupos, tanto en la organización como en su interacción con la comunidad en el contexto. Como actividad social, la política, en su versión constructiva, no se encierra en posiciones racionales ni ignora las emociones y convicciones que también participan de las propuestas desde el poder. En particular, en los procesos de comunicación y significación de los mensajes. El poder político no se reduce a la desigualdad de fuerzas, ni se limita a lo manifiesto. Es una relación compleja. En el análisis del poder político, la subjetividad se refiere a la dualidad entre razones y emociones.

La construcción de un proyecto de conjunto implica negociar frente a fuerzas e intereses diversos en cuanto a recursos y objetivos. Pero la continuidad política también requiere compromisos efectivos. La política, en su sentido integrador, no solo consiste en definir los propósitos (como sentido) y equilibrar las fuerzas (como condición), sino que requiere trabajar sobre la construcción de la significación compartida (como consenso). Se producen tensiones, pero no existe un conflicto natural no superable entre las convicciones y las emociones por un lado, y por el otro, las razones o proyectos como expresiones de la racionalidad finalista. La subjetividad requiere límites, pero también refuerza los proyectos compartidos. Es parte del clima y del capital social de la organización; o sea, de la integración de esfuerzos.

Lo razonable, con una visión más amplia de la organización, es comprender las diferencias de orden subjetivo que están operando en la defensa de ciertos fines e intereses, y que derivan en posiciones diversas. Además es posible que sean parte de la crisis o tensión en las decisiones de gobierno, pero no por irracionalidad o sinsentido, sino por motivaciones o sentimientos diversos. En su obra sobre la política como vocación, Max Weber señala la influencia de la llamada racionalidad conforme a convicciones y valores sociales, presente en las decisiones de gobierno. O sea, una relación comprensible y aceptable entre las razones y los compromisos o convicciones que afectan a las decisiones de gobierno. Cursos de acción que adquieren legitimidad cuando expresan valores y creencias compartidos. En este sentido, la política incluye analizar no solo intereses, sino también la necesidad de superar las tensiones entre los valores y creencias de los grupos que están discutiendo nuevos proyectos.

Las brechas y tensiones surgidas por la postergación de los factores motivacionales en las decisiones de política, sometidas por el peso de los intereses y decisiones de los sectores dominantes, son ampliables a la explicación de otros conflictos en la dirección y desarrollo de organizaciones. Con referencia a la política y gestión bajo modelos burocráticos basados en la centralización decisoria, Oscar Oszlak explica que: "esta oposición puede observarse como una manifestación más de la contradicción entre pasión y razón (...) La racionalidad establece límites al desborde de la pasión, pero al mismo tiempo impone nuevas demandas a los patrones de organización e interacción social". Señala esta realidad como ejemplo de la contradicción política que se instala en las organizaciones debido al enfrentamiento de las fuerzas creativas y espontáneas de la sociedad frente a un rígido orden establecido desde la política. Y califica a esta tensión como una seria amenaza a la libertad individual y a las instituciones democráticas.

5. Factores movilizadores y resistidos

Los efectos del poder son relativos, tienen que ver con el entorno y las formas de aplicación. Pero el poder no es errático, sino que está orientado. Está preparado para definir un orden y también para movilizar las capacidades disponibles. Implica un acercamiento (el hacer juntos) y también una distancia (resistencia). Al tratarse de una relación con límites y resistencias, el poder es relativo. En este sentido, el análisis dialéctico de los procesos de poder se refiere a fuerzas opuestas y contradictorias. Pero el poder relativo no es un objeto externo que impone un interés desde el afuera, su alcance se entiende junto con la resistencia y las respuestas del destinatario.

El poder es una relación de fuerzas entre emisores y receptores con recursos (materiales, simbólicos) e intereses compartidos aunque también diferentes. En esa relación hay una voluntad de los emisores que prevalece, a pesar de la resistencia que existe en los destinatarios. Las desigualdades o la asimetría en las relaciones sociales se sostienen por diversidad de medios, que incluyen el control sobre los recursos que otros necesitan, el saber profesional, la influencia personal, la persuasión, sugestión y seducción, además de las fuerzas que están sosteniendo la racionalidad directiva que prevalece. El análisis en situación va a mostrarnos el poder, tanto en sus aspectos positivos como en sus efectos de limitación y control.

Vemos en el poder una aceptación, pero en el marco de una relación que no es siempre la buscada, incluida cierta resistencia. En general, se trata de parte de una transacción o intercambio, lo que significa que, de estar en libertad de elección, la contraparte establecería esa relación en otros términos. Esta es la situación de quien tiene información que otro necesita, la del empleado que no desea permanecer en esa empresa, pero que en un contexto de desocupación no tiene alternativa y acepta órdenes que no comparte. La relación con el supervisor se da dentro de ciertos límites y condiciones que ambas partes cumplen. Esto nos habla del carácter relativo o límites del poder. La voluntad del actor está limitada por la resistencia del receptor.

Hablamos de relación y no de acto para destacar el poder como algo que intenta autoconfirmarse o continuarse a sí mismo. No lo vemos como una flecha sino como una trama, que puede ser virtuosa o viciosa, productiva o represiva. El aprendiz sigue las instrucciones pero también se enriquece (produce, aprende) en su relación con el maestro. En el otro extremo se encuentra lo negativo, la relación basada en el estado de necesidad. Es lo que ocurre con los enfermos carenciados que justifican la existencia del hospital ineficiente que no sirve para curarlos sino para dar empleo a los burócratas. Ellos reciben servicios de baja calidad, pero no tienen otra alternativa que aceptarlos. En esta relación, carecen de suficiente fuerza para imponer sus demandas.

En su vertiente destructiva, el poder niega los valores humanos. Esto sucede cuando el poder está asociado con el sometimiento de unos y la impunidad de otros, a pesar de que la ley guarde silencio al respecto porque los problemas del poder no tienen que ver con la ilegalidad de la fuerza, sino con la compulsión, el no dejar alternativa. Por ejemplo, el caso de quienes padecen el encierro en los asilos psiquiátricos, los adherentes a sectas de fanáticos que son sometidos al lavado de cerebro, los soldados que deben enfrentar tribunales de guerra por rechazar órdenes aunque hayan seguido los dictados de su conciencia, o los niños que son tratados como prisioneros en escuelas donde reciben "castigos ejemplares". En esta vertiente del poder, las organizaciones, voluntarias o no, son lugares de cautiverio que violentan a la condición humana.

El poder no solo se manifiesta como algo represivo, también es un proceso de carácter activo o movilizador que impulsa el cambio y vence resistencias irracionales. Puede hablarse de la positividad del poder y de su capacidad constructiva cuando no es oculto y permite conocer los fines que orientan al emisor. La fuerza no consiste solo en el control sobre los recursos económicos, también puede basarse en buenas ideas, razones, el saber o el lenguaje. La relación sigue siendo asimétrica, ya que las partes no se encuentran en pie de igualdad. Desde condiciones de ignorancia o estados de necesidad, parece normal que se sigan las directivas del juez, médico o profesor, cuyos intereses no son contrapuestos con los del receptor.

El carácter perverso del poder se hace visible cuando existe separado de los contenidos temáticos que impone. Es perverso cuando se ejercita por el solo placer y por la sensación de importancia que proporciona a los actores el sentimiento de estar por encima de otros. En los términos de John K. Galbraith: "El poder es perseguido no solo por el servicio que presta a intereses personales, a valores o creencias, sino también por sí mismo, por las recompensas emocionales y materiales inherentes a su posesión y ejercicio". Por una cuestión de imagen o discurso, este hecho se enmascara, se racionaliza en los discursos y no se reconoce en forma abierta. No es algo común utilizar como argumento la sensualidad del poder, el poder en sí mismo.

Los procesos y relaciones de poder tienen que ver tanto con aspectos constructivos como represivos de la organización. Vemos el poder como la capacidad de actores individuales o grupos sociales para guiar en forma intencional las conductas de otros. Siguiendo la clásica definición de Max Weber, "Poder significa la posibilidad de imponer la propia voluntad dentro de una relación social, aun contra toda resistencia y cualquiera que sea el fundamento de esa probabilidad. Toda cualidad imaginable de un hombre y toda clase de combinaciones pueden colocar a alguien en posición de imponer su voluntad en una situación dada".

El poder se refiere a relaciones asimétricas o desiguales. El actor impulsa un cierto sentido o dirección, o bien pone condiciones al receptor. La imposición es factible porque las partes no están en igualdad de condiciones, ya sea por razones económicas, culturales o políticas. Pero la resistencia hace que la relación no vaya en un solo sentido (la escuela necesita de sus alumnos). La relación incluye un amplio espectro de situaciones, con diversos grados de aceptación. Esto abarca la persuasión (los mensajes publicitarios) o el sometimiento voluntario para obtener una recompensa (los contratados). En el extremo se ubican las prácticas de dominación basadas en obligaciones no resistibles, como la amenaza de despido.

Corresponde destacar la presencia de componentes duales en el mismo concepto de poder, además del hecho de que hablamos de una relación, no de una fuerza unilateral (dominación). En este sentido, Gregory Bateson afirma que no es cierto que cuanto más poder tiene un individuo, más poderoso será siempre. El mito de que el poder es siempre corruptor (engaña) porque propone una manera simple de entender la realidad; una visión desde la cúspide hacia las bases, de las causas a los efectos. Una realidad en la cual los directivos dicen que ciertos procesos dependen de otros. De este modo se naturalizan las relaciones.

Por lo tanto, en cuanto a la realidad del poder en organizaciones complejas, resulta más preciso hablar de pautas o tramas. Es demasiado simple considerar la imagen o concepto de una fuerza focalizada, determinante, como una energía que los directivos y referentes grupales aplican sobre otros participantes, quienes, además, aparecen en una actitud receptiva. Una mirada profunda enseña que los receptores del poder defienden sus posiciones, desde sus capacidades generan energía propia (capacidades, recursos) y que hacen valer. Se trata de una relación inherente a la complejidad y no una determinación excluyente del poder directivo.

La desigualdad del poder explica las resistencias, aunque no justifica los mandatos. El citado Gregory Bateson, advierte sobre los peligros o aspectos negativos del proceso: "Lo cierto es que la idea del poder corrompe. El poder corrompe más rápido a quienes creen en él, y son ellos los que más lo apetecen. Pero es posible que no exista ningún poder unilateral. Después de todo, el hombre que está en el poder depende de la continua recepción de información, aunque en lo visible él aparece como la causa de que sucedan las cosas". Pero estos equilibrios no operan en forma natural, las desigualdades no se resuelven solas, no se diluyen con el tiempo. Lograr cierta racionalidad en el poder (alguna explicación) requiere un ambiente donde la desigualdad sea resistida o cuestionada, que intenta mostrarse como transitoria.

Existe una asimetría pero también razones. El sentido razonable de las relaciones de poder se basa en que no es totalmente unidireccional. Si bien el poder reduce las fuerzas contrarias, no significa que las anule. Lo contrario también funciona. La resistencia no es algo implícito, existe y se manifiesta en crisis y conflictos. La conciencia de que hay otros caminos (aunque no sean visibles, por el momento) es la piedra de toque del concepto de poder en las organizaciones. Si el individuo solo "depende" (sin otra condición) no hay relación social y la acción es mecánica, es un programa sin pensamiento detrás. En la práctica, este programa o conducta no podría considerarse como una relación social, sino un lazo de dominación.

6. Poder estructurado y fuerzas emergentes

En el enfoque estructural de la gestión y la organización se reconocen posibles desacuerdos debido al peso de la racionalidad dominante y a las posiciones diversas de los actores involucrados en la relación. La visión estructural indica la consideración de la autoridad y el poder en las relaciones, rescatando el rol del directivo como articulador y superador de posiciones enfrentadas. En su obra sobre la organización pensante, M. Rubinstein sostiene que "las organizaciones deben encontrar una vía para oscilar entre el caos y el orden, en un proceso y marco que fomente el pensamiento creativo".

Respecto del poder derivado de la estructura, básicamente puede plantearse la existencia de dos extremos o posiciones. Un modelo de estructura "normalizadora" o formalista, donde el poder inhibe la creatividad. Pero frente a la inestabilidad ambiental también se genera un desorden reactivo que lleva a producir creatividad individual desde la resistencia, con efectos no seguros (deben discutirse) sobre las decisiones finales. Esta dicotomía no genera una síntesis sino una tensión, que hace a la dinámica de los procesos de cambio que coexisten con los límites del orden instituido, límites que son una consideración de orden político. Y su aspecto complejo (tensiones) se refieren a la vigencia de la dialógica del orden y desorden.

Desde la mirada del desarrollo organizacional, la renovación de ideas requiere un ambiente de visibilidad de los problemas y, por lo tanto, de intercambio y debate. Allí debe ser posible poner de manifiesto las intenciones de las fuerzas que apoyan el cambio, así como las que lo resisten. Las divergencias no son planeadas, tienen que ver con el desenlace de las visiones críticas y la transición, y con el diagrama de fuerzas y los necesarios equilibrios de poder. Considerar que las fuerzas asociadas con la estructura también se refieren a la estabilidad de las relaciones previstas, pero no a las tensiones propias de la contingencia. En este entorno, el poder está interesado en una relación sostenida, no en un ejercicio de fuerza transitorio. Se trata de un concepto relacionado con la estructura de la organización, no con las demandas imprevistas.

La organización (gobernable) se construye incluyendo el poder como algo previsible y necesario, con sus límites estructurales pero también con espacios de interacción. El criterio es reconocer la diversidad, no imponer el orden jerárquico sobre la razonabilidad. Desde el gobierno responsable se construyen políticas como también formas y estrategias de poder aceptables, con sentido participativo. Esto no debe interpretarse como una rigidez sino como una toma de posición (comunicada) sobre los alcances decisorios de las funciones de supervisión y conducción de la organización. En un contexto cambiante, forma parte de una dinámica, de un juego de fuerzas que actúan en espacios delimitados. El poder no es una relación pensada para cubrir diferencias o desigualdades personales sino que ellas son las requeridas o propias del conocimiento que le da razonabilidad a las decisiones de la organización.

Al respecto, A. Grove ha comentado sus experiencias como director general en un ambiente de cambio, destacando "la dinámica dialéctica" en una organización que enfrenta lo imprevisto o no pensado. Dinámica que surge de las divergencias entre los actores respecto del rumbo a seguir en una situación de crisis, llamada punto de inflexión estratégica. La dinámica dialéctica se refiere a la oposición entre: a) las denominadas "acciones ascendentes", impulsadas por quienes desde las bases deben enfrentar los desafíos de los competidores y las nuevas demandas de los clientes, y b) las acciones descendentes impulsadas por los altos directivos, que hacen planes y deciden con una visión más abstracta y lejana de las exigencias del mercado.

La oposición no aporta su efecto creativo cuando el actor intenta imponer (no debatir) su visión del cambio, y su voluntad se limita al uso de la fuerza o a la lucha por la apropiación de recursos compartidos. Se trata de realidades conflictivas, no de gestión. En términos de Grove: "Si los directores de alto nivel son capaces de evitar mostrar el desorden emergente para después dominarlo, esa dialéctica puede llegar a ser productiva.

Después que aparecen acciones divergentes en la base y se aprecia la necesidad del nuevo rumbo, es el nivel superior quien debe superar el caos generado, mostrar alternativas". En esta realidad, hay un efecto pendular entre dejar avanzar el caos y dominarlo con decisiones de transición y cambio. Se busca construir a partir del debate, en un marco metodológico donde la oposición sea parte de una relación constructiva, un nuevo rumbo, no un intento de anularla como adversario.

7. Cuadro D. Fuerzas y tensiones en la organización

FACTORES / PROCESOS	OBJETIVOS Y PROYECTOS	ESTRUCTURA Y FUNCIONES	CULTURA Y CAPACIDADES	SISTEMAS Y MÉTODOS
Política y negociaciones	La integración - Diferenciación	Los intereses - Las razones	Orden instituido - Acción instituyente	El discurso - La práctica
Poder y control	Lo establecido - La resistencia	Centralización - La delegación	Valores, principios - El pragmatismo	La innovación - La recursividad
Estrategias y decisiones	La transición - La disrupción	La conservación - Deconstrucción	La transacción - Las limitaciones	Lo requerido - La posibilidad
Comunicación y motivación	La explicitación - Las connotaciones	La disciplina - La creatividad	La especificación - Visión en contexto	Lo establecido - La motivación

El *Cuadro D* explica la Matriz de la Organización como un esquema que sintetiza las funciones relevantes de la Dirección en sistema complejo. El cuadro muestra la organización no como pirámide sino como matriz que relaciona decisiones y procesos. La organización como sistema complejo, con fuerzas y tensiones importantes que atraviesan el sistema, lo estabilizan y lo dinamizan. Es la organización vista como sistema abierto que busca conservar su núcleo duro (identidad) pero también negociar las tensiones internas y demandas ambientales. Realidad compleja que debe atenderse desde la Dirección con una perspectiva superadora, aplicando prioridades, con negociaciones desde la política, el poder y las estrategias de contexto. La Matriz muestra temas críticos y de conjunto, no cuestiones operativas o técnicas. Temas relacionados con la estabilidad y desarrollo en un entorno controvertido, que requiere tomar posiciones de conjunto, afectando la organización y sus relaciones externas. Las columnas del cuadro muestran: a) objetivos y proyectos, b) estructura y funciones, c) cultura y capacidades, d) sistemas y métodos. Las filas del cuadro refieren a temas de: a) política y negociaciones, b) poder y control, c) estrategias y decisiones, d) comunicación y motivación. Decir que son temas relevantes significa que su tratamiento requiere aplicar criterios que superen las controversias que atraviesan la organización. Por caso, la Matriz hace referencia a la cuestión de resolver tensiones entre la centralización y la necesidad de la delegación efectiva. También a los criterios decisorios para articular la cooperación con la competencia en proyectos diversos, vistos en contexto. El cuadro muestra cómo la política y el poder deben operar frente a dualidades y demandas diversas, que están activas. Hay acuerdos pero también la dirección debe negociar frente a posiciones críticas sobre objetivos y proyectos que requieren ser compartidos. Es mover la discusión del plano limitado de los intereses y posiciones personales. La Matriz permite entender las capacidades y también los problemas asociados con un sistema gobernable, buscando que las tensiones sean superables. No como una lucha de intereses excluyente. En síntesis, el cuadro no es una versión de la armonía silenciadora, sino de las fuerzas constructivas que operan en un sistema mejorable y complejo.

Estrategia y trama del poder

1. Poder, orden instituido y proceso instituyente. En el plano de las relaciones humanas, la gestión directiva, con una mirada amplia, busca la cohesión de ideas y tareas entre individuos y grupos del sistema complejo. Allí, el poder tiene funciones constructivas, y mediante la estructura pone orden para articular las diferencias entre las funciones y niveles respecto de los proyectos de conjunto. Surgen problemas en la diferenciación e integración necesarias porque plantean condiciones no congruentes.

La racionalidad limitada y las demandas no satisfechas son fuerzas que llevan a tensiones y dualidades. En la realidad compleja, el orden instituido articula, pero también implica poner límites a sus decisiones. En las relaciones de poder operan: a) la presión de intereses en conflicto; b) los recursos escasos, y c) la dualidad entre libertad y presión de la estructura. La resistencia al cambio y la voluntad de realizarlo colaboran en el proceso crítico y renovador del sistema.

2. La dialógica en las decisiones de poder. Existen formas de poder más o menos adecuadas y compatibles con el orden vigente, con lo establecido. Pero aun desde una posición dominante, el directivo no maneja todas las variables, y debe evaluar riesgos y posibilidades en cada situación. Decide considerando la presión y diferencias entre lo planeado, lo necesario y lo factible. En el marco de las mismas relaciones, los directivos se mueven en diversos frentes y niveles.

La misma acción es influida por lógicas diversas: movilizadoras y restrictivas, estructuradas y adaptativas, conservadoras y creativas, basadas en razones y en emociones, operando en lo manifiesto y en lo simbólico, priorizando la fuerza pero también buscando convencer. Los recursos del poder operan con razones y también con fuerzas emocionales acordes con la diversidad de capacidades necesarias para el desarrollo en un contexto cambiante. No para imponerse sino porque la realidad requiere sumar criterios diversos en lugar de excluirlos.

3. Política y racionalidad dominante. La organización vista como un sistema político complejo abarca: a) los procesos de gobierno para contener y orientar a diversos grupos de interés internos y externos; b) las políticas, con macro decisiones que fijan criterios y prioridades para el sistema; c) las relaciones de poder y resistencias que activan y limitan acciones y modos de pensar, y d) las interrelaciones entre todas ellas. El gobierno arma y sostiene proyectos compartidos, pero esos planes centrales originan resistencias.

El resultado es un equilibrio inestable de fuerzas y voluntades. La unidad en la diversidad requiere una superación negociada, con avances, tensiones y dualidades. El poder es parte de una realidad compleja que ocasiona y supera conflictos. No se concentra en la cúspide, se moviliza en redes y sobre las unidades productivas. El diagrama de poder es dinámico y con diversos centros de poder con demandas propias, que además colaboran con la racionalidad dominante. Existe una gestión política del poder centrada en la gobernabilidad.

4. El peso de la interna política. Frente a las formas del orden establecido, la interna política se refiere a las presiones de sectores o grupos en beneficio de sus propios intereses o a la formación de una capa burocrática en el gobierno con fines de supervivencia. La interna política es una vertiente positiva en cuanto al debate abierto sobre los proyectos y sus prioridades, y como parte de los procesos instituyentes (reforma). Sin embargo, puede ser negativa en su versión con intrigas por el poder. Visto desde los propósitos de la organización y las necesidades del contexto, la interna es criticada como desviación de las energías y capacidades del sistema. Representa el paso de la racionalidad de los objetivos conjuntos hacia el modelo de campo de fuerzas enfrentadas. Desde la sustentabilidad del sistema, la interna política sectaria además muestra la incapacidad de los esquemas de comunicación y autoridad, cuando cierran el camino a las alternativas de mayor participación al mismo tiempo que obstruyen las propuestas razonables y compartidas relacionadas con el cambio deseable.

5. El poder directivo y la posición ideológica. En la comunicación, el poder utiliza mensajes que indican lo deseable en cuanto al orden social, económico y político en el marco de la organización. Considera sus proyectos y posibles interacciones en el entorno. El mensaje ideológico se refiere a modos de pensar deseables. Juicios de valor, creencias y convicciones comunicadas desde el poder con la intención de servir como base legitimadora.

Es una toma de posición en cuestiones como los valores prioritarios y aceptados en el contexto. Por ejemplo, la cooperación ante el individualismo, la legitimidad del poder frente a la diversidad de criterios de equidad en la apropiación de los recursos. También el tema de autonomías frente a las fuerzas centralizadas, la inclusión social frente a la exclusión de minorías, la lealtad hacia la organización por sobre los fines particulares, la presión de los principios frente al pragmatismo, el respeto a la dignidad humana por sobre el utilitarismo, la solidaridad frente a la lucha por la supervivencia.

6. Matriz de organización, trama, poder transversal. Para enfrentar la complejidad, la organización constituye una matriz de lugares, funciones y procesos. En ese espacio, el poder es una trama de relaciones y capacidades que afecta a su estructura formal. El poder atraviesa la organización, opera sobre distintas funciones y posiciones, apartándose de las líneas o canales de la estructura formal. Decimos atraviesa en el sentido que cierto núcleo de poder (individuo, grupo, posición) interviene sobre diferentes lugares y procesos de la organización.

El poder de un grupo ubicado en la fábrica impacta desde la base, a partir de la tarea del personal que actúa en diversos sectores y procesos. No es un grupo por encima de otros, sino el nivel operativo en la relación de poder. Además, es parte de una red conectada de lugares con influencia (reciben, transmiten), relaciones que resultan en un diseño del poder sin ser copia del organigrama. Con respecto a dicho diseño, no solo hay espacios, sino también tramas de poder.

7. Figura y fondo en las expresiones de poder. En la descripción de las relaciones de poder existen varios niveles de análisis. La trilogía básica incluye: las formas (diseño), los recursos (medios) y el sentido (finalidad), operando en la relación compleja de poder. La complejidad está dada por su diversidad, sus aspectos manifiestos y las razones subyacentes. El fondo o sentido tiene que ver con la racionalidad dominante en la estrategia de poder. El análisis en profundidad permite correr el velo que oculta las intenciones no declaradas. Por ejemplo, el clima de temor o las expectativas manejadas en el marco del poder. En la estrategia de un periódico, por ejemplo, ciertas noticias son comunicadas para inducir las preferencias de los lectores.

8. Poder, política y grupos de interés. Una mirada interna del poder político alude al directivo que aplica su capacidad para manejar las formas de relación y la estrategia grupal. En cuanto a su lógica interna, el poder busca ser reconocido, reforzarse, estar activo y crecer en sí mismo. Desde la estructura y los roles, el poder activa decisiones directivas, mueve proyectos y propósitos; pero también, como presión, el poder se ejercita desde grupos de interés que buscan desplazar o excluir minorías para mejorar su posición y apropiarse de recursos. En esos casos, el poder no se activa en defensa de objetivos comunes, sino para ganar posiciones en los juegos de interés. Frente a ello, la función de la política constructiva es articular diferentes intereses con objetivos de conjunto. Política necesaria en tanto los actores vean el sistema como un campo de fuerzas donde es válido satisfacer intereses sectoriales o individuales por sobre los objetivos comunes. El poder constructivo enfrenta esta dualidad. La función política debe actuar sobre los modos del poder sectarios.

TERCERA PARTE

Política y gobernabilidad

CAPÍTULO 12

El poder, la macro y micro política

1. Poder instituido y fuerza instituyente

El concepto de institución alude a un sistema de códigos, convenciones, reglas y valores que orientan y controlan las relaciones en la sociedad y en las organizaciones. Por ejemplo, instituciones como el salario, la propiedad privada, la igualdad ante la ley, la defensa en juicio, la familia, la libertad de expresión, los impuestos, las políticas públicas. El concepto de institución implica que estas normas y sus relaciones tienen alguna expresión legal, son parte del orden jurídico, económico, político y social. Hacen a la relación Estado-sociedad civil, y en otro nivel, organización-individuo.

Desde el aparato estatal el discurso legitimador muestra las instituciones sociales como pautas y modelos de orden racional que son reconocidos como un marco normativo y regulador de la conducta de los ciudadanos en la sociedad y de sus organizaciones. Y que también la atraviesan. Es el orden establecido que resulta de las leyes, los contratos, la educación y la presión de las fuerzas dominantes. Con una visión positiva, se trata de un orden que define el rumbo, estabiliza, hace previsibles los comportamientos. Con una visión crítica, las instituciones se ven como un orden establecido que en parte limita y encuadra, en tanto que pone condiciones (externas) a las relaciones sociales.

El concepto de institución se refiere a las formas sociales (no particulares), los grupos reconocidos, las unidades económicas, administrativas o de servicios, tales como los hospitales, fábricas, sindicatos o escuelas. En estos casos, el concepto de institución se basa en destacar algunos de sus rasgos públicos distintivos como el reconocimiento social de la organización, su permanencia en el tiempo, su influencia en el entorno, las necesidades públicas que satisfacen. Significa que es más profunda que la estructura administrativa o personería jurídica. Hay organizaciones vistas como grupos sociales formalizados, reconocidos, con autosuficiencia en el tiempo y que logran procesar (no copiar) los cambios ambientales. Organizaciones que perduran y que se toman como instituciones reconocidas en la cultura y el imaginario social más amplio.

En todas las versiones del concepto de institución también está presente la idea de un poder instituido, que influye en las relaciones y comportamientos en el interior de los grupos sociales, tanto en lo manifiesto como en los modelos mentales. Por ejemplo, desde las políticas públicas son las ideologías, mitos y leyendas que se adoptan como verdades históricas. George Lapassade en su obra sobre organizaciones e instituciones, afirma que: "el orden instituido no se forma solo con leyes escritas, sino también con las normas no visibles de un modo inmediato, pero que forman parte de las instituciones reconocidas". Lo no manifiesto también se comparte y se hace cultura e influye en los modos de pensar sobre lo legítimo, lo aceptable y deseable en la organización.

Como un marco ideológico legitimado, las instituciones se refieren al sistema de ideas y creencias vigentes en el medio externo, el contexto normativo público en el cual opera la organización, que la influye y atraviesa. Cuando los directivos hablan de las relaciones humanas en sociedad toman como modelos a las instituciones conocidas. Es lo que sucede con la escuela y los maestros, la salud y los médicos, el deporte y los equipos, la justicia y los jueces, los predicadores y los creyentes, los sindicatos y sus afiliados. Modelos que se proyectan sobre las relaciones de poder en la organización. De allí el concepto de atravesamiento como impacto de las instituciones sobre las relaciones internas en organizaciones.

Las formas de poder e influencia del contexto enfrentan a las razones y fuerzas internas que derivan de las demandas y fines de individuos y grupos en la organización. En *Diseño de la organización*, Leonardo Schvarstein afirma que "para entender la dinámica del cambio social, también es necesario reconocer la presencia de una fuerza instituyente (desde adentro) construida como protesta y como negación de lo instituido". Esto no es una anormalidad sino una evidencia de la diversidad propia de la organización. Tiene que ver con la dinámica del cambio no planeado en las organizaciones, que viene a enmarcar la eficacia de las estrategias de poder.

La relación entre el poder instituido y la actividad instituyente (fuerzas internas) destaca la resistencia de individuos y grupos a los fines y reglas del orden establecido. Esta dinámica del poder también ocurre debido a la relación entre la racionalidad dominante de la dirección (políticas y estrategias) y la voluntad de los individuos. Al respecto, George Lappasade escribió: "Todo el sistema institucional está ya allí, entre nosotros, aquí y ahora. Está en la disposición de espacios y herramientas de trabajo, en los horarios, programas de producción y sistemas de autoridad (...) Cuando se levanta la represión de la cumbre sobre la base, lo instituyente se revela en los grupos. El habla social queda liberada. Se vuelve posible la creatividad colectiva". La dinámica de la relación implica un ordenamiento, como también críticas y tensiones.

Para nuestro análisis de la realidad organizacional desde la perspectiva de la influencia y el poder, el concepto de institución importa porque: a) trata de considerar no solo las estructuras formales sino también las relaciones establecidas entre los procesos internos (liderazgo) y el medio social más amplio, y b) tiene importancia la participación de grupos sociales con un fuerte grado de compromiso y adhesión a los valores de la organización (que deja de ser empresa, y que se hace "institución" o establecimiento). En ambos casos, ya sea desde el orden externo (el control social) o bien desde la adhesión de los integrantes, se construye un pensar o visión colectiva que influye sobre las elecciones individuales. Ello hace a la estabilidad y el desarrollo de las organizaciones.

No se trata de postular la existencia de una "mente" del sistema social, de un orden superior y determinante para los grupos sociales. En la realidad surgen interacciones respecto de nuevas demandas en el contexto, actores colaborativos con la organización que se convierten en adversarios o lo contrario, y eso lleva a construir nuevos significados compartidos. Es una construcción que ocurre y se entiende en el marco dinámico del orden instituido y de la actividad instituyente. Por ejemplo, hay normas y legislación externa sobre salarios y convenios laborales que regulan las relaciones internas.

Sin embargo, también en las organizaciones los grupos de trabajo presionan para mejorar su situación laboral o generar cambios hacia normas más justas y equitativas. Desde una mirada dialéctica es el momento de la negación o de la resistencia al orden instituido. Se produce una relación dialéctica entre lo instituido y lo instituyente (cambios producidos desde el interior de los grupos), una de las relaciones que explican la dinámica del cambio en las organizaciones.

Atraviesan la organización factores culturales, saberes, pautas y valores sociales junto con las normas impuestas desde un "orden" formal (códigos, leyes, aparato estatal). La organización es una realidad con planes y normas, como también un espacio donde hay resistencia y creatividad desde los llamados procesos instituyentes. En los tribunales, por ejemplo, existe un orden para la relación entre jueces, abogados y litigantes; y ese orden también involucra procesos que se inhiben o reprimen, derechos que se limitan o recortan. Surgen tensiones a través de las nuevas ideas que llegan para criticar las prácticas instituidas.

El final es abierto, no por lo impensable o lo inevitable, porque el cambio puede llevar hacia nuevos modos de relación y producción. Además las instituciones no operan como un simple proceso de reemplazo, hay un tiempo de crítica y discusión al cual refiere la idea de la "relación entre lo instituido e instituyente", las relaciones entre la organización y su contexto. Para René Lourau, el proceso de cambio no va en un sentido predefinido. Operan también fuerzas estratégicas internas asociadas con la idea de la reformulación o negociación, antes que con el alineamiento o la ruptura inmediata.

Que sea posible no significa que se concrete: "Hay una mezcla de fuerzas contradictorias que operan tanto hacia la institucionalización como en dirección opuesta. Van hacia la imposición, reforzamiento, mantenimiento de las formas, tanto como en el sentido de la disolución y desaparición de las formas". Se refiere a los múltiples caminos en los procesos de cambio, en estos casos a la activación (posible, no inevitable) de las fuerzas instituyentes. El cambio puede ser disruptivo, aunque también ser absorbido por el sistema y agregarse a la burocracia.

La visión dialéctica está en la dinámica de las instituciones, en el concepto de la "acción siempre recomenzada". Las nuevas prácticas se hacen orden e ingresan en la burocracia que las administra. Por ejemplo, las reglas de una nueva forma de remunerar al trabajo, con un comité que las aplica fijando normas para los reclamos de los empleados. Se habla de las propuestas de superación o de síntesis como "negación de la negación". Dentro de una relación (la organización, el gobierno) que no puede discontinuarse porque es necesaria para los actores que la sostienen. Ello ocurre cuando es necesario mantener las fuentes de empleo en una época de desocupación.

Es ilustrativo hablar de la acción recomenzada o "lógica del inacabamiento", porque los cambios van creando las condiciones para nuevas resistencias y oposiciones al orden establecido (las formas de remuneración). Claro que no se trata de una vuelta atrás o retroceso porque la oposición ahora se ubica en otro nivel de análisis, en un problema que es diferente del original. Para los empleados ha existido un salto cualitativo en cuanto a sus sistemas de remuneración. Y así recomienza el proceso. No hay un final o "solución definitiva" en tanto sigan existiendo intereses contradictorios en las relaciones de producción. Por ejemplo, con la renovación en las tecnologías, en el marco de una racionalidad basada en el régimen de productividad vigente.

2. Poder y políticas de organización

El contenido político de la función directiva incluye lograr acuerdos, la definición de propósitos y la construcción de poder pensando en la necesidad de cierto equilibrio de fuerzas y de gobernabilidad en la organización. Lo político es el manejo del poder en el sentido de la construcción, con una mirada amplia y no la imposición basada en el control de recursos críticos. Las decisiones de conducción tienen un marco de conjunto, son orientadas por políticas y estrategias que marcan las prioridades y caminos sostenidos desde el gobierno. El concepto de política incluye alianzas, negociaciones y acuerdos. Es una toma de posición compartida, una negociación que contempla el peso relativo de los intereses en juego, internos y externos. Una visión amplia (no sectaria) que considera la diversidad de aportes y capacidades requeridas por la organización compleja.

Como decisión y acción comunicativa, las definiciones de política emanadas de los niveles de gobierno de la organización expresan una relación de fuerzas, y desde allí una posición o decisión de prioridades que compromete al conjunto. Las fuerzas cuentan, pero las políticas sustentables no reflejan un interés particular sino que resultan de un debate y acuerdo a partir de opiniones diversas. Como decisión de gobierno, son prioridades para la organización y sus áreas, no son opcionales. Una vez definidas por el nivel competente, se espera su cumplimiento, pero también cierta tensión con grupos cuyas expectativas han sido postergadas. Las políticas son necesarias para orientar y cohesionar los grupos y relaciones externas. No eliminan las dualidades entre el sistema y los actores diversos, las mantienen dentro del margen de gobernabilidad de la organización.

Para Chantal Moufe es condición de lo político (no una alternativa) reconocer el carácter ambivalente y diferenciado de los participantes; hablar de "nosotros y ellos", que es propio de la sociabilidad humana. Es una realidad que la reciprocidad y la oposición no pueden ser disociadas para que sobreviva solo una de estas situaciones. Desde lo político, las organizaciones son vistas como espacios compartidos donde también confrontan (sin violencia) diferentes proyectos, cada uno con sus metas hegemónicas. Lo antagónico no significa necesidad de exclusión, sino de buscar la consolidación de la diferencia de ideas.

La dimensión política tiene que ver con establecer cierta prioridad en el marco de determinado equilibrio de fuerzas, no para forzar la estabilidad sino para reconocer, en alguna medida, los aportes de la diversidad de perspectivas. Esta idea explica la visión política de la organización e institución, que incluye la comunicación entre grupos afines e intereses múltiples, sin imponer la uniformidad. La multiplicidad y diversidad no en sentido antagónico sino basadas en el reconocimiento de las diferencias que son propias de las visiones e intereses grupales que aportan a la organización. Se buscan proyectos de interés compartido o que requieran el aporte de diferentes capacidades, no solo económicas.

Las políticas, como actividades y prácticas aplicadas a esa diversidad, avanzan por lo tanto en frentes múltiples, no hacia logros únicos o excluyentes. Ello implica el debate ideológico (fines prioritarios) sobre una base de relaciones de poder, antes que suponer la posibilidad de consensos naturales. Relación que reconoce la realidad continuada de la resistencia y las negociaciones. En este marco no puede eludirse la idea del conflicto y de la búsqueda de gobernabilidad, vista esta última como capacidad de conducir en situaciones de inestabilidad. No es que los directivos opten por ciertas formas antagónicas, sino que la organización debe estar preparada para avanzar con pluralidad de intereses priorizados y postergados.

Respecto del concepto de política organizacional, Wendell French y Cecil Bell, en su obra sobre desarrollo organizacional, la definen como "aquellas actividades que se emprenden para adquirir, desarrollar y utilizar el poder y otros recursos con el propósito de obtener resultados de conjunto deseados, en una situación en la que hay incertidumbre o desacuerdo acerca de las posibles elecciones". Explican que la política organizacional es superadora, una visión desde la función de gobierno, no del orden uniformador o de la eficacia de los resultados por sí mismos.

Las políticas son prioridades y líneas de acción derivadas de acuerdos constitutivos y objetivos de la organización. Así como los objetivos definen los estados futuros deseados (recuperación del capital, producción de ciertos bienes, elevación de la calidad de vida), las políticas vienen a informar los caminos y criterios preferidos para lograr dichos propósitos. Si los principios declaran el respeto por los derechos humanos, en las políticas de personal no habrá discriminación. Si entre los objetivos está el desarrollo del capital humano, habrá una política educativa y se evitarán las tecnologías que impliquen riesgos para la salud de los trabajadores.

Los objetivos pueden alcanzarse de múltiples formas. Por ejemplo, la rentabilidad puede lograrse con diferentes grados de riesgo y en plazos distintos. Una empresa razonable busca generar beneficios y a la vez preservar y desarrollar su capital humano. Pero hay negocios que se proponen ser altamente rentables sin reparar en los conflictos con su personal. Las políticas se establecen para fijar una línea de acción preferida (las prioridades) y también para establecer límites a las decisiones cotidianas; por ejemplo, la política de autorizar solamente los proyectos que incluyan un mecanismo que les permita financiarse.

Las políticas de la organización son criterios, prioridades oficiales, que brindan un marco de referencia a los ejecutivos para sus decisiones en situaciones inciertas o controvertidas. Actúan sobre el proceso de tomar posición. Son elementos de juicio para cubrir brechas frente a la falta de normas o programas para decidir. En términos de Russell Ackoff, la política "es una norma que sirve para seleccionar un curso de acción, una norma para decidir". Por ejemplo, en la producción, la preferencia por proveedores y materiales nacionales; en personal, reconocer la prioridad de los agentes formados en la empresa para cubrir puestos de conducción.

Según su alcance y contenidos, las políticas pueden ser: a) de empresa o corporativa, como la línea de crecer sobre la base del capital propio sin tomar deuda externa; b) funcionales, referidas a ciertas áreas o funciones como personal, finanzas o producción; por ejemplo, la preferencia por designar directivos entre los gerentes internos, dar prioridad a la calidad por sobre los costos, o utilizar sistemas que prioricen la privacidad de los datos de los clientes de un banco, y c) de negocios, relacionada con los criterios para actuar en ciertos mercados o respecto de ciertos productos o servicios de la organización. Las políticas constituyen una base para las decisiones racionales porque aportan información sobre los criterios reconocidos y aprobados, un modo de evitar elecciones contradictorias.

Las políticas muestran la racionalidad de conjunto de la propia organización, en el sentido de que ella no se contradice a sí misma en sus prioridades y preferencias. De todas maneras, hay políticas en el nivel del discurso (solo declaraciones) y políticas que son tales porque se respetan en las acciones reales; por ejemplo, hablar de la política de atender a todos los necesitados (según declara el hospital), cuando en los hechos sigue el criterio de brindar asistencia solo a quien pueda pagarla. La brecha no marca una falta de racionalidad, sino la dualidad en la conducción de la organización. Lo mismo sucede con un periódico que declara su prioridad por la objetividad cuando de hecho tiene la política de apoyar al gobierno de turno.

Con bases amplias (propósitos comunes) o estrechas (presión interna), las políticas expresan en el discurso y la práctica, la racionalidad dominante en la organización. La relación entre la racionalidad finalista y la función de gobierno. Los argumentos técnicos ocultan los juegos de poder e influencia política que operan sobre las razones productivas.

Ciertas decisiones de política que parecen ser el resultado de una elección técnica o profesional, también tienen que ver con luchas internas entre ciertos grupos de interés y con influencias en la organización. Vale para remarcar la diferencia de la lectura política de los factores coyunturales.

Las políticas en la fábrica, desde la mirada técnica, implican un análisis en términos de buscar una mayor productividad, avanzar con ciertas tecnologías preferidas o con el uso racional de los recursos. Pero también en los procesos productivos actúan ciertos intereses que buscan ser protegidos o beneficiados, igual que los directivos de finanzas, los sindicatos y proveedores de servicios. Respecto de las variables externas, las políticas tienen que ver con lograr un equilibrio entre la necesaria autonomía y el peso de las regulaciones estatales. Las políticas de empresa reflejan el tipo de relación elegido entre las decisiones privadas y los requerimientos del orden público.

Tanto la diversidad de objetivos como los múltiples grupos de influencia y de interés por acceder a la conducción de la empresa son fuentes de la actividad política. La gestión de la empresa puede representar los intereses de un grupo minoritario antes que el pluralismo de fines que existe en la organización compleja. No por ser dominantes los grupos son esclarecidos y protegen al conjunto. Esos grupos que influyen políticamente pueden priorizar resultados de corto plazo y afectar el futuro de la organización. Esta es la problemática de la legitimidad y razonabilidad en las bases de poder y la politización de carácter sectario en las decisiones directivas.

Las prioridades de política son caminos por seguir, pero en una segunda lectura también son alternativas que se postergan. La política pondera y prioriza, lo que no implica pensar en lo óptimo. Por ejemplo, con las políticas de empresa para enfrentar los reclamos salariales de los empleados; las condiciones de ingreso a una escuela o centro de salud; la veracidad de la información que va a difundir un periódico, o los temas elegidos para la imagen y publicidad de un laboratorio. El análisis de políticas implica evaluar cuánto de esas decisiones impulsan a favor de una apertura, pero ellas también pueden llevar a la limitación o cierre de nuevas oportunidades. Es decir, se requiere una visión amplia que incluya en su proceso lo rechazado y lo aceptado, la información y la desinformación, la imposición y el margen de libertad en los afectados. De modo que el análisis de políticas no se reduce a optimizar resultados. Implica la necesidad de considerar el carácter activador y promotor de las decisiones, pero también los efectos restrictivos del poder. Ello implica la necesidad de evaluar con una mirada amplia la racionalidad dominante en las organizaciones.

3. Realidad política, interna y de contexto

Con un enfoque de política y poder, la organización funciona en el marco de acuerdos sobre ideologías, propósitos generales y proyectos compartidos. Sobre esos acuerdos de base, los integrantes también avanzan en las definiciones compartidas sobre las formas de gobierno (legitimidad, representación, participación), el modelo de organización (estructura), las reglas de juego y criterios aceptados para la asignación y apropiación de recursos (aportes y retribuciones). Los temas del acuerdo constitutivo no son fijos ni resueltos por completo, sino que componen la agenda política. Se negocian y actualizan como parte de la dinámica de la organización.

En el marco de la teoría de la organización, James G. March y Herbert A. Simon han propuesto entender la organización a través de la llamada teoría del equilibrio. Bajo este modelo, el sistema es eficaz, viable y sostenible en la medida en que logre cierto equilibrio entre los aportes y las retribuciones de los diferentes participantes. El acuerdo básico resulta de negociaciones, no de posiciones rígidas. De modo que es una relación inestable que atiende a las condiciones mínimas para continuar en la organización. Esa inestabilidad es negociada desde las posiciones de poder, visto el sistema en su conjunto, con los aportes y contribuciones necesarias.

En la realidad compleja, surgen diferencias entre los niveles de aspiración y la retribución o satisfacción percibida por los participantes y actores externos. Se trata de tensiones de orden objetivo y subjetivo que afectan a su decisión de permanecer o participar en la organización. También el cambio en las relaciones de poder y de política lleva a la desactualización de los equilibrios, lo que explica las crisis y conflictos laborales e ideológicos. Y muestra que el equilibrio entre fuerzas complejas es relativo y cambiante. Más que equilibrio existe una compensación de exigencias y posibilidades. Operan negociaciones y ciertas racionalidades dominantes, lo que permite cierto orden. Pero que también generan un ámbito de tensiones y dualidades a superar, a través de la comunicación y la función de gobierno de la organización.

Los individuos y grupos avanzan con sus nuevas demandas y proyectos, que no siempre coinciden con los objetivos del conjunto. No lo hacen en forma abstracta, sino ejerciendo sus propias capacidades, sus recursos y cuotas de poder en la organización. La política, como espacio diferenciado, con su lógica y capacidades propias, apunta al intento sostenido de articular esfuerzos y posiciones diversas detrás de proyectos comunes. Es la búsqueda de puntos de encuentro o zonas de coincidencias. Es también la actividad de enfrentar y proponer medidas que permitan superar los conflictos que surgen de la diversidad de fines que coexisten en la organización.

En su estudio sobre los partidos políticos, Robert Michels analiza el liderazgo en partidos y sindicatos que se declaran a sí mismos como parte de un régimen democrático, mientras que en los hechos solo se dedican a conservar sus posiciones de poder. Define este proceso como "la ley de hierro de la oligarquía", porque carece de excepciones y se refiere a la forma en que se impone el gobierno de unos pocos. Explica el desplazamiento de la finalidad democrática para instalar en su lugar una maquinaria conservadora. Esta tendencia del poder es visible, pero no excluyente en las organizaciones. Debe verse como tendencia y no como ley natural demostrada.

En la política interna de la organización corresponde distinguir entre la búsqueda de apoyos para enfrentar decisiones injustas y el uso de la fuerza para imponer un interés personal. El debate sobre los cambios necesarios es legítimo en tanto se haga en el marco de reglas reconocidas y se refiera a objetivos de conjunto. Por ello, se diferencia entre: a) el diálogo de las partes para lograr acuerdos respecto de las formas de gobierno y los propósitos de la organización, y b) las negociaciones y manejos del poder de grupos que confrontan entre sí para imponer sus respectivos proyectos, excluyendo a los restantes. Por ejemplo, en un hospital la diferencia de legitimidad entre la discusión sobre la manera de brindar mejor atención médica y las estrategias de poder para tomar el control y desviar el hospital hacia los intereses de un inversor o proveedor de servicios.

Respecto de la política de la organización en lo externo, Gerry Johnson y Kevan Scholes advierten que "los diferentes grupos de interés, llamados *stakeholders*, pueden tener divergencias y estar en conflicto, presentar diferencias respecto de la posición de los directivos y accionistas". Para dichos autores, es parte de la función de gobierno evitar que estas diferencias se resuelvan con acciones en los mercados que afecten a los planes de la organización. En términos de poder, los grupos de interés son parte del campo de fuerzas en competencia y también impactan sobre el nivel de incertidumbre en el contexto. Es parte de las funciones de la política, en el ámbito del gobierno, negociar y superar diferencias entre grupos de interés y actores externos.

En cuanto a la interna política, ella alude a divergencias ideológicas en el trabajo, a estrategias de poder y sus resistencias. Incluidos los métodos y recursos que utilizan los actores fuera de la estructura formal, como las tácticas de poder, las alianzas y coaliciones, los procesos de negociación, los espacios de debate, la convocatoria a asambleas para defender derechos o lograr mejoras en las condiciones laborales. Y en el plano visible de la política interna, las actividades vinculadas con la decisión de resolver situaciones problemáticas a través del mecanismo de elecciones o votaciones, instancias donde se expresa la opinión y voluntad de mayorías y minorías. Es lo que ocurre para la elección de delegados de fábrica o en la convocatoria para una medida de fuerza.

Los movimientos internos no son marginales, solo muestran las tensiones no resueltas, las promesas incumplidas, la resistencia o rechazo de las condiciones laborales o la burocracia de las estructuras de autoridad. Fuerzas que no son del todo visibles porque pertenecen a lo informal y evitan ser identificadas como adversas al orden establecido. Sin embargo, muestran a la organización en su versión vulnerable o menos controlada, como una trama de intereses, ideologías y poderes en juego, con alianzas, pactos y compromisos no formalizados pero que están operando. Todos ellos relacionados con propuestas y demandas postergadas. En términos políticos, las negociaciones en paralelo son un reflejo importante de las brechas y conflictos no resueltos por la organización.

Frente a las formas del orden establecido, la interna política se refiere al debate por el orden de prioridades de los fines sectoriales, la negociación por espacios y recursos. Con efectos positivos en cuanto a la discusión sobre la legitimidad de las demandas y la búsqueda de acuerdos, y aspectos negativos cuando solo operan fuerzas aplicadas a vencer en el conflicto de intereses. Vista desde la dirección, esta realidad interna suele ser considerada como politización no deseable porque desvía energías y capacidades. También se toman como forma oculta de cuestionamiento a la conducción. En los hechos, la interna política también expresa la incapacidad de los esquemas burocráticos de conducción y de los canales formales de comunicación, cuando cierran el camino a la participación o ignoran legítimas demandas o propuestas razonables de cambio.

4. Poder, hegemonía y participación

El poder, en su versión amplia, incluye estrategias que van desde la influencia o persuasión ideológica hasta la imposición basada solo en la desigualdad de fuerzas y la voluntad del emisor. En el sentido de eficacia, el concepto de poder enfatiza en su capacidad ejecutiva para activar o limitar ciertas acciones y concretar proyectos. Como afirma Anthony Giddens, la capacidad de poder incluye la voluntad e intención transformadora del directivo, la que permite convertirla en acción conjunta. Dice que "la acción no es solo la intención de la personas para hacer las cosas sino, en primer lugar, refiere a su capacidad de hacer tales cosas en conjunto, no en lo personal. En ese sentido la acción política implica ejercer el poder".

Desde este enfoque, el accionar en el sentido del cambio está incluyendo el poder como capacidad para movilizar voluntades. En su versión ampliada o expansiva, el poder controla a la persona, el comportamiento del receptor. En este caso, el poder avanza tanto sobre acciones concretas como en la subjetividad del ejecutor. Es una obligación de actuar y también una forma limitada de pensar, no por la urgencia sino por el modo de la relación, que incluye factores de coacción o imposición física. En su versión expansiva, que afecta a las libertades, este esquema fija un límite para la política cuando no solo busca ordenar sino también someter.

Cuando opera la fuerza hegemónica, que se impone sin otras razones, el poder ya no permite críticas ni considera las resistencias del receptor. Su acción afecta a los valores de libertad, igualdad y dignidad que son propios de una relación democrática, influidos por las luchas internas en la organización. Una condición que hace a una organización socialmente viable tiene que ver con los límites acordados, compartidos, respecto del poder. Con una mirada responsable (no solo efectiva), el poder socialmente aceptable implica la conexión entre los factores de aceptación, legitimidad y factibilidad. Se trata de una relación compleja, con períodos de transición en una organización que se propone ser sustentable.

La perspectiva ampliada, que articula formas y consecuencias, en lo interno y externo, corresponde al poder político. Se refiere a la mirada responsable desde el gobierno que debe considerar la presencia de una diversidad de actores, posiciones y fuerzas en el entramado de la organización y su relación con el contexto. En el momento de decidir, los conflictos entre partes tienen distintos modos de tratamiento por parte del directivo. Una forma extrema es la relación de dominación, donde se aplican criterios hegemónicos sobre el modo de pensar y hacer de las personas. Ello corresponde a la visión autoritaria de gobierno, posición extrema asociada con la ideología extrema del "pensamiento único".

Al respecto, Anthony Giddens advierte que "el poder en su sentido más estricto y relacional es una propiedad basada en la interacción, y puede ser definido como la capacidad que incluye asegurar resultados en el accionar de los otros. Pero en el sentido que los hombres tienen poder directo sobre los otros, sobre la persona, el poder implica una dominación". En esta situación hay formas críticas (extremas) de poder, que se imponen a través de una relación dominante sobre los destinatarios. Esta relación extrema muestra la dualidad del poder, su capacidad para movilizar e imponer en la misma relación. Desvirtúa la posible crítica como parte de la relación. Para que el poder se entienda como relación social y políticamente aceptable, no solo los fines sino también los medios deben ser conocidos y legitimados.

5. Razones de gobierno

La gobernabilidad implica que el poder político interviene en la definición de fines y condiciones, pero ellas no son impuestas sino negociadas y reconocidas por la organización y sus participantes. Estas condiciones de conjunto están relacionadas, por ejemplo, con la legitimidad de las decisiones y los acuerdos sobre los criterios para la apropiación de recursos. En *La gobernabilidad*, Xavier Arbós y Salvador Giner dicen que los propósitos y condiciones deben cumplirse al mismo tiempo y atendiendo a demandas contradictorias. "Hay todo un espectro de matices, desde el gobierno con fuerte consenso y altos logros, pero también decisiones que ciertos grupos críticos consideran discutibles". Los citados matices indican que su eficacia incluye medios injustos, y que los acuerdos de gobierno tienen metas que a veces responden a grupos de interés minoritarios. "Las medidas de la eficacia del gobierno también están definidas por las expectativas de la sociedad y ello afecta a la legitimidad del poder político."

La gobernabilidad es un concepto político que supone modelos de organización con una dirección pluralista. No solo como una fuerza que desde la cima concentra el poder político, sino como una capacidad que resulta de la integración de posiciones diversas. Superar la idea de conducir una organización pensando solo en sus objetivos de producción y crecimiento. La gobernabilidad refiere a formas de gobierno con legitimidad, representación y participación de los grupos capacitados para su desarrollo y comprometidos con él. De modo que las decisiones de política no reflejan solamente el peso de un grupo dominante sino los intereses y objetivos múltiples de la organización. Con esas bases, lograr la legitimidad y credibilidad necesarias, y también atender las tensiones propias de una organización compleja.

El concepto de gobernabilidad es una visión de política puesta en contexto. Implica mantener la integración necesaria de fines e intereses diversos, como también reconocer y compartir ciertos proyectos. Considerando que las negociaciones y relaciones de poder respetan la voluntad de los actores, y también que el sistema opera mediante negociaciones con su entorno social, económico y político. La gobernabilidad implica un enfoque sustentable de la organización, donde las decisiones de política definen límites y también necesitan el reconocimiento de diferentes grupos de interés e influencia. La gobernabilidad como relación dentro-fuera es afectada por las políticas de fuerza que excluyen a los disidentes.

La gobernabilidad y las estrategias de poder político tienen una cuestión crítica que refiere a las relaciones internas con las realidades de contexto. Incluye el logro de apoyos de su entorno y responde a demandas ambientales. Lo contrario significa un ambiente de conflictos y luchas en lo ideológico, tanto en el plano interno como en el externo. La cohesión requiere buscar apoyos en el entorno, no en instalar o proyectar un ambiente de enfrentamiento y lucha ideológica. Las empresas constituyen un importante actor en cuanto a la oferta de empleo y la calidad del trabajo, mientras que las relaciones laborales también son un factor significativo para la aceptación de la organización y sus objetivos en el contexto. Respecto del contexto, una idea superadora es el apoyo articulado y sostenido para cubrir ciertas necesidades comunitarias mediante el aporte a proyectos solidarios.

En este marco, lo razonable (y deseable) es que las políticas y el poder vinculados con la relación laboral y la motivación en el trabajo deben ser parte de una estrategia (una construcción) que incluya la integración, el desarrollo humano y la inclusión social. Una visión que articule las demandas de contexto con los principios internos; no solo pensada en términos de eficiencia y rendimiento del trabajo. La gobernabilidad implica lograr que la política (acuerdos y proyectos) y las formas de poder estén en sintonía con la inteligencia social de la organización y las demandas de contexto.

La organización avanza en una realidad con diversos grupos de interés y factores de poder. Operan fuerzas internas en conjunción con las legítimas demandas del contexto en cuanto a la protección ambiental y a la calidad de productos y servicios; una visión más amplia que la lógica del costo-beneficio en decisiones gerenciales. Consiste en pensar en objetivos múltiples, políticos y sociales, no solo en compensar los aportes de los socios. Surgen ciertas reflexiones al respecto: a) la gobernabilidad de una organización sustentable implica el mantenimiento de un equilibrio entre los factores de poder reconocidos en su interior y la aplicación de políticas de responsabilidad social en las relaciones con el contexto, y b) las estrategias de poder en las relaciones internas y externas deben basarse en acuerdos sobre proyectos compartidos, no en la presión de las fuerzas (el poder coercitivo) o solo por incentivos económicos (poder remunerativo).

6. Alcances y límites del poder

La actividad política aplicada en las organizaciones sustentables considera la diversidad de actores como también a las libertades básicas de sus integrantes. Es contraria a la uniformidad, la concentración del poder y el abuso de autoridad. En el plano de las líneas de pensamiento, en la función de gobierno no son aceptables las ideologías excluyentes que marginen a quienes piensen diferente. En la realidad compleja, con fuerzas duales, las mayorías y minorías deben ser tenidas en cuenta. Frente a las dualidades y divergencias la dominación y el abuso no son categorías manejables, no son sostenibles sino dentro de las condiciones de libertad y creatividad requeridas.

En este marco, la gestión política se refiere a un acuerdo basado en una configuración aceptable de los objetivos diferenciados y de conjunto. El poder político en el modelo sustentable es relativo, reconocido, legitimado y responsable. No se trata de hallar un óptimo en cuanto a estrategias y objetivos. Es una propuesta para aplicar en la realidad compleja, donde se articulen lo planeado, lo necesario y lo construido. Visto en conjunto, consiste en la búsqueda de un sistema que articule las capacidades en un sistema gobernable (político), requerido (condiciones de los actores) y eficaz (resultados en contexto).

La actividad política no está presente en todas las decisiones o movimientos directivos, ya que tiene sus propios temas de agenda, sus estrategias y tiempos. La política se relaciona con el poder al ser aplicado en los proyectos y logros del gobierno, no con toda situación conflictiva o confrontaciones entre grupos. En su obra *En defensa de la política*, Bernard Crick advierte que "no todo es política". Hay luchas por el poder y negociaciones entre grupos o individuos por razones o fines limitados, de orden técnico, cultural o económico que requieren entendimiento mutuo como condición, aunque sin llegar a él de manera forzada. Sin proyecciones o avances sobre el sistema en su conjunto.

En cambio, lo político tiene que ver con la ideología debatida y compartida; posicionar la organización como sistema en su contexto, definir los objetivos de conjunto y definir formas de participación en el gobierno y la gestión de proyectos compartidos. La política cuenta con métodos también diferenciados, como el debate ideológico, los códigos del poder instituido, las tramas de intereses, la militancia y los acuerdos, proyectos, alianzas y coaliciones. En sentido constructivo, la política debe conciliar intereses diversos en el marco de un proyecto.

La política es decisiva porque contribuye en el plano de los propósitos y las relaciones, aunque también incrementa la complejidad (la politización) en la conducción de la organización. Resuelve, pero implica tensiones, resistencia e inestabilidad. Por ejemplo, existe una relación compleja (inestable) entre la identidad de la organización (sus rasgos constitutivos), la dinámica de la gestión política y los actores cambiantes en el poder, lo que deriva en avances y retrocesos en las prioridades y la composición de fuerzas en las decisiones de conjunto. En la organización sustentable las conductas no están determinadas por una relación de dominación, se requiere aceptación.

La política, en su versión constructiva y viable, no somete a la cultura, no se impone sobre los rasgos de identidad construidos en la organización. En la organización pesa la actividad política pero también opera un marco de condiciones socioculturales. Capacidades que están relacionadas con "otras" voluntades, no solo el poder o el gobierno. En un hospital no es posible "entender" el concepto del dolor (como rasgo constitutivo), solo desde el orden político. Los conocimientos, la significación y motivación de los actores (médicos, pacientes, laboratorios, familiares) tienen una base cultural e ideológica que es influenciada, pero no sometida, por la trama de intereses y relaciones de fuerza que operan en la organización.

7. Cuadro E. Agenda de política y poder. Temas y decisiones críticas

TEMAS Y VARIABLES DE POLÍTICA Y PODER	LAS MACRODECISIONES. AGENDA Y PRIORIDADES	ACTIVIDADES INTERNAS Y TEMAS DE CONTEXTO	RELACIÓN COMPLEJA: DILEMAS, DUALIDADES
En los acuerdos constitutivos	• Proyectos compartidos • Estatutos. Intereses • Cuadro de organización	• El entorno. Instituciones • Alianzas. Negociaciones. • Participación. Referentes	• Derechos - Obligaciones • Identidad - Estrategias • Concentrar - Delegar
En las funciones de gobierno-dirección	• Objetivos múltiples. Prioridad • Recursos: formas de apropiar • Marco ideológico. Presiones	• Centralización. Delegación • Los convenios laborales • Las fuerzas emergentes	• Unidad - Diversidad • Definido - Negociable • Apertura - Condiciones
En las relaciones poder-autoridad	• Atender bases de legitimidad • Estructura y fisuras de poder • El tratamiento de conflictos	• Relación líder-seguidores. • Límites a la fuerza dominante • Códigos y reglas de juego	• Individuo - Organización • Cooperar - Competencia • Poder para -Poder en sí

El *Cuadro E* muestra los temas de orden político y estrategias de poder que son parte del gobierno de la organización compleja. La política es una capacidad para debatir y construir proyectos de conjunto. Capacidad que puede verse en las estrategias de los grupos de interés, la definición de estatutos, la orientación de las asambleas societarias, la competencia para acceder a posiciones de dirección, las relaciones con el aparato estatal y los gremios, el definir criterios y prioridades para orientar las inversiones, decisiones de asociarse o debatir con otros actores en el contexto, sostener la responsabilidad de la empresa en sociedad, el asociarse y hacer coaliciones de poder con otros referentes en los mercados. En el cuadro son decisiones que aparecen en la columna de las variables de política y poder. Las filas refieren a temas básicos de la política en la organización, como: a) los acuerdos constitutivos, b) las funciones propias de la Dirección y Gobierno, c) las relaciones de poder y autoridad en las unidades de estructura. En el cuadro se citan ejemplos referidos a la construcción de proyectos compartidos, el debate y definición de los objetivos múltiples, el definir las bases de legitimidad del poder reconocido, el tratamiento y superación de conflictos. También incluye una columna referida al trabajar en política, en situaciones con dilemas y dualidades. Desde el nivel de gobierno, la capacidad y función política, se piensa en términos de unidad en diversidad. El desarrollo político de la organización refiere al avance de una visión pluralista y a la vez, integradora. No se trata de la acumulación del poder sino de la participación y la coexistencia, bajo límites acordados. La política de gobierno implica visión ampliada, en temas y tiempos. No es sustentable el cierre, la interna del poder político como acumulación de fuerzas y controles. La organización sustentable, que interactúa con las demandas del contexto, busca zonas de estabilidad y espacios de transición. Ello implica integrar fuerzas diversas bajo condiciones legitimadas. Las condiciones del poder, los intereses prioritarios, los recursos económicos y la cohesión social, en la organización compleja. La política central, no como cuestión de poder excluyente sino como alianza estratégica.

CAPÍTULO 13

Poder y cambio organizacional

1. Poder y cambio no planeado

La compleja realidad de la organización incluye múltiples relaciones, estados y procesos, no siempre previstos y congruentes, pero operando en alguna medida, con sus aportes y también con tensiones y dualidades. En el marco de lo programado y modificado por las realidades que emergen y esperan ser consideradas, el poder está presente sosteniendo la estructura formal. Sin embargo, también opera en cuanto a los participantes, quienes defienden sus autonomías, espacios y márgenes de maniobra. Esta realidad, en la relación individuo-grupo-organización es un factor dinamizante. Explica tensiones y dualidades en "la interna" de grupos que buscan posicionarse, avanzar con sus proyectos, e incrementar espacios y disposición de recursos.

Desde una mirada externa, un observador o analista podría afirmar que si la organización funciona es porque está articulando sus esfuerzos según sus propósitos y capacidades, considerando las demandas del contexto. Pero esta mirada razonable solo cubre los aspectos planeados, las decisiones programables. La realidad que debe construirse en un proceso de cambio incluye aspectos no pensados, la presencia de fuerzas y negociaciones que modifican o adaptan los proyectos a nuevas condiciones y demandas expresadas en la interacción cotidiana. No constituyen movimientos de fuerza hay persuasión, transacción y nuevas reglas de juego.

De hecho, dentro de sus planes y proyectos, la organización avanza en múltiples frentes a la vez, donde el poder político actúa con respecto a la apropiación de recursos, fijación de prioridades y regulaciones, y negociando críticas. Las relaciones y procesos de poder, con sus intenciones y resistencias, también actúan sobre los cambios emergentes, le ponen límites, los reorientan.

Las relaciones de fuerzas operan en el sentido de impulsar nuevos proyectos o revisar los existentes. Estos movimientos confluyen en una dinámica del orden (la continuidad) y el desorden (procesos divergentes), centralización y delegación, prioridades y postergaciones. La gestión de esta complejidad (emergente) incluye decisión, comunicación y poder (controles).

Las decisiones de la organización continuadas en el tiempo permiten reconocerla dentro y fuera, ver sus límites como entidad diferenciada, aunque también exista algo en ella que esté cambiando. Se reitera y se reforma a través de sus procesos operativos. La organización tiene al mismo tiempo la misma (identidad) y también es distinta en sus relaciones y procesos, es proactiva. Nos referimos a la transformación que supera las tensiones resultantes de los esquemas y preconceptos que operan en la organización. La dinámica involucra a la relación continuidad-renovación. Existen procesos de aprendizaje que llevan a la redefinición de estructuras y procesos, cambios que devienen de nuevas ideas y el cuestionamiento al orden establecido o replanteos por efecto de internas políticas, nuevas alianzas, negociaciones y juegos de poder.

La diversidad de intereses y el juego de posiciones de poder son inherentes a la dinámica de la organización, que también enfrenta las perturbaciones provenientes de fuerzas externas. Hay oposiciones relacionadas con cambios en los puntos de partida, por haberse modificado las demandas o revisado lo pactado en el convenio laboral. También las crecientes presiones de actores externos sobre la organización, como sindicatos, bancos, proveedores. En el juego renovado de apoyos y oposiciones prevalecen nuevos grupos y retroceden otros. Para entender estos procesos se requiere considerar las fuerzas y relaciones de los mapas de poder y la trama oculta.

El sistema de controles se encarga de que esta realidad emergente no se desborde, de modo que el desorden sea contenido. La versión racional sostiene que las llamadas imperfecciones se resuelvan en el plano de la tecnología de conducción, con nuevos sistemas de información y de control integrados a procesos de aprendizaje y adaptación a las demandas ambientales. Esta es la racionalidad buscada en el enfoque de los sistemas, la dirección por objetivos o la mejora continuada en los procesos. Se agregan factores que hacen a la subjetividad y los mitos de la conducción: la visión del directivo, su capacidad de motivación y liderazgo o las aptitudes para tomar decisiones en situaciones de cambio.

Existen otros enfoques posibles, además de la mirada sistémica y estratégica del cambio en la organización. La visión llamada estructural nos advierte sobre otros problemas, además de los temas de comunicación, conocimiento y entorno incierto. El enfoque estructural habla de las divergencias, las dualidades y oposiciones que ocurren en el acuerdo constitutivo o en las relaciones (agrupamientos), lo que rescata la idea de la organización como unidad en la diversidad, en un marco de fuerzas. A los dilemas de carácter estructural se suman la visión política y de contexto, no solo las medidas de orden tecnológico, planes de racionalización, decisiones de cambio en lo productivo o administrativo que atacan cuestiones de eficacia, eficiencia y sinergismo. Desde lo estructural, la función de gobierno debe considerar las diferencias de intereses y de ideología que están en la base de las relaciones del orden político y en los diagramas de poder.

2. Poder y demandas sociales y políticas

Uno de los problemas de la racionalización como versión de progreso técnico consiste en que el avance en el cambio de métodos de producción también genera cuestionamientos de orden social y acciones desestabilizadoras en lo político. Porque la presión del orden racional prioriza los intereses y fuerzas que operan en el plano de la producción y los servicios. Privilegia los criterios y relaciones de poder relacionados con los fines de eficacia y productividad; posterga o está en tensión con cuestiones de subjetividad, temas estos que ponen en evidencia el impacto de las razones de eficiencia en la motivación, valores y creencias que constituyen el núcleo de las pautas culturales y sociales.

El énfasis en los resultados y en los medios necesarios para obtenerlos, como base de la organización y la gestión directiva, tiene efectos contradictorios en el marco de un sistema que es sociotécnico, no únicamente una forma productiva eficiente. Los efectos de la modernidad en la cultura organizacional incluyen el avance de las formas de poder sobre el discurso y la tecnología de producción. Se instala en la organización la cuestión de la divergencia o el efecto contradictorio de reconocer como prioridad los objetivos y los mecanismos de producción eficientes. Porque ello, bajo el criterio de la sustentabilidad, también debe ser compatible con las metas de desarrollo humano y los deseables aportes de la organización a las demandas de los actores sociales en su contexto.

El avance sin límites de la racionalidad económica como condición indiscutible o inevitable, lleva también a la postergación de normas éticas, la desactivación de los principios y valores referidos a la dignidad del trabajo y a la responsabilidad social. El discurso competitivo suele utilizarse para disfrazar la injusticia al hablar del "costo del ajuste" o la "crisis de la transición". Es un desvío ideológico que consiste en presentar la desigualdad o la exclusión como procesos naturales o inevitables. En términos más duros, George Simmel se refiere a "la tragedia de la cultura", o sea la fragmentación y aislamiento propios de un sistema productivo basado únicamente en la razón económica y la lógica competitiva.

El cambio continuo en un contexto incierto implica ampliar y diversificar la oferta de bienes y servicios, acelerar los tiempos, y romper con las convenciones y tradiciones. Estos avances o progresos ocurren en un marco de conflictos no resueltos. El cambio tecnológico muestra una forma de superación en los instrumentos, los métodos, el diseño. Estas son formas que no atacan el fondo de las contradicciones que aparecen en el propio sistema productivo. De igual manera participa la dualidad entre la necesidad de creatividad y cooperación frente al ambiente desmotivador del trabajo.

Según afirma Jean P. Sartre "la dialéctica de los grupos excluye la idea de una madurez de estos (...) es un movimiento siempre inacabado de los grupos, una totalización en curso". Una construcción hacia dentro y en sus relaciones con el medio. Es lo que ocurre cuando, para salir de un conflicto laboral y frente a la crisis económica, los empleados asumen el control de la empresa y la convierten en una cooperativa con el apoyo de un banco, evitando así la quiebra y la pérdida de fuentes de trabajo. Superan el modelo de empresa individual, basado en relaciones de dependencia, y en adelante serán socios. Pero deberán enfrentar las tensiones propias de operar sin capital suficiente, y discutir con proveedores y acreedores, quienes presionarán para que sus intereses tengan prioridad.

No siempre el cambio es sinónimo de superación. El poder asociado a la racionalización de las relaciones de producción mantiene las fisuras sociales, las bases de un conflicto no resuelto en la relación entre individuo y organización o entre tarea y motivación. En *Todo lo sólido se desvanece en el aire* Marshall Berman habla de la dialéctica en los procesos de modernización. Afirma que es: "experimentar la vida personal y social como un torbellino, encontrar al mundo del individuo en perpetua desintegración y renovación; es ambigüedad y contradicción (...) Ser moderno es hacerse de alguna forma un lugar en ese torbellino, captar y confrontar el mundo producido por la modernización y esforzarse por hacerlo nuestro".

En los procesos de modernización el cambio debido al progreso técnico es continuo. Pero ese avance también crea incertidumbre porque las consecuencias se conocen después de implementados los cambios. El costo es afrontado en forma desigual, las cargas no son equitativas. El progreso incluye una mayor oferta de bienes y servicios, pero también provoca marginación y exclusiones injustificadas. Es además una fuente de inseguridad para quienes permanecen en la producción, por el carácter transitorio del empleo o el cambiante humor de los mercados. En un proceso de racionalización solo por razones de costos se llegan a vulnerar ideas y valores.

Pensar que el cambio tecnológico es inevitable y se justifica por sí mismo es una contradicción. Como dice Alain Touraine: "La crisis de la modernidad marca la separación de aquello que durante tanto tiempo había estado unido: el hombre y el universo, las palabras y las cosas, el deseo y la técnica". La nueva tecnología sin otras razones que la productividad o el control de costos aumenta la distancia entre el mundo de la producción y el mundo del individuo, reducido a un recurso humano. No se trata solo de un tema de diseño sino que es una contradicción en la organización: "En tanto la tecnología se pone en su contra, el individuo debe defenderse de sus propias creaciones".

El resultado de los procesos de racionalización es un "equilibrio inestable" entre orientaciones opuestas y complementarias. Por un lado, el avance en el saber y las técnicas creadoras de cambios libera al sujeto de mitos y tabúes que lo atan al pasado. Por el otro, la memoria y la defensa de sus derechos lo protegen contra el peligro de ser reducidos a un objeto. El individuo enfrenta un doble compromiso: con la empresa y consigo mismo; existe la necesidad de acercarse (pertenecer) pero también de tomar distancia y diferenciarse. Estas dualidades son una expresión de la oposición entre procesos de objetivación y de subjetivación. No son procesos neutrales sino parte de las relaciones de poder, porque no todos en la organización comparten la idea de ver a los individuos como sujetos, esto es, como actores o constructores de su vida social.

En su obra sobre la dialéctica de la modernidad, Albrecht Wellmer expone esta contradicción entre el progreso y la represión a los procesos sociales en la organización. El autor concluye que "en un momento de la historia en que el nivel de las fuerzas productivas haría posible libertad y bienes crecientes, no existen sujetos emancipados que puedan participar en la riqueza social". Los procesos de modernización se ven afectados por la dualidad, aunque no sea lo buscado por el progreso. Aumenta la productividad con el cambio tecnológico, pero en un marco de creciente desigualdad.

El progreso en las organizaciones implica tensión en las relaciones humanas por las críticas a las decisiones que se dicen racionales y aumentan la desigualdad. Tensión dialéctica (contradicción) porque la producción genera conflictos que se intentan resolver con nuevas estructuras. El problema suele ser la falta de integración de los temas sociales a los técnicos del cambio. Desde la modernidad se dice que las injusticias se demoran pero serán resueltas, y que los trabajadores excluidos hallarán solución en otro empleo. La duda es: ¿hasta dónde la tensión dialéctica en los procesos de modernización puede llevar a superar conflictos que la misma organización origina?

En el marco de un proceso dialéctico el criterio de lo nuevo no es suficiente cuando solo se define como "lo que vendrá después". En la novedad también hay fuerzas operando. Lo nuevo, tanto en lo constructivo como en lo cuestionador tiene que ver con las relaciones y estrategias de poder. En particular, para las organizaciones que requieren consenso o compromiso de sus integrantes no es posible avanzar ignorando oposiciones con grupos que están aislados o se enfrentan entre sí. Para trabajar las dualidades y tensiones se requiere una toma de posición directiva, fijando prioridades de política sobre los cambios buscados y resistidos. Hace falta modificar el debate con un salto cualitativo en el análisis de las dualidades. Por ejemplo, debatir cuánto hay de mito y cuánto de realidad en las ideas sobre liderazgo y fuerzas del mercado. No suponer que son factores naturales cuya existencia por sí sola moviliza a las organizaciones.

El salto cualitativo en un proceso dialéctico, con fuerzas diversas, es un camino que debe ser construido, que no surge de forma natural. En el caso de una escuela en crisis, la superación es tratar que en algún momento las nuevas tecnologías de educación se orienten hacia la transformación de la relación entre maestros y alumnos (en lo que tiene de represiva). Buscar que los procesos de enseñanza y aprendizaje se conviertan en algo liberador y creativo. Se trata de construir un acontecimiento o suceso que conmueva la estructura vigente, que le permita a la escuela superar sus bloqueos mentales, y no solo que los postergue o los exprese en términos más novedosos o actualizados.

3. Las crisis, renovadoras y disruptivas

En su trayectoria, las organizaciones avanzan en un contexto que presenta estabilidad y cambio. Los procesos de transformación tienen que ver con decisiones planeadas y también acciones creativas frente a sucesos o problemas de la contingencia, propios de la interacción con el contexto incierto. En ese devenir ocurren momentos de crisis, o sea, un estado de cosas donde operan fuerzas que desestabilizan la organización. Los momentos tienen que ver con situaciones imprevistas, como también con fisuras en las relaciones existentes. Las tensiones derivan del cuestionamiento a la propia estructura de autoridad. Las situaciones de crisis generan inestabilidad, pero además son momentos de decisión.

Ejemplos de situaciones de crisis en la organización en cuanto a las relaciones son las divergencias con el personal debido a movimientos de fuerza que interrumpen la producción. También el desacuerdo entre los socios que impide avanzar con proyectos porque afectan a los equilibrios de poder vigentes, o la presión de un proveedor no sustituible que pretende nuevos precios y decide suspender sus entregas. La imposibilidad de renovar la tecnología de producción y que resulta en pérdidas de mercado o la desaparición de la figura del fundador con la consiguiente crisis de sucesión y problemas de perder la credibilidad en una empresa familiar. Divergencias actuales que también amenazan la continuidad de la empresa.

En *Crisis y renovación*, David Hurst describe la crisis como una fase asociada a un proceso de destrucción creativa, o sea, de cambio como parte de un proyecto de renovación. Se trata de una ruptura con el pasado que es necesaria y que irrumpe debido a las propias limitaciones que tiene la organización cuando debe enfrentar divergencias internas y conflictos ambientales que la perturban o descolocan. Frente a la realidad de las crisis como una situación propia de las dualidades políticas, la dirección adapta también el discurso o explicación: "Usando los conceptos modernos de administración, uno describiría la estrategia directiva como oportunista y emergente en lugar de deliberada y planificada".

La crisis es entonces un momento donde ciertas variables críticas van más allá de sus límites normales, y ello incide en la factibilidad de procesos vitales para la organización. Por ejemplo, los despidos, la caída de producción, el cuestionamiento a la autoridad. Crisis porque las acciones de control no son efectivas, no logran atenuar las deficiencias o las oposiciones de los factores o intereses en juego. En el contexto del presente estudio, frente a estas situaciones se requiere una intervención no rutinaria, como la aplicación de nuevas decisiones de poder y de política. Si la crisis tiene que ver con demandas de partes enfrentadas, el mapa de poder y los criterios decisorios también estarán cuestionados.

Es importante señalar que en las crisis los movimientos de poder operan como un factor movilizador en la medida en que estén actuando relaciones de oposición o luchas internas por ganar espacios de gobierno. La complejidad enseña que al mismo tiempo está presente la dinámica del poder como forma de superación, mediante negociaciones o presiones sobre los actores y temas en discusión. Nuevamente, se trata de la idea del poder relativo, en el sentido que debe atender varios frentes a la vez. La superación de las crisis en términos de poder no se limita a cuestiones de presión y fuerzas, sino que atañe a decisiones sobre diseño de estructura, y criterios para la asignación y apropiación de recursos compartidos. Es decir, existe una lógica política que incluya intereses y proyectos en juego, no únicamente el peso relativo de los grupos que intervienen. De modo que la búsqueda de soluciones desde el poder y su influencia precisa replantear temas de la agenda política, así como redefinir estrategias para superar los temas controvertidos.

Desde la visión de las oposiciones internas, la crisis se relaciona con las tensiones y el movimiento, no con episodios o hechos aislados. Son parte de una dinámica basada en la diversidad de ideas y posiciones que coexisten en la organización, que derivan en el diálogo pero también en el debate o divergencia. La crisis de la organización a veces tiene que ver con sus propias condiciones constitutivas, con aquello que ella misma produce (jerarquías, mapas de poder) pero no controla. Al respecto, Ernest Bloch afirma que "toda sociedad existente lleva en su seno los elementos de aquella que ha de sucederla, elementos que representan la contradicción de esa sociedad y que hacen desaparecer su apariencia, cuando esta corteza carece de todo contenido de verdad y realidad".

En las organizaciones preparadas o con potencial de cambio es posible que a la perturbación o conmoción le continúe un período de crítica y transformación (la crisis renovadora). En el otro extremo, tal vez se produzca el colapso o la catástrofe (la crisis terminal). En el plano de la objetividad, estos posibles desenlaces tienen que ver con la magnitud de la brecha y los recursos disponibles, como una crisis derivada de la caída del principal cliente. En el plano de la subjetividad, el problema tiene que ver con la disposición de los integrantes para aunar esfuerzos, y la visión y capacidad decisoria de los directivos. En especial cuando la crisis no está referida a los recursos financieros sino a los modos de pensar, en particular a la posibilidad de superar los propios esquemas o bloqueos mentales de la función directiva.

Respecto de la dinámica de la crisis, debe diferenciarse entre el análisis sincrónico (visión del sistema estable) y el enfoque dialéctico de la organización (contradicción y procesos de cambio). Por lo tanto, es posible:

a) sostener que hay un error o desviación (fallas de control) o que la crisis es una fase de un ciclo con oscilaciones dentro de un proceso de desarrollo de la organización. Esta realidad puede atacarse con políticas de ajuste o medidas correctivas desde la función de gobierno. Se trata de sacar el sistema de su punto crítico y volverlo a una zona de estabilidad o de normalidad. Desde esta visión sincrónica o de sistemas se ve la crisis como una perturbación transitoria. En términos de sistemas de información y control, es una señal o indicador de un proceso a corregir, de variables críticas para el sistema que se alejan de sus valores normales, y

b) explicar la crisis como el momento en que se expresa la negación del orden vigente. Los intereses opuestos se ponen de manifiesto a través de las prácticas instituyentes o actividades creativas que son tomadas como crisis, vistas desde el gobierno. Por ejemplo, llamar a asamblea para debatir los planes de producción de la gerencia o los cuestionamientos a la autoridad. La crisis muestra que el orden oficial tiene temas sin cubrir o demandas sin satisfacer. Aparece lo particular o individual, planteos de sectores que se sienten desplazados o postergados; realidades donde se exhiben las contradicciones de la estructura.

La crisis implica movimientos críticos, aunque no solo con respecto a las posiciones de poder. Tiene contenidos propios, lleva a redefinir e instalar nuevas reglas de juego. Y se deben destacar las diferencias entre restablecer un equilibrio para salvar la continuidad (cerrar el ciclo), o llevar las relaciones a otro nivel (el salto cualitativo). En este tipo de situaciones, Ilya Prigoyine habla de "el orden por fluctuaciones". Cuando las relaciones entre los integrantes (individuos, áreas y procesos) se ubican cada vez más lejos del equilibrio, la organización o un área en particular se hace inestable. Y en este momento y situación (llamada umbral crítico), una nueva o más intensa perturbación (un conflicto laboral) llevaría a una redefinición de la estructura o mapa de poder.

El momento de crisis puede exteriorizar factores que la estructura está negando, como también finalidades o motivaciones que se dejan de lado en el mismo momento en que se prioriza un proyecto dominante. Ello indica que hay una relación de poder o de interés postergada. El periódico puede perder sus lectores porque su diagramación no es atractiva o por errores de distribución. Distinto es cuando pocos lo compran porque ha dejado su compromiso original y se ha convertido en vocero del gobierno (crisis de proyecto e identidad). La crisis advierte sobre la redefinición de las relaciones de poder en el periódico, que no se resuelve con actuar sobre los aspectos técnicos.

Esta idea difiere de los conceptos de evolución, aprendizaje y adaptación. La evolución supone una fuerza mayor (el orden) desde donde se resuelven desajustes y transgresiones. En algún punto existe el saber necesario o programa para construir ese saber. Como diferencia, el cambio disruptivo se refiere a una construcción imprevista, no programable. La crisis se ve como forma de enfrentar, desde la organización, aquello que su propia estructura niega o impide. En un hogar de ancianos, por ejemplo, revisar no solo la calidad de las prestaciones sino también los esquemas de control que impiden a los residentes moverse libremente.

Superar la crisis tampoco significa unidad de criterios, porque las diferencias se mantienen, pero dentro del mismo proyecto. No debe entenderse que tesis y oposición siempre lleven hacia "una" síntesis, como tercer término unificador con el cual desaparece la negación. Eso no necesariamente es así, no siempre funciona de ese modo. Veamos el sentido que propone Edgar Morin para la síntesis o unidad compleja en la organización: "Pienso que si bien se puede superar en ciertos casos la contradicción, hay oposiciones fundamentales o insuperables, que operan como una diferencia irreductible". Se trata de un desafío que dinamiza la organización y permite exhibir las fuerzas en juego. Fuerzas que actúan en diversos niveles de la complejidad. Lo irreductible nos recuerda que la propia organización incluye distintas lógicas e intereses, aunque también hay condiciones o acuerdos necesarios. Lo dinámico destaca que también operan capacidades y voluntades sostenidas (desde el poder) que operan sobre dichas condiciones.

4. Áreas de conflicto y superación

Desde la mirada dialéctica, el poder implica mover fuerzas para avanzar con cambios que consideran intereses diversos, no solo hegemónicos. Se trata del cuestionamiento como factor movilizador. Un ejemplo básico es la negociación entre empresa y sindicato en el marco de un conflicto laboral por una demanda de aumento en los salarios o revisión de las condiciones de trabajo. Lo mismo ocurre con las estrategias de poder en el interior de la dirección, resistidas por ella. Pero también existen en las estrategias de la dirección juegos de poder que afectan a diversos grupos para cambiar las formas de apropiación de recursos, o sectores enfrentados en defensa de su participación en el presupuesto de la empresa.

El análisis desde la dialéctica tiene en cuenta las razones del poder directivo sin dejar de lado, tratándose de una relación de fuerzas, los argumentos de la oposición o de su resistencia. Desde el sujeto de poder (organización, grupo, individuo) la voluntad se legitima mostrando conocimientos o capacidades que sostengan e impulsen una acción, decisión o proyecto. En el marco del debate de posiciones, la dialéctica no significa descalificación, silencio del oponente o sumisión. La idea del poder, en una relación constructiva, es considerar las razones y buscar la aceptación de la contraparte. El problema está en las alternativas planteadas como disyuntivas, que desde el inicio postergan intereses de los destinatarios.

Es posible que en una escuela se decida avanzar con un nuevo plan de estudios sin tomar en cuenta la situación de los alumnos que trabajan, que no pueden ir a otra escuela ni dejar su empleo para seguir estudiando. El plan no ha sido hecho "contra ellos", pero ese nuevo proyecto que refleja las prioridades de la escuela, los excluye, aunque no sea un efecto deseado. En el campo de las finanzas, también hay intereses confrontados por el impacto de nuevas tasas de interés que han sido definidas pensando solo en el beneficio del banco. En ese tipo de decisiones no solo existe un razonamiento de negocios, sino que la imposición es factible en el marco de una estrategia de poder que permitirá sostener objetivos y lógicas dominantes.

En la oposición hay cuestiones de forma con respecto al ejercicio del poder, factores que hacen tanto a su legitimidad como a los contenidos del orden establecido (prioridades). Es decir, se cuestionan tanto la forma de poder como la lógica y contenido de las decisiones directivas. Respecto del discurso directivo, la negación es una crítica al mensaje autoritario, al razonamiento sesgado que el emisor utiliza para llegar a sus conclusiones e imponerlas. La oposición adopta la forma de una divergencia o de una confrontación, con el objetivo de que sean escuchadas las versiones cuestionadoras. Es una actitud que puede verse negativa al limitar el valor de la afirmación, pero como método es también un intento de progresar a través de la controversia.

La negación se presenta como una divergencia expresa, una disparidad de posiciones que fisura la estructura establecida, que cuestiona el proyecto de empresa hegemónico, autoritario, cuya meta es controlar a todos los integrantes. No significa que alguien cambie de idea (se haga opositor) sino que las ideas contrapuestas son esperables considerando las condiciones que impone el orden instituido desde el poder (impersonalidad y desigualdad en la estructura de relaciones). Los individuos y grupos afectados intentan recuperar elementos de su libertad personal que la especialización del trabajo, el cambio tecnológico y la estructura jerárquica les han quitado.

Los cuestionamientos tienen razones de orden social, económico y político. En su versión política la negación está asociada con temas que hacen a la continuidad de la organización con las bases del acuerdo constitutivo, sus propósitos o las condiciones de los grupos o sectores para permanecer o romper la alianza. Es lo que sucede en un centro de salud cuando el cuerpo médico rechaza la decisión de los directivos de no atender a pacientes carenciados y solo realizar prácticas remuneradas y rentables. Dicha decisión implica el salto de la prestación de salud al manejo de un negocio.

En otros casos, la oposición no consiste en un abierto conflicto de intereses, solo muestra la diversidad de criterios en áreas que coexisten en la misma estructura. Por ejemplo, el debate interno durante la preparación del presupuesto, los criterios para la selección de personal o las decisiones de renovación tecnológica. Desde la resistencia se plantea revisar la desigualdad injusta o la divergencia ideológica con una perspectiva más amplia, postergar los enfrentamientos personales (negociar), buscar nuevos criterios distributivos de los recursos o formas de autoridad aceptables. Son diferencias en el razonamiento que deben ser resueltas en la práctica asumiendo uno u otro criterio (reducir la jornada de trabajo o disminuir el personal). La oposición es de orden estructural, tiene que ver con las condiciones desiguales en las relaciones de producción.

CAPÍTULO 14

Negociación y gobernabilidad

1. Poder, niveles y sentidos de la politización

Las relaciones de influencia, poder y autoridad, en sus distintas versiones, tienen estrechos contactos con el dominio de lo político en la organización. En particular cuando dichos procesos ocurren en un espacio de fuerzas enfrentadas, con actores que están defendiendo o promoviendo proyectos propios. Ocurre una politización en las decisiones y acciones, en el sentido que existe un debate, se realizan alianzas y se ejercen presiones para hacer cambios en los objetivos y criterios de conducción de la organización. Una de las derivaciones de esta realidad es la polarización o toma de posición de los grupos de interés. Un escenario que es parte de la compleja realidad de las organizaciones con objetivos múltiples, y que debe analizarse y gestionarse en términos de poder y de política.

Es importante llamar la atención sobre la intensidad, sentido y oportunidad de dichos movimientos teniendo en cuenta la estabilidad y continuidad de la organización (el interés común). En la medida en que el poder implica cierta imposición o aceptación condicionada, y genera o enfrenta resistencias, es parte de una realidad política. En una de sus versiones posibles, esta situación incluye la crítica a las formas de gobierno establecidas y se manifiesta en forma de crisis, como parte de los procesos de cambio en la organización. En una versión razonable (no violenta), la politización se refiere a temas de ideología, poder e influencia que actúan en el marco de una negociación superadora de la crisis.

Los juegos de poder afectan a la gobernabilidad, entendida como el control sobre las fuerzas que sostienen la continuidad de la organización. La inteligencia y la praxis política son necesarias en la organización para articular fines y superar las tensiones en estructuras y procesos. Tiene una función constructiva. Su dinámica también incluye presiones y demandas internas destinadas a imponer intereses sectoriales, la apropiación de ciertos espacios y recursos en disputa. Las desviaciones en los procesos políticos desestabilizan la organización cuando las relaciones de poder y de política generan exclusiones o utilizan prácticas que traen conflictos. Entre muchas de dichas prácticas, podemos identificar: el doble discurso, las intrigas palaciegas, los hábitos autoritarios, la intolerancia, el poder en las sombras, la discriminación ideológica, el abuso de autoridad, la protección de intereses ocultos, las redes de impunidad, el silencio cómplice o la vigencia del pensamiento único.

La creación y difusión de centros de influencia y de poder no siempre consiguen consolidar los planes de la organización. Según Jeffrey Pfeffer, "uno de los problemas que presenta la dinámica del poder es que requiere tiempo, energía y esfuerzo para manejar la influencia en todo el ámbito de la organización; esfuerzos que pueden ser interpretados como una desviación en la aplicación de recursos que ha sido planeada con fines productivos". La función directiva, para contestar estos movimientos críticos, dispone de diversos procesos correctivos.

Por ejemplo, debatir y mejorar las razones de los individuos y grupos, o bien revisar el equilibrio de fuerzas a través de nuevas formas de apropiarse y adjudicar los recursos de la organización.

En la medida en que las relaciones de poder más se focalicen en dirimir las oposiciones y no en hallar nuevos acuerdos, mayores serán los daños colaterales a la organización. Para que los dispositivos de poder y de influencias sean constructivos es necesario que las discusiones estén orientadas hacia el logro de objetivos y políticas comunes, la equidad en las relaciones y los proyectos compartidos. Stanley Milgram dice: "El tiempo y el esfuerzo consumidos en actividades de influencia se refiere a recursos con utilizaciones alternativas valiosas. En la medida en que las actividades de influencia permitan el cambio en la distribución de recursos entre los miembros de la organización, dichas actividades serán capaces de aportar a la organización una mejora de eficiencia que llegue a compensar los costos incurridos". Es la idea de lograr equilibrios internos (con prioridades y postergaciones), considerando la organización en su conjunto.

También el razonamiento económico, basado en la eficacia productiva de la empresa, es una posición objetiva para definir el sentido del cambio. Pero los recursos también están relacionados con la confirmación o revisión de las estrategias de poder. La realidad compleja enseña que el cambio en la organización tiene que ver con nuevos proyectos que surgen de la negociación de prioridades, finalidades e intereses legítimos de los actores. Y respecto del contexto, incluye las necesidades de nuevos acuerdos y alianzas con las instituciones y grupos de interés externos. La dinámica del poder en el dominio de la política está vinculada con la necesidad de considerar ciertas prioridades y equilibrios en el mapa de poder y el diagrama de fuerzas. Desde el marco de la organización sustentable, implica además tomar posición y razonar en el sentido de avanzar con nuevas formas pluralistas y participativas en el gobierno.

En un sentido amplio, el concepto de dinámica y construcción del poder se entiende en el marco del conocimiento y práctica política en la organización. Una lectura que incluye, entre otros factores críticos, la búsqueda de acuerdos de base, el análisis de la implicancias ideológicas, la articulación de proyectos (prioridades), el logro de alianzas colaborativas y el arbitraje en conflictos de intereses y controversias grupales. O sea, la consideración de los soportes del poder coherentes con la política y las estrategias de gobierno en la organización. Esto implica disponer de las capacidades apropiadas para la negociación y concertación en un entorno de diferencias y divergencias, para articular los propósitos de conjunto.

La construcción política supone un análisis crítico de las formas hegemónicas de poder en las funciones directivas y en el gobierno de la organización. El problema del análisis organizacional es la falta de reconocimiento de la diversidad de opiniones y expectativas que coexisten en la organización y más aún considerarlas como una muestra de debilidad o desorden (no deseable). Es probable que frente a la necesidad del cambio, en la evaluación del proyecto, operen fuerzas que representen la continuidad de la estructura y el alineamiento de las ideas. Desde la política sustentable o la gobernabilidad, el pensamiento diferente debe considerarse un aporte innovador, y no una posición opositora o una actitud desestabilizadora. Debe recordarse que todo ello ocurre en una realidad compleja, donde no solo operan razones colectivas sino también intereses sectoriales.

La concentración es una versión extrema de la dinámica del poder y de la política; versión asociada con la primacía de las fuerzas burocráticas o de sectores amurallados. La reducción del espacio o de las atribuciones de las posiciones críticas implica un control exagerado que muestra una tendencia a la uniformidad de ideas y a la simplificación del problema. Es propio de una gestión que ignora la diversidad como potencial creativo o aporte de alternativas. La actitud de cerrarse (pensamiento único) limita la interacción y conexiones con el entorno incierto y cambiante. En la realidad compleja de la organización, las situaciones de crisis expresan esta contradicción. Desde la función de gobierno, corresponde considerar la crisis no como desviación, sino como momento adecuado para revisar modelos de organización y gestión dominantes. Es tema de la macro política, porque la revisión también implica la necesaria crítica del gobierno visto en su contexto.

2. Política, centralización y delegación

La realidad compleja del poder en la organización genera tensiones y dualidades en cuanto a sus efectos sobre los comportamientos de individuos y grupos. Hemos visto que el poder es una capacidad, relación y estrategia que opera activando y fijando condiciones en un marco de recompensas y sanciones. El control desde el poder es necesario para ordenar la presión de diversos fines e intereses, así como de objetivos múltiples no congruentes. La relación de poder busca cierto orden, pero debe prestar atención a las acciones de resistencia. La existencia de proyectos compartidos no resuelve la diversidad de fines e intereses en juego, tema que tampoco se supera con un marco normativo centralizado, porque la organización necesita ser innovadora.

La coexistencia de movimientos hacia el orden y el desorden lleva a enfocar la relación del poder directivo con demandas cambiantes, propias de la complejidad. No se trata solo de la definición de objetivos sino de su articulación considerando los grupos de interés y la diversidad de presiones en el sistema. El concepto y aplicación requeridos por el poder no se refieren a someter o dominar, sino a establecer un ambiente y reglas de juego que permitan las acciones de conjunto, teniendo en cuenta la diversidad de actores, con la idea de enmarcar y reorientar sus fines e intenciones. Pensar en los objetivos y políticas de conjunto, pero también en "la organización requerida", que apunta a las condiciones de existencia asociadas a la diversidad de los grupos componentes. El poder suficiente como capacidad aplicable a la superación de la inestabilidad y a la dispersión asociadas a las fuerzas en tensión de la dualidad individuo-sistema. Una realidad de tensiones propias de procesos duales, como: la integración y diferenciación, continuidad y transición, autonomía y concentración, programación e innovación.

La explicación sobre las razones y recursos del poder, que lo sostienen y legitiman, se entiende si se examinan los diferentes modelos básicos de organización considerados adecuados para generar resultados y sostener la necesaria interacción con el sistema social en su entorno. Los modelos de organización incluyen diversos esquemas de poder, cada uno con sus formas de aceptación, y también de resistencia (negociada). Los esquemas de conjunto suponen la coordinación de fuerzas diversas que básicamente son:

a) el modelo de actividad productiva, basado en la eficiencia del esquema insumo-producto. El poder y la autoridad se explican por la búsqueda de racionalidad en las decisiones y el logro de objetivos de la organización. El poder está definido por la posición y función en la estructura oficial;

b) el modelo de individuos y grupos integrados en un sistema social sobre la base del orden cultural y acuerdos voluntarios coherentes con el logro de objetivos compartidos. El poder basado en la legitimidad y no en la imposición, el requerido para conseguir no intereses dominantes sino un proyecto de conjunto, y

c) el modelo de la organización como campo de fuerzas, donde actúan diversidad de actores y grupos de interés con sus recursos y capacidades, pero aceptando operar bajo ciertas condiciones y reglas establecidas por el sistema que comparten. Se trata de la desigualdad procesada a través de reglas de juego, estímulos y sanciones.

En el primer modelo, las relaciones de poder están basadas en roles y posiciones definidos en la estructura. Y las condiciones del poder se basan en factores de orden económico, en exigencias de eficiencia y productividad. El poder busca sostener el equilibrio entre los aportes de los actores y las retribuciones que ellos reciben, para mantener la organización en su espacio de posibilidades. Lo factible, según demandas y condiciones conocidas, está en la base de la operación racional de la organización. James G. March y Herbert A. Simon sostienen que el poder y la voluntad de aceptación son variables críticas en un entorno de información, normas y recursos limitados. La aceptación de la racionalidad limitada de la organización permite procesar dichas críticas y buscar niveles de satisfacción, aunque no de optimización de las demandas grupales.

En el segundo modelo se destaca el poder como una relación dominante desde la cual se instalan valores y creencias compartidas en la organización, coherentes con las prioridades de los grupos directivos. El poder opera en la construcción de modelos de comportamiento y significación desde los mitos, símbolos y creencias que componen el orden cultural en cada organización. En este sentido, es ilustrativa la obra *Sociología de las organizaciones* de Charles Perrow. La organización se considera sostenida en un acuerdo de voluntades y significados compartidos. Un saber de conjunto y funcional a intereses de grupos en el poder.

El tercer modelo destaca las cuestiones de la dualidad del poder, intereses y disposición de recursos que confluyen en el armado político (de gobierno) de la organización. No se trata de fallas o desviaciones, sino de la necesidad de superar las divergencias y tensiones provenientes de los planteos de autonomía de diversos actores, frente a la organización vista como una estructura inclusiva de esa diversidad.

3. Estrategias y relaciones de fuerza

Los directivos, en organizaciones complejas, se enfrentan con la necesidad de actuar en forma políticza frente a los movimientos de grupos que están pensando en su consolidación o avance sobre la estructura de poder. Movimientos que se refugian en argumentos referidos a la competencia interna y externa, y a la necesidad de proteger sus áreas de competencia. Su visión de la organización es la de un campo de fuerzas, donde se opera bajo ciertas reglas de juego conocidas y el arbitraje desde la función de gobierno.

La búsqueda de autonomía incluye participar en la definición de metas, funciones y negociación del presupuesto. Al respecto, Michel Crozier y Erhard Friedberg, en su estudio sobre organizaciones complejas, proponen el análisis estratégico (de fuerzas) para entender la dinámica del poder y las relaciones cambiantes (adaptativas) entre los individuos y los grupos sociales en el marco que se reconoce como político o de gobierno. Es también una lectura sobre los tiempos de la política (prioridades entre proyectos), con sus avances y retrocesos en el mapa de la organización y en sus relaciones con otros actores en el contexto.

Reconocer la idea de campo de fuerzas en el cual operan grupos de intereses, no siempre coherentes entre sí, es un concepto que pone en evidencia una realidad compleja. No como un error de la gestión sino como resultado de la diversidad de aportes que la propia organización requiere. También implica considerar la existencia de dualidades y tensiones, que las políticas de la organización deben arbitrar, negociar y superar. Es lo que ocurre cuando el área financiera presiona sobre la fábrica por los efectos de las políticas de empresa en las autonomías (márgenes de maniobra) de las áreas y funcionarios en su entorno (gerentes que operan en los mercados).

Entender la lógica de esta tensión es comprender que el ejercicio y las relaciones de poder no se limitan a ser temas personales o sectoriales. También requieren reglas de juego equitativas que sustenten la organización y le den continuidad. O sea, reglas aceptadas en la relación de los actores con la organización de la cual forman parte. Esto no implica reconocer o aprobar la lucha abierta de posiciones entre los grupos de interés, legitimarla. Pero permite mostrar la realidad y no ignorar los intentos de ciertos grupos para utilizar la fuerza en el sentido de ampliar sus espacios y recursos. La realidad de las tensiones y conflictos explica la importancia de la función de gobierno, no solo porque fija políticas prioritarias, sino también porque negocia límites considerados razonables desde una mirada de conjunto.

Esa visión compleja advierte sobre los límites de entender y proponer la organización como un campo de fuerzas, con un rumbo sesgado por el interés dominante. Si bien el sistema necesita de acuerdos y proyectos de conjunto, en su aplicación ello funciona en el marco de la diversidad, la transición y lo contingente. La dirección conoce esta realidad y desarrolla políticas y condiciones que ponen límite a las tensiones en el marco de la "gestión de la complejidad". Michel Crozier y Erhard Friedberg se refieren a esta realidad y sus formas de gestión como el escenario de las relaciones entre los actores, el sistema y su contexto. Ellos marcan la necesidad de un análisis estratégico de la organización, destacando la importancia de la dinámica del poder. El análisis subraya las negociaciones entre actores, los avances y retrocesos en espacios limitados y bajo reglas de juego conocidas.

Hemos visto que el concepto del poder como relación implica la resistencia o el rechazo por parte de los destinatarios de las fuerzas. Pero también nos enseña que los actores tienen sus capacidades y márgenes de maniobra; que se mueven en ciertos espacios de informalidad, más allá de lo dispuesto en la estructura y las regulaciones oficiales. Espacios que no necesariamente deben expresarse como opuestos a las normas o proyectos oficiales, sino que también proponen sus propias formas de adaptación para darle continuidad a la organización. Esta dinámica es parte de la cuestión de la dualidad y juegos de poder en organizaciones. Al respecto, el llamado modelo de análisis estratégico de la relación entre los actores y el sistema es importante como una de las visiones para reconocer la dualidad y la dinámica del poder. Muestra a los individuos con su margen de maniobra en la organización, a pesar del marco estructural y el poder que los limita.

El análisis estratégico presenta ciertos interrogantes. Las cuestiones son: ¿cómo se utiliza el margen de maniobra que disponen los actores? ¿Lo hacen para hallar decisiones superadoras o solo para construir poder y mejorar la posición negociadora? La lectura estratégica, desde el poder de los actores, moviliza también capacidades (márgenes de libertad) en diversos sentidos, no siempre contemplados en los planes de la organización. La cuestión es que la función de gobierno y la sustentabilidad enfrentan zonas de tensión como la necesidad de centralizar funciones y también disponer de capacidad decisoria en situaciones de enfrentamiento, por ejemplo ante un conflicto gremial. Se trata de temas que hacen a la gobernabilidad de la organización. La respuesta se encuentra en la adecuada definición de los criterios y en los márgenes de decisión delegados, temas que hacen a la gobernabilidad de la organización.

4. Poder, racionalidad y ambivalencia

La política se refiere a las realidades organizacionales donde los actores están analizando, debatiendo o resolviendo ciertos temas prioritarios: el alcance de los objetivos y proyectos comunes, las reglas de conjunto, los criterios de apropiación de recursos, las formas de resolver divergencias y las posturas ideológicas (las internas); así como el acceso a posiciones de conducción, los criterios selectivos para integrar grupos de interés, la presión de la estructura sobre la autonomía de los actores y las interacciones con instituciones del contexto. Estos temas requieren prioridades políticas frente a posiciones diversas o encontradas. Y allí la macro política aparece como definiendo el método prioritario para la superación de temas controvertidos en el gobierno, mientras que la micropolítica actúa en las decisiones puntuales, en las relaciones personales entre individuos y grupos.

Los conceptos de poder y política (asociados) explican parte de las macro decisiones en la organización. Son las funciones de gobierno aplicadas a la articulación de fuerzas y propósitos múltiples. Y también la superación de los conflictos emergentes, a través de la praxis o arte de gobernar, en un ambiente de demandas múltiples y cambiantes. Arte en el sentido que el tratamiento de los temas de gobierno requiere tanto enmarcar como negociar posiciones e intereses diversos. Implica tomar una posición (decisión de política) frente a las dualidades, así como respetar las autonomías y ponerle limitaciones (la libertad condicionada). También arte, en cuanto a que el gobernante opera construyendo una decisión que tiene en cuenta la interacción entre lo social, lo económico y lo político. No consiste en la mera imposición de una racionalidad dominante.

En las organizaciones que avanzan en un contexto de competencia es posible que los directivos recurran a estrategias persuasivas, a imágenes que distraigan la atención de la realidad, con intereses en juego no declarados. El discurso oficial dice (promete) una cosa, plantea prioridades razonables, pero a la hora de resolver situaciones concretas decide con criterios contradictorios. Predica objetivos comunes (el interés general) aunque en el momento de la elección concreta está presionado por intereses dominantes, no por los fines de conjunto. En estos ejemplos de dualidad estratégica no solo existe ambivalencia sino también intencionalidad. Y las consecuencias de la dualidad terminan por ser impuestas, no consensuadas o resueltas en conjunto con quienes son afectados.

La doble valoración entre lo anunciado y lo realizado responde a situaciones diversas. Ello genera duda o ambigüedad en una realidad donde se plantean condiciones o demandas contradictorias. Desde su posición en las relaciones de poder, el directivo resiste los avances de otras áreas, al mismo tiempo que realiza alianzas para defenderse en su propio espacio. Podemos calificar esta realidad de ambivalencia emergente. En otras situaciones hay una estrategia, una elección de maniobrar para beneficio propio, a pesar de existir compromisos o acuerdos previos. En el campo de los valores, es el cambio de una a otra posición, desde ciertos valores a otros. Por ejemplo, desde la equidad a la injusticia debido a conveniencias y presiones de la situación. El resultado es que no pueden tenerse expectativas respecto del compromiso declarado en el discurso del poder. Es la versión pragmática o relativista utilizada, entre otras razones, para enfrentar las demandas cambiantes en el entorno incierto de las organizaciones que compiten.

Esta posición ambivalente de la dirigencia respecto del poder muestra las presiones cambiantes, no siempre la propia voluntad. A veces se trata de una cuestión estratégica; otras, son el reflejo del cambio ambiental. En este sentido, Jeffrey Pfeffer en *El poder en las organizaciones*, exhibe encuestas donde los directivos afirman que para hacer carrera y subir en la estructura debe practicarse la negociación y el uso del poder; aunque también reconocen que las organizaciones felices son las libres de la lucha política entre intereses sectarios. Vemos cómo critican las relaciones y actitudes duales, de las cuales luego no pueden prescindir por razones de supervivencia. Complejo es también lograr sobrevivir con mensajes no creíbles.

De la misma manera, vemos ambivalencia en las reflexiones de la gente sobre los hechos, los sucesos. Es una señal de incertidumbre ante la existencia de realidades contradictorias en la organización. ¿Qué hacer respecto de los llamados al compromiso y a la lealtad que formula la dirección? Porque un ambiente de desconfianza y recelo termina por enfermar a los participantes. Pero ellos también saben que llegado el caso la empresa (los accionistas) van a privilegiar los resultados por sobre las comunicaciones. En cuanto a las relaciones, hay un pedido de colaboración, pero los integrantes saben que ello no significa que será reconocida o recompensada, porque los resultados dependen de diversos factores no controlables.

La ambivalencia también tiene que ver con el análisis situacional. Cuando las personas ponen en contexto el problema, recién allí toman nota de qué corresponde hacer, y no siempre es recomendable adoptar la misma actitud. Por ejemplo, en la relación con el cliente, hasta dónde se lo considera como parte interesada en la empresa (*stakeholder*), y cuándo se lo ubica afuera de ella. En estos casos, la actitud variará de acuerdo con los intereses cambiantes, por ejemplo el cumplimiento del cliente con sus pagos y la necesidad de ventas de la empresa. Pero lo interesante aquí no es la actitud del vendedor sino ver cómo la empresa se encuentra cruzada por lógicas diferentes.

Respecto de la comunicación, los integrantes desean saber qué ocurre en la empresa, para no estar desinformados y tomar mejores decisiones. Pero también el saberlo todo los convierte en parte, los incluye en una realidad sobre la cual poco es lo que pueden hacer. El poseer información crea responsabilidad sobre lo conocido, es imposible alegar ignorancia sobre los hechos y deben asumirse los errores como propios. Por ello, mucha gente opta por preguntar solo lo indispensable, y saber nada más que lo vinculado con su tarea inmediata. Esto no es cuestión de posiciones personales, está relacionado con factores de orden estructural y estratégico de la organización. Entonces, existe una discrepancia entre la lógica de la responsabilidad y la lógica de la información.

En el contexto globalizado y competitivo, Giles Lipovetsky analiza la relación entre la ética y las fuerzas de poder. Destaca las lógicas antinómicas del individualismo frente a la realidad organizacional. "Por un lado, el individualismo unido a reglas morales, a la equidad y al futuro. Por el otro, el individualismo de cada uno para él mismo o sea: después de mí, el diluvio." En esa coexistencia de razonamientos vemos la dualidad de lo responsable contra lo irresponsable, y alrededor de estas posiciones, dentro de un conflicto estructural, se juega el porvenir de la democracia. Este análisis nos advierte sobre la ambivalencia en cuanto a los valores éticos que deben aplicar los directivos. Porque esos mismos valores se hacen contradictorios llevados al extremo, si deben aplicarse plenamente. Por ejemplo, cuando se otorga a los jefes "la mayor libertad" para hacer frente a las exigencias del deber en condiciones cambiantes.

5. Política, participación y legitimación

La gestión política en la organización implica construir y promover objetivos compartidos, la definición de formas de gobierno y de criterios legitimados para la apropiación individual y grupal de los recursos que genera el trabajo de conjunto. En el plano de los métodos, lo político se refiere a la difusión de ideologías que sustenten los proyectos compartidos. En ese marco, promover alianzas de fuerzas, la instalación de dispositivos para intervenir y superar los conflictos entre diversos grupos de interés e influencia que coexisten en la misma organización.

Los procesos, las relaciones y las estrategias de poder son realidades siempre presentes en las acciones sociales para superar diferentes fines, opiniones y capacidades para llegar a resultados que la mayoría (en alguna medida y por diversas razones) necesitan. Las relaciones y estrategias de poder constituyen y atraviesan el dominio de la política en la organización, tal como se lo ha definido en el párrafo anterior. El poder entendido como: a) la construcción deliberada para el acceso de individuos y grupos a espacios de gobierno y posiciones de decisión, y b) el proceso para impulsar proyectos que requieren integrar esfuerzos de diferentes grupos dentro y fuera de la organización.

Los dispositivos políticos incluyen procesos de construcción y confrontación de poder. Procesos que consisten en influir sobre las conductas, buscar acuerdos de base, apoyos y coincidencias grupales, negociaciones para fijar el rumbo de la organización desde posiciones dominantes o de gobierno. En este ámbito, las tácticas de poder tienen que ver con lograr puntos de contacto, enlaces o acuerdo de voluntades para fines diversos, con el convencimiento de que esa diversidad puede ser contemplada en los objetivos más amplios o inclusivos de la organización. La táctica política incluye hacer campaña (de apoyo o crítica), el debate público y la confrontación de ideas.

En el plano del juego de intereses y posiciones de poder, los dispositivos de política ofrecen apoyos y recursos con fines defensivos y para la protección de los derechos de individuos y grupos. También ocurren movimientos para no quedar aislados y para acceder a actividades propicias para el desarrollo personal y grupal. El dispositivo político implica un diálogo y comunicación con asimetría de fuerzas, donde el emisor de poder necesita de otros actores para consolidarse, para legitimarse y lograr representatividad en la organización.

Desde la perspectiva del poder, los dispositivos de la política suponen negociar y hacer alianzas para sostener el grupo convocante en una posición de conducción. Permite constituir y ser parte del grupo dominante, y desde allí promover proyectos en interés de los integrantes. La racionalidad del poder en la política precisa tiempo y esfuerzos aplicados a buscar acuerdos, construir consensos, cuestionar y debilitar a los adversarios, definir consignas e ideologías, movilizar a los adherentes. También promover figuras o referentes con capacidad de convocatoria para actuar como representantes e influir sobre los objetivos del sistema.

Los dispositivos relacionados con la política y el poder son útiles para buscar consensos, encauzar las demandas por situaciones de injusticia, enfrentar y superar situaciones conflictivas. Y en el plano de la conducción, para la renovación de los objetivos y la democratización en las formas de conducción. Esto, en cuanto a los aspectos positivos, pero al mismo tiempo promueven las luchas de poder para someter voluntades, lograr privilegios o reforzar intereses, que llevan a movimientos de resistencia y desestabilizan la organización.

Según escribió Nicolás Maquiavelo : "El gobernante que intente ser bueno todo el tiempo terminará en la ruina ante la cantidad de personas que no lo son. Por lo tanto, un Príncipe que quiera conservar su autoridad debe aprender a no ser bueno y usar ese conocimiento según las necesidades existentes". Es una idea basada en prejuicios e intereses no declarados. Esta dualidad desde el poder afecta a la comunicación y motivación. Porque los prejuicios convierten a la organización en un marco de relaciones entre fuerzas enfrentadas.

En este punto, los autores de política han propuesto múltiples consignas para obtener, conservar y desarrollar el poder. Por ejemplo, el manejo de las negociaciones para obtener los resultados buscados o ganar voluntades para un proyecto. Claro que no pueden tomarse como condiciones invariables, sino entenderse en el marco de una relación de fuerzas y en un contexto también determinado. Las propuestas que vienen de la política tienen como límites el arte de la guerra, aunque en las relaciones sociales o de trabajo no cabe el razonamiento de la destrucción. El poder se construye asociado a códigos, y en el plano de lo sustentable se aplican ideas de diversidad y colaboración, no de exclusión.

Al respecto, sobre las bases de lo que llama dominación, Max Weber destaca la importancia de la legitimación o justificación social en las relaciones de poder. Señala que "la dominación en las instituciones se basa en la creencia en la legalidad, en lo establecido legalmente y en la competencia funcional de los directivos, basada en reglas creadas racionalmente. De modo que en una organización voluntaria (no prisión o lugar de cautiverio) los medios cuentan, hay en la dirección una evaluación de lo correcto y no solo lo eficaz".

Es parte de la política definir los límites aceptables de la desigualdad. La cuestión es "desde dónde" se definen y construyen los propósitos y acuerdos entre las partes. Si desde el poder desigual, bajo un interés excluyente, como la llamada racionalidad dominante, o desde la visión de la organización sustentable (pluralista y equitativa). La idea de lo sustentable implica que la voluntad de todos los grupos o integrantes es parte de los complejos acuerdos constitutivos de la organización. Y eso debe reflejarse también en los alcances de la estrategia del poder en la función de gobierno.

Bajo el concepto de legitimación y aceptación (como base de los acuerdos constitutivos), la política no se ubica al servicio del poder; las atribuciones o capacidades del poder pasan a ser relativas, están delimitadas por las condiciones de legitimidad. Esta visión política no niega la presencia del poder ni de los diferentes recursos que intervienen sobre la cohesión en las relaciones sociales, pero resalta la importancia del diálogo y la negociación de los actores para avanzar con un proyecto compartido, con diferencias lógicas, razonables. En este sentido, se entiende la legitimidad como el poder del consenso.

El enfoque y la racionalidad política, en un entorno pluralista y democrático, se aplican para buscar un equilibrio razonable y para controlar las tendencias hacia la desigual "acumulación de poder" en grupos y funciones de la organización. De modo que deben ser respetados ciertos principios y valores sobre la libertad y equidad en las relaciones. Esta ponderación y mirada responsable impiden que las finanzas, la tecnología o la fuerza impersonal de los mercados puedan imponer sus condiciones por sobre las relaciones humanas, la calidad de vida y la responsabilidad social de la organización.

Cuando en el proyecto de organización, la racionalidad dominante o el modelo de gobierno es autoritario, con evidente supremacía de ciertos actores, el poder ya no es ponderado o responsable. En ese entorno no se aplican recursos ni se atienden necesidades con sentido equitativo. Crecen las tensiones y conflictos, las libertades se ven marginadas y la organización disciplinada, se impone el control de las conductas por sobre la creatividad. La concentración y la recursividad (encierro) del poder directivo también separan el sistema de las necesidades humanas en su contexto. Ello la deslegitima socialmente.

Esta conclusión lleva a ciertas reflexiones con respecto a los valores y el capital humano. Las organizaciones sociales, constituidas sobre la base de acuerdos y proyectos de conjunto, necesitan de la actitud innovadora y comprometida de sus integrantes. Y sus estrategias de poder deben promover y ser congruentes con un ambiente de creatividad y colaboración. Ello no se logra cuando las relaciones humanas en la organización se establecen sobre la base del sometimiento de los individuos a la racionalidad directiva o al poder político. El respeto a la libertad y a la diversidad de ideas refleja una razonable preferencia por el pluralismo y la participación efectiva, no como estrategias sino como prioridades éticas.

Estos valores y principios también deben reflejarse en la aplicación de la inteligencia política en una organización sustentable. Se requiere explicitar las condiciones que derivan del orden político, cuidando la definición desde el poder directivo. Al respecto, Hannah Arendt escribió: "La participación de ciudadanos en el gobierno, en cualquiera de sus formas, es necesaria para la libertad porque es el gobierno quien dispone de los medios para ejercer la fuerza, y debe ser controlado en dicho ejercicio por los propios gobernados. Se comprende pues, que en la definición de una esfera limitada de la acción política aparece un poder que debe ser vigilado para proteger la libertad". Lo que se entiende por nivel político o de gobierno no es un espacio discrecional, sino también controlado en cuanto a su relación con los gobernados. La política es un tema basado en configurar prioridades en el marco de objetivos múltiples, pero también considerando los derechos de las partes y los objetivos compartidos.

6. Organización sustentable y poder responsable

En el marco conceptual del poder y la política hemos visto la necesidad de superar los límites de los proyectos que solo representan intereses dominantes que buscan reforzar sus posiciones. Estos proyectos, solo basados en relaciones de fuerzas, afectan a la gobernabilidad de las organizaciones. La inteligencia política en las funciones de dirección y gobierno en las organizaciones debe dar prioridad a las ideas de inclusión (diversidad), participación (representación) y reconocimiento (bases de legitimidad). Una visión superadora de la organización que evite reducirla a un campo de fuerzas, de relaciones impuestas y en constante conflicto. Con ese fin hemos explicado las premisas para construir una organización sustentable, que reconozca el ambiente complejo, con tensiones y dualidades no excluyentes, sino propias de la diversidad de fines y demandas en lo interno, así como las presiones del entorno. Y en esa realidad, la importancia del poder ponderado y de las políticas que definan prioridades y no exclusiones.

En un anterior estudio sobre los procesos políticos en las organizaciones (Jorge Etkin) se señalan las posibles desviaciones en las estrategias y relaciones de poder. Como actitudes criticables se destacan: el doble discurso, las intrigas palaciegas, las prácticas autoritarias, el sectarismo, la intolerancia, el poder en las sombras, la actitud discriminatoria, el abuso de autoridad, las redes de impunidad y las sociedades de silencio (complicidad). De la misma manera, las estrategias de dirección y políticas que utilizan como factor decisivo la aplicación del poder solo en el sentido de la racionalidad dominante.

La cuestión crítica es "desde dónde" se definen y construyen los propósitos y acuerdos entre las partes, considerando la diversidad de actores y la presión de las demandas del contexto. Si la elección se hace desde el poder desigual y cierto interés excluyente, o desde la visión de la organización sustentable (pluralista y equitativa). La idea de lo sustentable implica que la voluntad de los grupos o integrantes es parte de los complejos acuerdos constitutivos de la organización que enmarcan las estrategias de poder (no hegemónicas), fundadas en los conceptos de legitimación y aceptación como base. La política que genera proyectos, no limitada a gestionar el poder. Las atribuciones o capacidades del poder no son absolutas, son válidas en el marco de las condiciones de legitimidad aceptadas.

El enfoque y la racionalidad política en un entorno pluralista y democrático se aplican para buscar un equilibrio razonable y para controlar las tendencias hacia la desigual "acumulación de poder" en grupos o funciones de la organización. De modo que ciertos principios y valores sobre la libertad y equidad en las relaciones estén respetados. Estos equilibrios impiden que las finanzas, la tecnología o la fuerza impersonal de los mercados puedan imponer sus condiciones por sobre las relaciones humanas, la calidad de vida y la responsabilidad social de la organización.

Cuando el proyecto de organización, la racionalidad dominante o el modelo de gobierno es autoritario y reflejan la hegemonía de ciertos actores, el poder ya no será equilibrado, enmarcado o ponderado. En ese entorno, donde no se aplican los recursos ni se atienden las necesidades con un sentido equitativo, crecen las tensiones y conflictos. Las libertades serán limitadas o marginadas y la organización disciplinada, imponiendo de este modo el control de las conductas por sobre la creatividad. La concentración y la circularidad del poder (como fin en sí mismo) llevan al aislamiento de la organización respecto de las necesidades de la gente y a la deslegitimación social.

La idea de gobierno en el marco de la organización sustentable supone políticas y estrategias sobre el desarrollo social, como un aporte a las necesidades de la comunidad. La gobernabilidad requiere que la organización mantenga un rumbo responsable en sus prestaciones, evitando el desvío hacia resultados solo financieros y de corto plazo. Las políticas de empresa deben priorizar la vigencia del poder responsable, participativo y compensado. Esto implica evitar los riesgos de la concentración de recursos críticos y de poder en grupos de interés cuya finalidad es imponer proyectos sectarios o particulares. El poder compensado se refiere al equilibrio de fuerzas en el mapa de poder de la organización, con proyectos que contemplen la diversidad de objetivos y las demandas del contexto; no solo la presión de los grupos dominantes.

Las macro políticas y las estrategias de poder asociadas tienen que ver con criterios y prioridades que los directivos consideren correctas para intervenir en las situaciones de crisis y los conflictos de posiciones e intereses. Situaciones propias de la diversidad y dualidad de fines, de decisiones y de lógicas en una realidad compleja y cambiante. La gobernabilidad implica la unidad en la diversidad, considerar a los actores con sus diferentes posiciones, no impulsar el alineamiento con una visión directiva centralizada y excluyente. Frente al conflicto, evitar que la divergencia derive en rupturas o fisuras en las relaciones, y avanzar con los procesos de negociación. El criterio es llegar a propuestas superadoras, no excluyentes, que reconozcan la diversidad de posiciones y demandas sobre bases de legitimidad.

En conclusión, se requiere una reflexión sobre las implicancias de los valores y el capital social. No como opciones o recursos estratégicos, sino como base de las políticas y formas de gobierno sustentables. Las organizaciones sociales, considerando los fines de sus grupos y las legítimas demandas del contexto, deben contar no solo con una actitud negociadora sino también innovadora y comprometida. La gestión no se reduce a conductas programadas y controladas. Las estrategias directivas, en un ambiente de poder legitimado, deben activar los criterios de creatividad y colaboración y ser congruentes con ellos. El cambio es insuficiente cuando las relaciones laborales se establecen sobre un modelo de sumisión a la racionalidad directiva. El respeto a la libertad y diversidad de ideas, el pluralismo y participación están en la base del sistema de política y poder necesarios, asumiendo que el macro objetivo es construir modelos de organización que operen como sistemas efectivos, cohesivos y gobernables en un entorno cambiante.

Al explicar la matriz de la organización sustentable, definimos el sistema como complejo e inestable por la diversidad de lógicas presentes. Existen aportes, pero también demandas no coherentes desde los actores y las variables de contexto. Condiciones a cumplir, pero también las fuentes de recursos necesarios para sostener la organización frente a una diversidad de necesidades e intereses en juego que presionan en el entorno. Sin dejar de atender la relación con clientes, usuarios, proveedores, competidores, sindicatos, bancos e instituciones públicas.

Como reflexión final, la política, la ideología y el poder en la organización compleja, aportan medidas de gobierno para cubrir las demandas y presiones cambiantes, no siempre coherentes. En un contexto inestable, desde la dirección también se estudian las nuevas oportunidades para el crecimiento. Las decisiones se toman en un marco de tensiones e incongruencias. En el texto destacamos que frente a la diversidad de objetivos y capacidades es necesario configurar políticas y estrategias, para proyectos sustentables. Es decir, ajustables a nuevas demandas y también compensando desviaciones. Deben ser políticas aptas para cumplir con las metas en forma responsable y negociar contradicciones propias y relacionadas con el entorno.

7. Gráfico 5. La organización sustentable

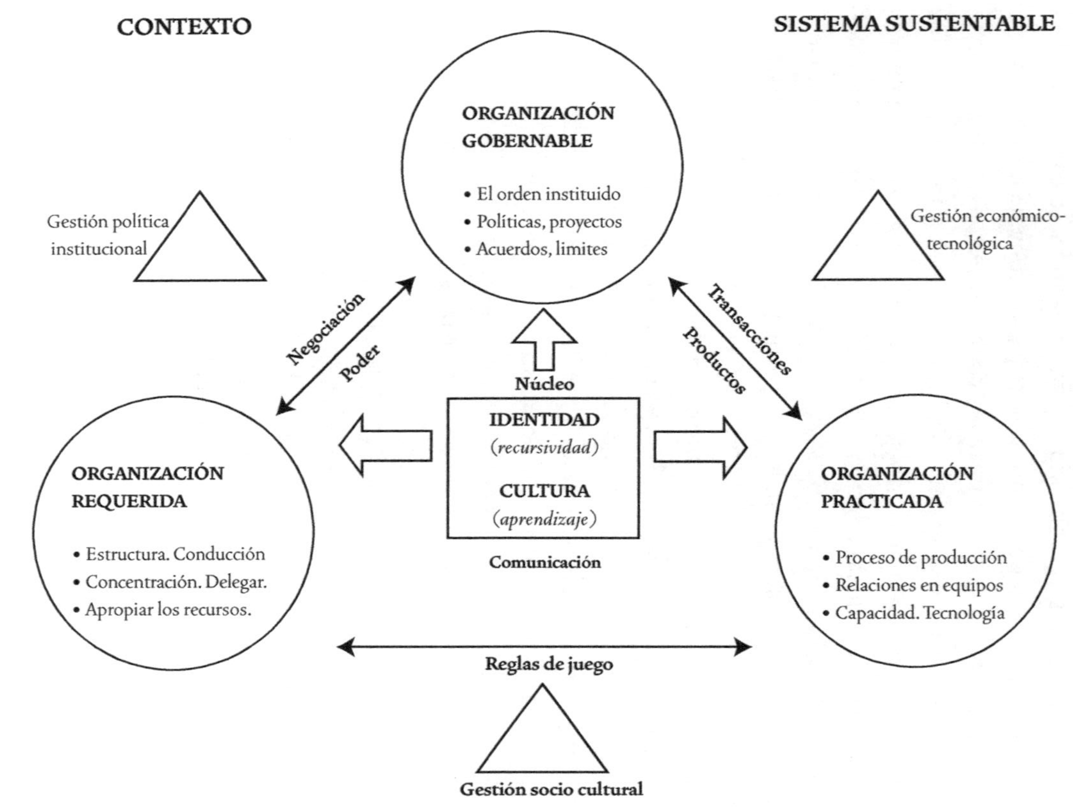

El *Gráfico 5* remite a los componentes de la organización sustentable, vista en su contexto. El concepto de sustentable refiere a la organización compleja, que considera tres condiciones o criterios básicos. Criterios que hacen a la estabilidad, desarrollo y adaptación del sistema, en un contexto con demandas cambiantes. En el gráfico dichas condiciones o capacidades críticas se presentan como: a) temas de gobierno, b) lo requerido, c) lo practicado. Respecto de la realidad de *lo gobernable*, es una condición y resultado basado en la existencia de un orden instituido, estatutos, contratos, proyectos y reglas de juego en el sistema, en el cual también se enfrentan y negocian fuerzas diversas, con sus intereses. Gobernable no refiere al recurso de someter opositores sino a la consideración de posiciones críticas, a lo conversado. Respecto del concepto de *lo requerido*, refiere a las capacidades y también recursos críticos que ponen condiciones al funcionamiento de conjunto. Se requiere libertad de ideas para sostener la creatividad en la escuela. Y ello afecta ciertas ideas sobre el orden. Las decisiones sobre los presupuestos también son temas críticos porque en la apropiación se prioriza y se posterga. El armado de la estructura implica debatir sobre diferencias requeridas y evitar la burocracia. Los actores plantean sus condiciones, y no se limitan a la relación lineal entre los medios y los fines. Lo requerido es la visión de las condiciones que sostienen a la organización como realidad sustentable. En cuanto a la *organización practicada* refiere a la realidad construida, a las reglas vigentes, no solo formales. Es la realidad de lo practicado, que actualiza los planes, a pesar del orden burocrático. Practicada es buscar salidas a las tensiones y conflictos vigentes. Considera las condiciones que plantean relaciones y procesos de producción vigentes, la base tecnológica que sostiene al producto o servicio final. Como núcleo, el gráfico destaca dos ideas colectivas que sostienen las decisiones en la organización. Son: los rasgos de identidad (recursividad) y la cultura (aprendizaje, cambio). Se destacan los enfoques y criterios directivos que aportan a la sustentabilidad. Ellos son: la gestión política (objetivos), la gestión sociocultural (asociativa), la gestión económica y tecnológica (producción). Que deben ser articulados.

Política y gobernabilidad

1. El poder político correcto. Calificación del poder que marca un límite respecto del uso de la fuerza o el doble discurso, en particular en los procesos comunicación, decisión y negociación. Es un criterio que aporta a la organización sustentable. Lo correcto se refiere a un poder responsable que considera los efectos de la decisión de gobierno sobre el conjunto, más allá de los intereses propios de un grupo dominante en lo económico. En la visión de lo correcto operan creencias y juicios de valor reconocidos en la organización, postergando el criterio de optimizar todos los procesos. Pone límites a la exigencia pragmática o de eficacia en las decisiones de poder político en lugar de priorizar la coherencia entre la acción y los objetivos reconocidos y de conjunto. Consiste en la estrategia o discurso de poder desde el gobierno que da prioridad al equilibrio de fuerzas. Lo correcto es el criterio de establecer las condiciones mínimas (libertades) como marco del debate sobre los temas de interés colectivo. Lo incorrecto es aumentar los conflictos por el exagerado énfasis en la eficacia productiva.

2. El arte de gobernar y el poder negociador. Visto el poder como relación y estrategia, en su ejercicio existen componentes objetivos (el manejo de recursos) y subjetivos, referidos a la capacidad y motivación de los actores. Como capacidad, está relacionado con el llamado arte de gobernar, que reconoce la diversidad de objetivos e intereses que operan en la organización. Un arte porque requiere la apreciación de los directivos para fijar prioridades y superar tensiones y dualidades que pesan en la situación. Incluso la forma del poder requiere una apreciación de lo correcto pero en situaciones conflictivas. Es arte en cuanto no repite un esquema rígido sino que el gobernante es creativo y ubicado en necesidades y condiciones del contexto. Decisiones que tengan en cuenta principios que consideran la interacción negociada con grupos representativos de las capacidades e intereses en juego. Arte de gobernar porque brinda márgenes para el diálogo y la creatividad, no solo reglas y controles formalizados.

3. Gobernabilidad y equilibrio de fuerzas. Desde el enfoque institucional y político, la organización es una diversidad de grupos articulados, con sus fines y capacidades. Vista en un sistema, la diversidad es una capacidad disponible, no una razón para imponer desigualdades. La política busca lograr acuerdos básicos sobre los propósitos, las formas de gobierno y estrategias de poder a partir de capacidades legitimadas, no solo impuestas. Los criterios de legitimación, que sustituyen a la fuerza, operan para fijar líneas de política y la correcta apropiación de recursos. La gobernabilidad implica políticas responsables, lectura amplia de las consecuencias para diversos espacios y grupos. Las tensiones políticas llevan a conflictos que deben tratarse mediante la negociación, articulando intereses múltiples en un proyecto sustentable. El sistema es gobernable cuando la trama de poder alcanza alguna expectativa compartida y también estabilidad en la relación entre aportes y necesidades de los actores.

4. Límites a los procesos de hegemonía y control. Desde el enfoque de la gobernabilidad en organizaciones complejas no es suficiente afirmar que está funcionando una estrategia de poder orientada a los fines de la política. El problema, además de los objetivos múltiples, es que los actores buscan convalidar y acrecentar el poder como razón dominante. La búsqueda de sustentabilidad implica enmarcar (limitar) estos procesos de reforzamiento. Sostener al sistema también supone relaciones basadas en la comunicación y las nuevas propuestas. La imposición o el sometimiento contradicen la necesaria capacidad creativa. Es lograr acuerdos que superen las divergencias desde lo razonable y sustantivo. No solo ejercer presiones basadas en la eficacia, como tampoco imponer las razones del poder. El necesario equilibrio de fuerzas surge de una actividad negociada, no es un proceso natural o espontáneo. Como política de empresa, la idea de gobernabilidad implica llegar a un poder compensado y responsable. No concentrador, sino articulador y promotor de fuerzas creativas.

5. Poder compensado y función de gobierno. El modelo de gobernabilidad se fundamenta en una continua búsqueda de criterios para el equilibrio de fuerzas en el interior de la organización, articulados con los incentivos para la expansión y posicionamiento en lo externo. Compensado significa que establece límites reconocidos por las partes. Es importante distinguir los problemas de la política basada en la fuerza excluyente respecto de las virtudes del poder responsable. La lógica del poder opera en conexión con la agenda de gobierno y los proyectos de conjunto. Las formas de poder por sí solas, aunque reconocidas, no son suficientes para el desarrollo sustentable. Ocurre cierta desigualdad inevitable, pero también negociable. El poder es capacidad aplicada en negociar tensiones y disfunciones. No opera en el vacío, coexiste con la influencia, la búsqueda de acuerdos de conjunto. La idea de compensado se refiere a la necesidad de considerar los temas postergados y sus vías de solución en el tiempo.

6. Política, poder y dudas sobre el final anunciado. Con respecto a las tendencias, el enfoque de la complejidad advierte que si bien hay en el poder una base lógica de afirmación y resistencias, ello ocurre en un contexto de tensiones y dualidades que no permite conclusiones anticipadas. La visión de la complejidad observa la organización en un marco de caminos que se bifurcan y se cruzan. Es un esquema distinto de una forma piramidal o de un tronco y sus ramas. Los procesos y relaciones incluyen (en relación con el entorno) condiciones, dualidades y tensiones. Ello implica la coexistencia y búsqueda de equilibrios entre orden y desorden, unidad y diversidad, continuidad y transición, generando esquemas de diferenciación e integración. El marco de la política y el poder implica fuerzas diversas con ideas dominantes, una relación de fuerzas que advierte sobre lo relativo del final anunciado o proyectado.

7. Poder y exceso de gestión politizada. Se analizan los manejos ocultos del poder para promover intereses y proyectos no legitimados que afectan a la sustentabilidad. Es el riesgo identificado como "la excesiva politización en las medidas de gobierno". Consiste en relegar la misión y propósitos propios de la organización (escuela, hospital, industria). Afecta a fines de orden social y cultural al priorizar intereses de cierta racionalidad dominante. La politización también consiste en promover acuerdos para confirmar en el poder a quienes están en el gobierno. Es la preferencia del poder hacia los grupos de interés afines a la conducción (los amigos del poder). La politización se asocia con la idea de "gubernamentalizar" o influenciar a través de modos de pensar funcionales a la ideología dominante. Ocurre cuando el poder y la política postergan a las minorías y limitan los procesos participativos. La contraparte (constructiva) es la gestión que busca un equilibrio negociado de fuerzas, en el marco del sistema sustentable.

8. Política, poder concentrado y pensamiento único. La visión de la sustentabilidad es crítica del poder concentrado en la dirección y el gobierno. Es necesario reconocer la diversidad de opiniones y expectativas en un sistema complejo. Una visión razonable sobre las formas de gobierno requeridas y vigentes debe evaluar la relación entre los esquemas de control de gestión y las libertades de pensamiento y decisión. Evitar la presión del poder y la programación sobre la necesaria delegación en los procesos decisorios. Considerar los riesgos de asociar el orden en las ideas con la indeseable desviación política de alinear o uniformizar las formas de pensar. El discurso sobre "nuestro modo de pensar" no debe confundirse con el pensamiento único. La gestión política en la construcción de futuros incluye la necesidad de controlar la concentración del orden ideológico sobre las capacidades y relaciones de poder.

9. La política no es todo. Aun cuando las relaciones de poder y la estructura de fuerzas atraviesan la organización y ponen condiciones a comportamientos y decisiones, ello no implica que la presión desde la dirección y el gobierno sea excluyente y constante. La función de gobierno no solo decide sino que debe entender condiciones que no domina pero que son críticas para el desarrollo. La organización implica unidad en la diversidad, o sea la necesidad de considerar influencias y demandas de múltiples actores, internos y de contexto. El cambio constructivo no es un mero juego de fuerzas, implica procesos de comunicación y proyectos. Pesa la suma de voluntades, no solo las negociaciones condicionadas desde el poder directivo.

10. Aportes socioculturales. Además de las consideraciones referidas al poder político, importa destacar las conexiones con los valores éticos y el capital social de la organización. No como opciones o recursos estratégicos, sino como base de las políticas y formas de gobierno sustentables. Las organizaciones sociales, considerando los fines de sus grupos y las legítimas demandas del contexto, deben contar no solo con una actitud negociadora sino también innovadora y comprometida. La gestión no se reduce a conductas programadas y controladas. Las estrategias directivas, en un ambiente de poder legitimado, deben activar los criterios de creatividad y colaboración, ser congruentes con ellos.

El cambio es insuficiente cuando las relaciones laborales se establecen sobre un modelo de sumisión a la racionalidad directiva, política y económica. El respeto a la libertad y diversidad de ideas, al pluralismo y participación están en la base del sistema político y de las relaciones de poder necesarias. Los directivos deben asumir que el propósito es construir modelos de organización que operen como sistemas efectivos, cohesivos (integrados) y gobernables. En este marco, los criterios de cohesión no se refieren a la confirmación de las relaciones de poder legitimadas, sino también a la integración derivada del respeto a las convicciones y valores sociales.

Una consideración final. La política, la ideología y el poder en la organización compleja se manifiestan en proyectos y medidas de gobierno. Decisiones innovadoras, pero también respuestas a demandas y presiones de contexto, no siempre coherentes. Existen restricciones, pero además surgen nuevas oportunidades para el desarrollo. Las decisiones se toman buscando acuerdos y también en un marco de tensiones. En el texto mencionamos la diversidad de capacidades incorporadas en proyectos, políticas y estrategias que articulan intereses y atienden necesidades. La sustentabilidad implica considerar legítimas demandas e intereses de los actores. La realidad compleja refleja contradicciones propias, al igual que la responsabilidad social de las organizaciones.

BIBLIOGRAFÍA

Ackoff, Russell: *Recreación de las corporaciones*. Oxford University Press, México, 1999.

Arbós, Xavier y Giner, Salvador: *La gobernabilidad*. Ed. Siglo XXI de España, Madrid, 1996.

Arendt, Hannah: *The Human Condition*. University Press, Chicago, 1974.

Argyris, Chris: *Cómo vencer las barreras organizativas*. Díaz de Santos, Madrid, 1993.

Aron, Raymond: *L'Opium des Intellectuels*. Callmann- Levy. París, 1995.

Atlan, Henri: *A tort et à raison. Intercritique de la science et du mythe*. Editions du Seuil, París, 1986.

Aubert, Nicole: *El coste de la excelencia. De la lógica al caos*. Paidós, Barcelona, 1993.

Barnard, Chester: *Organization and Management*. Ed. Cambridge, Harvard University Press, 1938.

Barthes, Roland: *La aventura semiológica*. Paidós, Barcelona, 1990.

Bateson, Gregory: *Mind and Nature. A necessary Unit*. Dutton, Nueva York, 1979.

Baudrillard, Jean: *De la seducción*. Ediciones Cátedra, Madrid, 1987.

Bauman, Zygmunt: *En busca de la política*. Fondo de Cultura Económica, Buenos Aires, 2001.

Bazerman, Max H. y Tenbrunsel, Ann E.: *Puntos ciegos*. Empresa Activa, Barcelona, 2012.

Beer, Stafford: *Diseñando la libertad*. Fondo de Cultura Económica, México, 1977.

———: *Diagnosing the System for Organizations*. John Wiley, Nueva York, 1996.

Bell, Daniel: *El fin de las ideologías*. Editorial Tecnos, Madrid, 1993.

Bentham, Jeremy: *El modelo del panóptico*. Ediciones Belfond, Madrid, 1989.

Berman, Marshall: *Todo lo sólido se desvanece en el aire*. Siglo XXI Editores, México, 1988.

Bloch, Ernest: *El principio de la esperanza*. Aguilar, Madrid, 1980.

Bolman, Lee G. y Deal, Terrence E.: *Organización y liderazgo. El arte de la decisión*. Addison-Wesley, Delaware, 1995.

Borges, Jorge Luis: *Ficciones*. Editorial Sur, Buenos Aires, 1941.

Burns, Tom y Stalker, George M.: *The management of innovation*. Ediciones Oxford, Nueva York, 1961.

———: *The management of Innovation*. Tavistock Publication, Londres, 1969.

Campbell, Joseph: *El poder mito*. Colección Reflexiones, Emecé, Barcelona, 1990.

Cansino, César: *La muerte de la ciencia política*. Sudamericana. Buenos Aires, 2008.

Castillo, Carlos: *Los discursos de la mentira*. Editorial Alianza Universidad, Madrid, 1990.

Cortina, Adela: *Ética aplicada y democracia radical*. Ed. Tecnos, Madrid, 1993.

Crespi, Franco: *Ausencia de fundamento y proyecto social*. Cátedra, Madrid, 1995.

Crick, Bernard: *En defensa de la política*. Tusquets, Barcelona, 2001.

Crozier, Michel y Friedberg, Erhard: *El actor y el sistema: las restricciones de la acción colectiva*. Alianza Editorial Mexicana, México, 1990.

Cuche, Denys: *La noción de cultura en ciencias sociales*. Ed. Nueva Visión, Buenos Aires, 1999.

Cyert, Richard M. y March, James G.: *Teoría de las decisiones económicas*. Herrero Hermanos, México, 1965.

Davis, Peter y Donaldson, John: *Management cooperativista*. Ediciones Granica, Buenos Aires, 2005.

Deleuze, Gilles: *Foucault*. Paidós Studio, Buenos Aires, 1987.

———: *El pliegue. Leibniz y el barroco*. Paidós, Barcelona, 1989.

Deutsch, Karl: *Los nervios del gobierno. Modelos de comunicación y control*. Fondo de Cultura Económica, México, 1977.

Dror, Yehezkel: *La capacidad de gobernar*. Fondo de Cultura Económica. México, 1995.

Drucker, Peter: *Dirección de instituciones sin fines de lucro*. El Ateneo, Buenos Aires, 2001.

Durkheim, Emile: *The Rules of Sociological Method*. Ediciones Solvey, Chicago, 1938.

Eccleshall, Robert y Geoghan, Vincent: *Ideologías políticas*. Tecnos, Madrid, 1993.

Eco, Umberto: *Signo*. Editorial Labor, Barcelona, 1976.

Elster, John: *Ulises y las sirenas. Estudios sobre racionalidad e irracionalidad*. Fondo de Cultura Económica, México, 1989.

Etkin, Jorge R.: *La doble moral de las organizaciones*. Editorial McGraw-Hill Iberoamericana, Madrid, 1993.

———: *Metáfora y doble discurso político*. Editorial Eudeba, Buenos Aires, 1998.

———: *Metáfora y doble discurso político*. Editorial Eudeba, Buenos Aires, 2001.

———: *Política, gobierno y gerencia*. Editorial Pearson, Chile, 2002.

———: *La gestión de la complejidad*. Oxford University Press, México, 2003.

———: *Capital social y valores*. Ediciones Granica, Buenos Aires, 2007.

———: *Brechas éticas en las organizaciones*. Cengage Learning, Buenos Aires, 2012.

——— y Schvarstein, Leonardo: *Identidad de las organizaciones*. Ed. Paidós, Buenos Aires, 2011.

Etzioni, Amitai: *Organizaciones modernas*. Editorial Hispano Americana, México, 1979.

Foucault, Michael: *Vigilar y castigar*. Editorial Siglo XXI, México, 1975.

———: *Microfísica del poder*. Ediciones de La Piqueta, Madrid, 1983.

———: *El discurso del poder*. Editorial Folios, Buenos Aires, 1985.

———: *Microfísica del poder*. Ediciones de La Piqueta, Madrid, 1992.

French, John y Raven, Bertram: "The Bases of Social Power", en D. Cartwright, *Studies in Social Power*. Edición: Institute for Social Research, University of Michigan, 1959.

French, Wendell L. y Bell, Cecil H.: *Desarrollo organizacional*. Prentice Hall, México, 1996.

Fromm, Erich: *Psicoanálisis de la sociedad contemporánea*. Fondo de Cultura Económica, México, 1960.

Gadamer, Hans: *La dialéctica de Hegel*. Editorial Cátedra, Madrid, 1988.

Galbraith, John K.: *La anatomía del poder*. Editorial Plaza & Janés. Barcelona, 1985.

Giddens, Anthony: *The Third Way and its Critics*. Ed. Cambridge Press Polity, 1993.

Gore, Ernesto: *Conocimiento colectivo*. Ediciones Granica, Buenos Aires, 2003.

Gratton, Leonard: *Estrategias de capital humano*. Aguilar, Buenos Aires, 1989.

Habermas, Jürgen. *Teoría de la acción comunicativa*. Aguilar, Buenos Aires, 1989.

———: *Teoría de la acción comunicativa*. Taurus, Barcelona, 1990.

————: *Teoría de acción comunicativa. Racionalidad de la acción*. Aguilar, Madrid, 1998.

Hall, Richard: *Organizaciones, estructuras y procesos*. Ed. Prentice-Hall, México, 1996.

Hillman, James: *Kinds of Power*. Currency Doubleday, Boston, 1998.

Hurst, David: *Crisis y renovación*. Editorial Temas, Buenos Aires, 1998.

Jaques, Elliot: *La forma del tiempo*. Paidós, Buenos Aires, 1984.

Johnson, Gerry y Scholes, Kevan: *La dirección estratégica*. Ed. Prentice Hall, Madrid, 2001.

Kaes, René y Puget, Janine: *La violencia de Estado*. Editorial Lumen, Buenos Aires, 1991.

Katz, Daniel y Kahn, Robert: *Psicología social de las organizaciones*. Ed. Trillas, México, 1977.

Keeney, Bradford: *Estética del cambio*. Paidós, Barcelona, 1987.

Keith de Vries: *La organización neurótica*. Ed. Apóstrofe, Barcelona, 1993.

Kliksberg, Bernardo y Sen, Amartya: *Primero la gente*. Editorial Deusto, Madrid, 2010.

Lapassade, George: *Grupos, organizaciones, instituciones. La transformación de la burocracia*. Editorial Gedisa, México, 1985.

————y Lourau, René: *Claves de la sociología*. Editorial Laia, Barcelona, 1973.

Lawrence, Paul y Lorsch, Jay: *Organización y ambiente*. Labor, Barcelona, 1976.

Le Mouël, Jacques: *Crítica de la eficacia. Ética, verdad y utopía*. Paidós, Barcelona, 1992.

Lechner, Norbert: *La conflictiva y nunca acabada construcción del orden deseado*. Editorial Siglo XXI. Madrid, 1986.

————: *Los patios interiores de la democracia. Subjetividad y política*. Fondo de Cultura Económica, Santiago, 1990.

Lindholm, Charles: *Carisma*. Editorial Gedisa, Barcelona, 2002.

Lipovetzky, Giles: *El crepúsculo del deber*. Anagrama, Barcelona, 1994.

Lourau, René: *L'Analyse institutionelle*. Les Éditions de Minuit, París, 1970.

————: *El análisis institucional*. Amorrortu Editores, Buenos Aires, 1991.

Luhmann, Niklas : *Poder*. Editorial Anthropos, Universidad Iberoamericana, México, 1965.

Malfé, Ricardo: "Psicología institucional psicoanalítica", *Revista Argentina de Psicología*, N° 21, APBA, Buenos Aires, 1976.

Mannheim, Karl: *Ideología y utopía*. Fondo de Cultura Económica, México, 1941.

————: *Ideología y utopía*. Fondo de Cultura Económica, México, 1960.

Maquiavelo, Nicolás: *Discursos sobre la primera década de Tito Livio*. Alianza Editorial, Madrid, 1965.

March, James G. y Simon, Herbert A.: *Organizations*. Editorial John Wiley & Sons, Nueva York, 1961.

Mayntz, Renate: *Sociología de la organización*. Alianza Editorial, Madrid, 1967.

Menkes, Justin: *Inteligencia ejecutiva. Las cualidades que realmente diferencian a los mejores directivos*. Empresa Activa, Barcelona, 2009.

Michels, Robert: *Los partidos políticos*. Amorrortu, Buenos Aires, 1983.

Milgram, Stanley: *Obedience to Authority: an Experimental View*. Harper & Row. Nueva York, 1994.

Mills, Wright: *La elite del poder*. Fondo de Cultura Económica, México, 1960.

Mintzberg, Henry: *La naturaleza del trabajo directivo*. Editorial Ariel, Barcelona, 1973.

————: *Estructuración de las organizaciones*. Editorial Ariel, Barcelona, 1984.

Morgan, Gareth: *Imágenes de la organización*. Editorial Alfaomega, México, 1991.

———— : *Imagin-i-zación*. Ediciones Granica, Barcelona, 1999.

Morin, Edgar. *Introducción al pensamiento complejo*. Editorial Gedisa, Barcelona, 1964.

————: *Introducción al pensamiento complejo*. Editorial Gedisa, Barcelona, 1994.

Mouffe, Chantal: *En torno a lo político*. Fondo de Cultura Económica, Buenos Aires, 2005.

Nieto, Alejandro: *La nueva organización del desgobierno*. Editorial Ariel, Barcelona, 1966.

Nietzsche, Friedrich: *La genealogía de la moral (1887)*. Alianza Editorial, Madrid, 1976.

————: *La voluntad de poder*. Alianza Editorial, Madrid, 1976.

Ortega y Gasset, José: "En torno a Galileo e ideas y creencias". En *Obra completa*, vol. V, Revista de Occidente. Madrid, 1975.

Oszlak, Oscar: *Teoría de la burocracia estatal*. Paidós, Buenos Aires, 1984.

Pastor, Manuel: *Ciencia política* (comp.). Ediciones McGraw-Hill, Madrid, 1989.

Perrow, Charles: *Sociología de las organizaciones*. Ediciones McGraw-Hill, Madrid, 1991.

Pfeffer, Jeffrey: *El poder en las organizaciones*. Ediciones McGraw-Hill, Madrid, 1993.

Pizzorno, Alessandro: "La naturaleza de la desigualdad: poder político y poder privado en la sociedad en vías de globalización", Rev. *Estudios de Política y Sociedad*, Vol. 1, México, 2006.

Prigogine, Ilya: *El fin de las certidumbres*. Editorial Andrés Bello, Chile, 1983.

Sartre, Jean P.: *Critique de la raison dialectique*. Ed. Gallimard, París, 1960.

Schein, Edgar: *Psicología de la organización*. Ed. Prentice Hall, Madrid, 1985.

Schelling, Thomas: *The Strategy of Conflict*. Oxford University Press, Nueva York, 1990.

Schmitt, Karl: *El concepto de lo político*. Alianza Editorial, Madrid, 2001.

Schultz, Alfred: *El problema de la realidad social*. Ed. Amorrortu, Buenos Aires, 1974.

————: *La construcción significativa del mundo social*. Paidós, Barcelona, 1993.

Schvarstein, Leonardo: *Psicología social de las organizaciones*. Paidós, Buenos Aires, 1991.

————: *Diseño de la organización*. Paidós, Buenos Aires, 1998.

Scott, William G. y Mitchell, Terence R.: *Sociología de la organización*. El Ateneo, Buenos Aires, 1981.

Senge, Peter: *La quinta disciplina en la práctica*. Ediciones Granica, Buenos Aires, 2005.

Simmel, George: *On the Concept and the Tragedy of Culture*. Teachers College Press, Nueva York, 1968.

Simon, Herbert: *El comportamiento administrativo*. Editorial Aguilar, Madrid, 1962.

Touraine, Alain: *Crítica de la modernidad*. Fondo de Cultura Económica, México, 1994.

Verón, Eliseo: *Discurso político. Lenguaje y acontecimientos*. Hachette, Buenos Aires, 1990.

Wagensberg, Jorge: *Ideas sobre la complejidad del mundo*. Tusquets, Barcelona, 1985.

————: *Un diálogo sobre el poder y otras conversaciones*. Alianza, Madrid, 2000.

Watzlawick, Paul; Bavelas, Janet B. y Jackson, Don D.: *Teoría de la comunicación humana*. Herder, Barcelona, 1981.

Weber, Max: *The Theory of Social and Economic Organization*. Ed. Oxford University Press, Nueva York, 1947.

Weick, Karl: *The Social Psychology of Organizing*. Addison-Wesley Publishing Co., Massachusetts, 1989.

Weil, Simone: *Reflexiones sobre las causas de la libertad y de la opresión social*. Paidós, Barcelona, 1995.

Wellmer, Albrecht: *Ética y diálogo: el juicio moral en Kant y en la ética del discurso*. Ed. Anthropos, México, 1994.

Whyte, William: *Organizational Behavior*. Irwin Homewood, Illinois, 1969.

Wittgenstein, Ludwig: *Conferencia sobre ética (1929)*. Paidós-Ibérica, Barcelona, 1990.

ÍNDICE TEMÁTICO